现代远程教育系列教材

知识产权法

（第二版）

王岩　王松　编著

经 济 科 学 出 版 社

图书在版编目（CIP）数据

知识产权法/王岩，王松编著．—2 版．—北京：经济科学出版社，2015. 11（2019. 2 重印）

现代远程教育系列教材

ISBN 978 - 7 - 5141 - 6219 - 6

Ⅰ. ①知… Ⅱ. ①王…②王… Ⅲ. ①知识产权法—中国—远程教育—教材 Ⅳ. ①D923. 4

中国版本图书馆 CIP 数据核字（2015）第 260188 号

责任编辑：范　莹
责任校对：杨　海
技术编辑：李　鹏

知识产权法（第二版）
王岩　王松　编著
经济科学出版社出版、发行　新华书店经销
社址：北京市海淀区阜成路甲 28 号　邮编：100142
总编部电话：010 - 88191217　发行部电话：010 - 88191522
网址：www. esp. com. cn
天猫网店：经济科学出版社旗舰店
网址：http://jjkxcbs. tmall. com
北京季蜂印刷有限公司印装
787 × 1092　16 开　27. 75 印张　560000 字
2015 年 11 月第 2 版　2019 年 2 月第 2 次印刷
ISBN 978 - 7 - 5141 - 6219 - 6　定价：70. 00 元（含《操作与习题手册》）
（图书出现印装问题，本社负责调换。电话：010 - 88191502）

现代远程教育系列教材
编 审 委 员 会

总 序

当今世界，网络与信息技术的发展一路高歌猛进，势如破竹，不断推动着现代远程教育呈现出革命性变化。放眼全球，MOOCs运动席卷各国，充分昭示着教育网络化、国际化正向纵深发展；聚焦国内，传统大学正借助技术的力量，穿越由自己垒起的围墙，努力从象牙塔中走出来，走向社会的中心；反观自我，68所现代远程教育试点院校围绕党的十八大提出的“积极发展继续教育，完善终身教育体系，建设学习型社会”目标，经过十余载的探索前行，努力让全民学习、继续学习、终身学习的观念昌行于世。

教材作为开展现代远程教育的辅助工具之一，与教学课件、学习平台和线上线下的支持服务等要素相互匹配，共同发挥着塑造学习者学习体验和影响最终学习效果的重要作用。技术的飞速进步在不断优化学习体验的同时，也对现代远程教育教材的编写提出了新挑战。如何发挥纸介教材的独特教学功能，与多媒体课件优势互补，实现优质教材资源在优化的教学系统、平台和环境中，在有效的教学模式、学习策略和学习支持服务的支撑下获得最佳的学习成效，是我们长期以来不断钻研的重要课题。为此，我们组织有丰富教学经验及对现代远程教育学习模式有深入研究的专家编写了这套现代远程教育教材。在内容上，我们尽力适应大众化高等教育面对在职成人、定位于应用型人才培养的需要；在设计上，我们尽力适应地域分散、特征多样的远程学生自主学习的需要，以培养具备终身学习能力的现代经管人才。

教材改变的过程正是对教育理念变革的不断践行。我们热切希望求知若渴的学生和读者们不吝各抒己见，与我们一同改进和完善这套教材，在不断深化的继续教育综合改革中为构建全民终身教育体系共同努力。

这套教材的出版得到了经济科学出版社的大力支持，范莹、张频编辑对这套教材无论从选题策划、整体设计还是到及时出版都付出了大量劳动，在此一并表示衷心感谢！

现代远程教育系列教材编委会

第二版前言

随着经济的发展和社会的进步，人们日益重视自己的智力劳动的成果，同时智力劳动成果也给个人和经济组织带来了日益丰厚的收益，人们便提出了用法律来保护知识产权的要求。于是各国开始制定自己的与知识产权保护相关的法律。从我国三十多年改革开放的发展来看，人们对于智力劳动的成果日益重视，相关的立法和司法实践也日益丰富。我国于2001年11月正式成为WTO的第143个成员方，《与贸易有关的知识产权协议》就是我们经常提到的TRIPs协定，与《货物贸易多边协议》（MAT）和《服务贸易总协定》（GATs）合称WTO的三大制度体系，对我国的知识产权立法和司法有直接的意义。为此，我国于2008年12月27日第三次修订《专利法》；2001年10月27日第二次修订《商标法》；2010年2月26日第二次修订《著作权法》，2013年10月27日第三次修改《商标法》，从而进一步完善了我国知识产权保护的法律体系。本教材依据我国最新的知识产权保护法律法规，结合多年教学和理论研究实践，针对网络教学的特点，深入浅出地介绍知识产权的相关理论制度和法律规定，内容新、实用性强是本教材的特点。

本教材适用于网络教育以及其他本科法学教育，也可用于法律实务工作者解决与知识产权有关的纠纷，是一本学习知识产权法律知识的系统教程。

2015年11月

2010 年版前言

知识产权法是近代商品经济和社会发展的产物。随着商品经济的发展，人们日益重视自己的智力劳动的成果，同时智力劳动成果也给个人和经济组织带来了日益丰厚的收益，人们便提出了用法律来保护知识产权的要求。于是各国开始制定自己的与知识产权保护相关的法律。从我国近几年改革开放的发展来看，人们对于智力劳动的成果日益重视，相关的立法和司法实践也日益丰富。我国于 2001 年 11 月正式成为 WTO 的第 143 个成员方，《与贸易有关的知识产权协议》就是我们经常提到的 TRIPs 协定，与《货物贸易多边协议》（MAT）和《服务贸易总协定》（GATs）合称 WTO 的三大制度体系，对我国的知识产权立法和司法有直接的意义。为此，我国于 2008 年 12 月 27 日第三次修订《专利法》；2001 年 10 月 27 日第二次修订《商标法》；2010 年 2 月 26 日第二次修订《著作权法》，进一步完善了我国知识产权保护的法律体系。本教材依据我国最新的知识产权保护法律法规，结合多年教学和理论研究实践，针对网络教学的特点，深入浅出地介绍知识产权的相关理论制度和法律规定，内容新、实用性强是本教材的特点。

本教材的主要内容：第一篇为总论，介绍知识产权的性质和特点以及知识产权法的形成与发展；第二篇为商标法，介绍商标权及其法律保护的内容；第三篇为专利法，介绍专利权及其法律保护的内容；第四篇为著作权法，介绍著作权及其法律保护的内容。

本教材适用于网络教育以及其他本科法学教育，也可用于法律实务工作者解决与知识产权有关的纠纷，是一部学习知识产权知识的系统教程。

2010 年 8 月

目/录

第一篇　总论

第二篇　商标法

第三篇　专利法

第四篇　著作权法

第一篇　总论

知识产权法具有一定的实用性，同时它又需要极强的法理支撑。在学习知识产权法的时候，一定要首先掌握基本理论，只有这样才能够运用理论来分析案例，解决实际问题。因此，知识产权法的基本概念和基本理论，是学习知识产权法课程的基础。

在这一篇里，我们通过对知识产权的概念、范围、性质和特征的学习，了解知识产权与其他权利的联系与区别，理解知识产权权利保护的特征；通过对知识产权法的概念、体系和地位的介绍，对知识产权法有一个大概的脉络性了解，为今后具体法律的学习打下良好的基础。

第 1 章　知识产权法概述

学习目标

重点了解知识产权的特征，以及知识产权法的内容，了解知识产权法的法律体系和地位。其中的难点是知识产权的特征，因为特征的学习要结合以前所学习的相关法律知识，进行对比和比较学习，以突出知识产权及知识产权法的特殊性。

关键名词

知识产权　无形性　地域性　时间性　知识产权法

1.1　知识产权的概念

1.1.1　"知识产权"一词的由来

知识产权（intellectual property）一词最早是在 17 世纪中叶由法国学者卡普佐夫提出并使用的，他将一切来自知识活动领域的权利概括为"知识产权"，后为比利时著名法学家皮卡第所发展。皮卡第认为，知识产权是一种特殊的根本不同于对物的所有权的权利范畴。到了 19 世纪末，国际上先后于 1883 年和 1886 年签订了《保护工业产权巴黎公约》和《保护文学艺术伯尔尼公约》（以下分别简称为《巴黎公约》和《伯尔尼公约》），并分别成立了"巴黎联盟"和"伯尔尼联盟"。由于这两个联盟总部都设在瑞士，所以由瑞士政府管理。为方便管理，1896 年两个联盟合并为一个机构——"知识产权联合国际局"，至此，"知识产权"一词被国际社会接受。1967 年，在瑞典首都斯德哥尔摩签订了《成立世界知识产权组织公约》，根据这个公约又成立了"世界知识产权组织"，这是"知识产权"一词得到国际社会承认的正式标志。知识产权的概念为现代世界上多数法学家和国家立法所采用，尽管各国对知识产权的含义和适用范围的理解或解释并不完全相同，但人们对知识产权是基于智力活动所创造的成果而享有的民事权利这一基本点的理解上是一致的。

我国 20 世纪 50 年代的法学理论基本上是学习苏联的，法学界通常使用源于苏联的“智力成果权”一词来统称著作权、专利权、商标权等一类的民事权利。1986年后，由于《中华人民共和国民法通则》（以下简称《民法通则》）正式使用了“知识产权”一词（该法第五章第三节为“知识产权”），与财产权、债权、人身权并列，此后，“知识产权”取代了“智力成果权”，并为当今中国法学界普遍采用。我国台湾地区把知识产权称为“智慧财产权”，香港地区将知识产权称为“智力产权”。实际上，知识产权、智慧财产权、智力产权这三个用语的文字表述虽然不同，但究其实质，都是指人们基于智力活动所创造的成果和经营管理活动中的经验积累或知识的结晶而依法享有的一种民事权利。

1.1.2 知识产权的内涵

关于知识产权的定义，一直有不同的说法。郑成思先生在20世纪90年代将知识产权定义为“人们对其创造性的智力成果所依法享有的专有的权利”。刘春田先生将知识产权定义为“基于创造性成果和工商业标记依法产生的权利的统称”。吴汉东先生将知识产权定义为“人们对自己的智力活动创造的成果和经营管理活动中的标记、信誉依法享有的权利”。张玉敏将知识产权定义为“民事主体依法律的规定，支配其与智力活动有关的信息，享受其利益并排斥他人干涉的权利”。

我们认为刘春田先生的定义较为准确，即知识产权是基于创造性成果和工商业标记依法产生的权利的统称。比如说，人们对其发明创造享有的专利权，对其所著的图书享有著作权，对其设计制作并注册的商标享有专有的商标专用权等，这些都属于通常所说的知识产权。而这样的定义既反映知识产权的本质属性，又避免了范围过于宽泛、难以抽象概括的尴尬。

上述定义的不同只是在知识产权范围上的不同而已，对于知识产权的概念特征以及属性并无不同。（1）知识产权是一种非物质化的财产权，有别于其他有形财产权，是基于智力成果产生的权利；（2）知识产权是一种独占性的权利，其他人不得侵犯；（3）知识产权是一项法定的权利，依法取得并依法保护。

1.1.3 知识产权的范围

知识产权有广义和狭义之分，并且随着科学技术的发展，有一种扩张的趋势。

广义的知识产权为国际公约所认可。1967年签订的《成立世界知识产权组织公约》将知识产权的范围界定为：关于文学、艺术和科学作品的权利；关

于人类一切领域的发明的权利；关于科学发现的权利；关于工业品外观设计的权利；关于商标、服务标志、厂商名称和标记的权利；关于制止不正当竞争的权利；以及一切在工业、科学、文学或艺术领域由于智力活动产生的其他权利。1993 年关贸总协定缔约方通过的《知识产权协议》将知识产权的范围界定为：著作权及其相关权利；商标权；地理标记权；工业品外观设计权；专利权；集成电路布图设计权；未公开的信息专有权。因此，广义的知识产权包括著作权、邻接权、商标权、商号权、商业秘密权、产地标记权、专利权、集成电路布图设计权等各种权利。可见，广义上知识产权的范围是十分广泛的，但是各国并不一定都把它放到一部法里面，而是分散立法，我国也是这样。

狭义的知识产权即传统意义上的知识产权，包括两大类：著作权和工业产权。著作权又称版权，比如人们对自己创作的文学作品、艺术作品、科学技术领域的作品享有的专有的权利，等等。工业产权传统上仅指商标权和专利权，有的还包括商业秘密权。当然，工业产权中的“工业”只是一个借用的概念，这里的“工业”并不是狭义的工业，是指能在工业、商业各个领域具有实用经济价值的知识产权。我们在学习时采用狭义的知识产权的范围，即著作权、商标权、专利权的法律保护。

随着科学技术的发展，网络信息的普及，出现了新的知识产权种类，比如域名、多媒体、博客及其他网络作品等，知识产权的范围呈扩张的趋势。

1.2　知识产权的性质与特征

1.2.1　知识产权的性质

知识产权是一项具有私权利性质的民事权利。权利本体的私权性是知识产权归类于民事权利的基本依据，何谓权利的私权性质呢？简言之，它是私人的私权益：就是权利的主体是处于平等地位的自然人或者法人；权利为特定民事主体享有；并且是与公共利益相对应的个人利益。私权是相对于公权而言的，行政权力的主体是国家，因此它是一种公权，而知识产权是一项私权，即权利的主体是平等的私人。知识产权符合私权利的所有特征，它是关于私人利益方面的权利，是关于平等主体相互之间的权利，是私法上所确定的权利。知识产权的产生、行使和保护，适用于民法的基本原则和基本原理。离开民事权利体系的话，知识产权将失去它存在的基础。所以从根本上来讲，知识产权是一种私权利，是自然人或法人平等的、依法律规定的条件所享有的民事权利。

1.2.2 知识产权的特征

知识产权作为一项新型的民事权利，它不同于民法中其他的财产权，是一项特殊的民事权利。

1. 权利客体的无形性

知识产权的客体是智力成果，是一种没有形体的精神财富。客体的非物质性是知识产权与传统意义上的所有权的最根本区别，也是知识产权的本质属性，是知识产权其他特征的决定性因素。由于知识产品的非物质性，使得知识产权的各项权能与所有权的各项权能有所差别。

（1）在占有上的特殊性。第一，不发生对有体物的实际控制的占有。有体物的占有形式均为实际控制，比如对一个杯子进行占有，就必须实际控制它。而由于知识产品的无形性，不具有物质形态，并不实际占有空间，所以对知识产品的占有，不可能是实际控制，只能是对某一知识的认识、了解和感受。第二，占有的公共性。一般的有体物的占有具有私人性，例如，某房屋由甲占有，乙不能再占有。而知识产品的非物质性决定其占有形式是了解掌握，就不可能是私人性质的，某甲可以了解掌握的知识，某乙甚至全社会的人都可以了解掌握。

（2）在使用上的特殊性。第一，使用的状态是公共的，由于知识产品具有公开性的特征，人们可以在同一时间，多个主体共同使用这一知识产品，甚至全社会均可以掌握使用，不具有绝对的排他性，当然这需要经过相应的授权程序。而有体物的使用则具有绝对的排他性。第二，使用的结果不发生有形的损耗。有体物的使用会发生损耗直至物的灭失，而知识产品的使用不会发生这样的后果。因此，在他人侵权后没有办法令侵权人承担恢复原状的法律责任。

（3）在处分上的特殊性。对于有体物来说，处分包括事实上的处分和法律上的处分。事实上的处分是作为有体物在物质实体上的灭失，知识产品的无形性使其不会发生物的有形灭失。法律上的处分一般以有形交付为要件，而知识产品也不会发生有形交付的法律处分。

（4）在侵权表现和救济措施上的特殊性。第一，侵权行为不易及时发现。一般地，当有体物的权利受到侵犯时，所有人或者实际控制人会发现侵权行为的存在，而知识产品具有无形性，当侵权人侵害知识产权时，权利人无法及时发现，只有当制造的产品或者剽窃的书籍销售后，权利人才可能发现，因此在侵权行为发生时，无法实施停止侵权的救济措施。第二，侵权行为表现为假冒、复制、剽窃等，与财产权的常见的侵占、毁损等侵权行为表现也有不同。第三，侵权行为的高度技术性。新技术的出现使得侵犯知识产权更加便利，如

复印技术、网络技术等。新技术也使得侵权行为更加隐秘，难以防范。因此，需要建立有别于其他财产权的保护机制和救济制度来维护知识产权权利人的权利。

知识产权客体的无形性是知识产权的本质特征，决定着知识产权的其他特征。

2. 知识产权的专有性

专有性是指权利人对自己的智力成果享有的独占的排他的权利，其他人未经授权不得使用知识产品。普通民事权利也有专有性，但是，知识产权的专有性具有不同于普通民事权利的专有性的特征。首先，知识产权为权利人所独占，权利人对知识产权所享有的权利是垄断性质的，并且这种垄断权利受到法律的严格保护。各国在反垄断法中是严禁垄断的，但是知识产权的垄断是各国反垄断法适用除外。其次，对于一项知识产品，即知识产权的客体，不允许有两个或两个以上同一属性的知识产权存在，比如，同一个美术作品，不允许两个以上的主体享有相同种类的著作权，但可以享有不同种类的知识产权，如对同一个美术作品，甲可以享有著作权，乙可以享有商标专用权。而对于其他财产权的客体则不具有这样的特征。

3. 知识产权的地域性

知识产权的地域性是指，知识产权的权利的空间范围不是无限的，一般以国为界限，也就是说，在一国依据该国法律取得了相应的知识产权，只在这一国疆界范围内有效，超出该国国界，其知识产权便不被承认。知识产权的地域性源于知识产权的产生的特殊性。知识产权最早源于封建君主的特许权，如专利、版权起初都是君主授予的特权，其性质是行政权力，行政权力是有疆界范围的，没有域外的效力，所以在这样的条件下产生的权利就没有跨越行政疆域的效力。另外，随着知识产权的发展，知识产权法相应制度也在不断地建立健全，知识产权的取得有着严格的条件和程序限制，这些限制都源于该国的法律，也就是说知识产权的取得是依据一国法律的规定取得的。众所周知，法无域外效力，一国的法律对他国没有天然的效力。从上述两方面原因来看知识产权就具有了地域性。因此，在一国取得的知识产权不会在世界范围内得到保护，要想得到他国的保护，必须到该外国申请并依该国法律取得知识产权。这样就给知识产权的保护带来很大的麻烦，严格的地域保护不利于国际经济的一体化和国际贸易的发展，正因为这样的现实与知识产权地域性特征的冲突，各国相继签订了保护知识产权的国际公约，规定了国民待遇等原则，使得知识产权的保护趋于国际化。尽管如此，也没有改变知识产权的地域性的特征。

4. 知识产权的时间性

知识产权的时间性体现在知识产权不是永远有效的，其受法律保护是有时间限制的。比如商标专用权的有效期是 10 年、发明专利有效期是 20 年、实用新型和外观设计专利的有效期是 10 年、著作财产权的有效期是作者有生之年加死后 50 年，等等。这样规定的原因在于知识产权客体的特殊性。就工业产权来说，如发明创造，其本身是一项垄断，他人不得随意使用，这对科学技术的发展造成了一定障碍。为了平衡个人利益和社会利益，法律授予其权利的同时又对知识产权加以一定的时间限制，在权利保护期内，任何人使用知识产权都要得到权利人的许可并支付费用，超过保护期后该知识产权就成为社会公共财富，任何人都可以无偿使用，以此来协调个人利益与社会利益的平衡。同样，著作权也是这样，为了方便文化艺术的广泛流传，同时还要保护权利人的权利，所以也为著作权规定了时间限制。从另一角度说，任何一项知识产权的产生，都是建立在众多人类精神文明和物质文明的基础上，既然权利人对那些人类的文明遗产的使用是无偿的，那么以此产生的权利就不应当永久为权利人所垄断。这同样是利益平衡这一法律基本原则的要求和体现。

知识产权的地域性和时间性使其与有形财产权有着极大的不同。一般的有体物财产权的行使不受时间和地域的限制，只要权利所依附的物质实体没有损毁灭失，财产权就永远有效，无论财产位于何处，而知识产权的行使则受到时间和地域的限制。了解这一点对于知识产权的形式和保护具有十分重大的意义。

1.3 知识产权制度的历史发展

1.3.1 世界知识产权制度的产生和发展

知识产权法一开始并不是作为一个统一的法律领域来共同发展的。从历史上看，专利、商标和著作权制度是各自独立发展的不同法律领域。

1. 专利制度的产生和发展

知识产权制度的建立是从专利制度开始的。专利制度是商品经济的产物。随着商品经济的逐步发展，竞争也日益激烈，科学技术在生产中的地位相应得到提高，经营者之间的竞争慢慢从商品的竞争转移到技术的竞争。只有掌握先进的技术，才能成为竞争中的佼佼者。商品经济的这一发展趋势，最终导致了科学技术商品化。专利制度作为保护发明创造、促进技术推广应用、维护商品经济的制度，便应运而生。

专利制度的萌芽，可以追溯到中世纪的欧洲。“专利”的英文名称是“patent”。它是由“poyal letters patent”这一词演变而成的。原意为“皇家特许证书”，系指由皇帝或王室颁发的一种公开的证书，通报授予某人某种特权。当时，存在着由封建君主及王室人员赐给工商业者独家经营某种产品或技术的权利，如1331年英王爱德华三世授予佛兰德斯人约翰·卡姆比在缝纫与染织技术方面“独专其利”的权利。但这只是王室偶尔对平民恩赐的特权，没有形成法律制度，并非真正意义上的法律保护。对发明授予专利则最早出现在1449年，由亨利六世授予生于佛兰德的约翰（Flemish - born John）对一种玻璃制造方法享有20年的垄断权。

1474年，当时的威尼斯共和国颁布了世界上第一部专利法。其中规定：“任何在本城市制造了本城市前所未有的、新而精巧的机械装置者，一俟改进趋于完善以便能够使用和应用，即应向市政机关登记。本城其他任何人在10年内没有得到发明人的许可，不得制造与该装置相同或者相似的产品。如有任何制造者，上述发明人有权在本城市任何机关告发，该机关可以命令侵权者赔偿100金币，并将该装置立即销毁。”这里的专利与我们今天的专利并不相同，它只是向同领域的技师公开而对其他社会公众则进行保密。但这部法律开创了以立法对发明创造进行保护的先河，因此，威尼斯被誉为专利制度的发源地。

到了17世纪，早期工业革命造就的资本主义现代化大生产逐渐发展起来，新技术成为最有价值的生产要素，要求保护新技术的呼声开始高涨。1624年，英国实施的《垄断法》（The Statute of Monopolies）被认为是世界上第一部现代意义上的专利法。它规定了发明专利权的主体、客体、取得条件以及专利有效期等，其中某些原则和规定为许多国家立法所吸纳而沿用至今。

继英国之后，美国于1790年、法国于1791年、俄罗斯于1812年、荷兰于1817年、德国于1877年、日本于1885年、瑞士于1888年都先后颁布了本国的专利法。迄今为止，世界上建立专利制度的国家和地区已经达到170多个。

2. 著作权制度的产生和发展

我国的活字印刷术流传到西方后，德国梅因斯城有位叫古登堡的人于1455年首次排印了42行圣经。有个英国人威廉·柯克顿曾在梅因斯城学艺，后来于1476年在英国首次开创了活字印刷。15世纪末，威尼斯共和国首次授予冯·施贝叶（J. V. Speyer）专有在威尼斯城市国家印刷所有书籍权5年。此种特许权最初是授予印刷商的，后来才逐渐涉及特定的作品和作者。其特许的时间短则1年，长则10年不等，其范围包括：辞书、历书、教科书等。当时以送存作品样品为颁布特许权的条件，后来为英、美等国著作权法制所承袭。

18世纪末，德国著名哲学家康德、黑格尔、叔本华等创立了自然法学派理论，提出著作权自然产生，创造出智慧财产权学说，并运用哲学、逻辑学方法将智慧财产权与著作物的所有权分离开来，对著作物享有所有权的人未必享有对该著作物的著作权，自此，著作权观念得以形成。18 世纪初，英国《安娜女王法》首创近代各国著作权法成文法的先例，为现代意义上的著作权法奠定了基石，从以往出版商长期垄断图书印刷出版权转变为著作权人享有著作权。这是著作权法制历史上的一个具有革命性的转变。

在此以前，虽然著作权的观念已经形成，但其保护的客体和手段与现代意义上的以保护作者利益为根本的著作权人的利益大相径庭。当时对著作权的保护尚未脱离文字专利的范畴，所谓特许权，与其说是对著作权的保护，倒不如说是对出版印刷商和书商权利的保护更为贴切。作者的著作权只是基于自然法理论而享有发表权和将作品原件（原稿）出卖给印刷商、书商之权。

1709 年，《安娜女王法》的颁布，将出版印刷商和书商长期垄断图书出版的商业特权转变为保护作者的著作权。该法规定，已发行作品的作者，购得著作权的出版者享有 21 年的专有复制权（出版权），未发行的作品并经转让者，享有 14 年的出版复制权。14 年届满后，如作者仍生存，其专有复制权应返还给作者，并可续展 14 年。对盗印版予以没收，交著作权人以废纸处理，并按盗版页数计算赔偿金及罚金，一半归被害人，另一半归国库。该法还规定了注册登记制度。不过，安娜女王著作权法仅保护作者和作品的购买者（出版商、书商）的著作财产权，尚未提出对作者人身权利的保护。此点，为后世英、美等国家的著作权立法所承袭。这就是英、美等国家至今仍偏重于保护著作财产权的历史根源。如果说，英国著作权法的形成与发展，奠定了著作财产权法律制度的基础，那么，法国著作权法的形成与发展则完善了著作权法律制度，奠定了著作人身权法律制度的基础。自 18 世纪以来，欧洲各国无不受法国资产阶级大革命所倡导的民主、自由、平等思想的启迪。卢梭“天赋人权”说为保护作者的著作人身权奠定了理论基础。

法国于 1791 年颁布了《表演权法》，在当时的法国人看来，表演权是作者的一项极其重要的权利，因此首先用法律确认下来。接着，在 1793 年制定了《作者权法》。这两部法律除采纳“著作权自动产生说”以外，还把保护作者的著作人身权置于首要地位，认为著作人身权是作者与生俱来的、不可剥夺的、不可让渡的权利。法国著作权法将作者的著作人身权置于第一位，从而实现了著作权法律保护制度的第二次飞跃。如果说第一次飞跃是指从保护出版商的利益转而保护作者的利益，那么，第二次飞跃则是从单纯的保护作者的著作财产权到保护作者的著作人身权。第一次飞跃是由英国《安娜女王法》实现的，第二次飞跃则是由法国的《作者权法》实现的。从此，现代意义上的著

作权法制观念基本形成。

3. **商标法律制度的产生和发展**

商标作为商品的标记，不是自古就有的，它是商品经济发展到一定阶段上的产物。人类社会发展的历史表明，商标的产生、存在和发展，都与商品经济分不开。

原始社会生产力极其低下，没有剩余产品供私人占有，当然谈不上商品交换，也就不可能出现商品的标记。原始社会后期，社会生产力有了初步的发展，剩余财产有所增多，商品交换有了可能，商品经济也就随之出现，作为商业性标记的原始商标也就开始产生。这时的商品标记仅仅具有区别不同生产者或所有人的性质，还不具有现代意义上的商标的广告宣传和保证商品质量的功能。

商标是随着手工业从农业中分离而逐渐形成和发展起来的。手工业与农业的分离是由于手工业作坊的出现使商品经济迅速发展起来。各种标记、符号被手工业者及其业主广泛地使用在商品上，作为区别商品的标记——商标也随之应运而生。13 世纪欧洲的行会组织十分盛行。如珠宝玉器、呢绒织造、皮革等行会组织，为了牢固地占领市场，要求行会的参加者在自己的商品上刻上其姓名或行会的标记。这样做的目的是为了便于对本行会人的商品进行质量监督，保持行会的信誉，以利于实现行会对市场的垄断。从国家行政管理的角度来说，也便利于市场的行政管理人员对粗制滥造、假冒他人商品的行为进行检查，因而出现保证质量的“责任标记”和适应行政管理需要的“警察标记”等。在 14 世纪，为了制止不法商人假冒他人标记的行为，欧洲有些国家直接颁布法律进行管理，其中有的颁布过对伪造酒标记处以绞刑的法律，传说还有假冒他人标记砍掉右手的法律。可见国家用法律来规范商标早在中世纪的欧洲就已经开始了。16 ~ 17 世纪，那时行会的标记、制造者的个人标记，已经起着类似现代商标的作用，它不仅用来表示商品的生产者，而且还用以表示商品质量和商品产地。更有甚者，对商标的侵权者予以严厉的刑罚处置。

1.3.2　知识产权的国际化保护

在 19 世纪末至 20 世纪 70 年代，国际上相继缔结了许多知识产权保护的国际条约，将知识产权的保护纳入国际化的轨道。1883 年 3 月 20 日，比利时、巴西、法国等 11 个国家在法国首都巴黎缔结了国际上第一个知识产权国际条约，即《保护工业产权的巴黎公约》（即《巴黎公约》）。该公约 1884 年 7 月 7 日生效，我国于 1985 年 3 月 19 日加入。《巴黎公约》确定了国民待遇原则、优先权原则、强制许可原则、独立性原则等国际知识产权保护的重要原则。

1886 年 9 月 9 日，英国、法国、意大利等 10 个国家又在瑞士首都伯尔尼缔结了《保护文学艺术作品伯尔尼公约》（即《伯尔尼公约》），该公约于 1887 年 12 月 5 日生效，我国于 1992 年 10 月 15 日成为公约成员国。公约确立了版权保护四项原则。1952 年 9 月，在日内瓦召开的各国政府代表会议上通过了《世界版权公约》，该公约于 1955 年 9 月 16 日生效，我国于 1992 年 10 月 30 日成为公约成员国。公约对版权保护对象、保护范围、取得保护的条件、保留及解决争端、执行机构，以及关于翻译、复印他人作品等问题，均作了具体规定。

1970 年 6 月 19 日，在美国的华盛顿签署了《专利合作条约》（英文简称 PCT）。专利合作条约是专利领域的一项国际合作条约。自采用巴黎公约以来，它被认为是该领域进行国际合作最具有意义的进步标志。但是，它主要涉及专利申请的提交、检索、审查，以及其中包括的技术信息传播的合作性和合理性的一个条约，该条约于 1979 年 9 月 28 日、1984 年 2 月 3 日分别做出修订。我国于 1994 年 1 月 1 日成为公约成员国。

在商标制度方面较为著名的国际条约是缔结于 1891 年、生效于 1892 年的《商标国际注册的马德里协定》，它是一个是非开放性条约，该条约经过多次修订。我国 1989 年申请加入，1989 年 10 月 4 日对我国生效。

进入 20 世纪后，国际上对缔结的条约进行了大量的修订。1970 年成立的世界知识产权组织，使国际知识产权保护上了一个新台阶。特别是 1994 年 1 月 1 日世界贸易组织（WTO）签订的《与贸易有关的知识产权协定》（英文简称“TRIPs”），成为知识产权保护的国际标准。该协定以“期望减少国际贸易中的扭曲和障碍，促进对知识产权充分、有效的保护，同时保证知识产权的执法措施与程序不至于变成合法的障碍”为目的，内容涉及著作权及其相关权利、商标、地理标记、工业品外观设计、专利、集成电路布图设计、对未公开信息的保护和对许可合同中限制竞争行为的控制等。

小知识

世界贸易组织（World Trade Organization，WTO），成立于 1995 年 1 月 1 日，总部设在日内瓦。世贸组织是一个独立于联合国的永久性国际组织，负责管理世界经济和贸易秩序，世贸组织是具有法人地位的国际组织，在调解成员争端方面具有更高的权威性。它的前身是 1947 年订立的关税及贸易总协定，与

关贸总协定相比，世贸组织涵盖货物贸易、服务贸易以及知识产权贸易，而关贸总协定只适用于商品货物贸易。世贸组织、世界银行与国际货币基金组织并称为当今世界经济体制的“三大支柱”。1995年7月11日，世贸组织总理事会会议决定接纳中国为该组织的观察员，2001年11月中国正式加入该组织。

尤为值得注意的是，进入20世纪末，随着计算机网络技术的发展，传统的知识产权法律制度受到严峻的挑战，许多新的问题需要解决，于是网络时代的知识产权保护纳入立法者的视线。最具有代表性的是世界知识产权组织在1996年缔结的两个条约：《WIPO版权公约》和《WIPO表演与唱片制作者条约》，标志着国际知识产权保护进入网络化时代。

小知识

TRIPs是《与贸易有关的知识产权协定》（Agreement on Trade－Related Aspects of Intellectual Property Rights）的英文简称，中文简称《知识产权协定》。它是世界贸易组织管辖的一项多边贸易协定。《与贸易有关的知识产权协定》有7个部分，共73条。主要条款有：一般规定和基本原则，关于知识产权的效力、范围及使用标准，知识产权的执法，知识产权的获得、维护及相关程序，争端的防止和解决，过渡安排，机构安排，最后条款等。协定的主要内容是：提出和重申了保护知识产权的基本原则，确立了知识产权协定与其他知识产权国际公约的基本关系。协议保护的范围包括：版权及相关权、商标、地域标识、工业品外观设计、专利、集成电路布图设计、未公开的信息包括商业秘密等7种知识产权，规定了最低保护要求，并涉及对限制竞争行为的控制问题，规定和强化了知识产权执法程序，有条件地将不同类型的成员加以区别对待。该协定宗旨是促进对知识产权在国际贸易范围内更充分、有效的保护，以使权利人能够从其创造发明中获益，受到激励，继续在创造发明方面的努力；减少知识产权保护对国际贸易的扭曲与阻碍，确保知识产权协定的实施及程序不对合法贸易构成壁垒。

1.3.3　我国知识产权法律制度的发展历史

我国对知识产权保护的思想距今已经有100多年了，在1859年，洪仁玕总管太平天国朝政，颁布了著名的《资政新篇》，其中，太平天国政府就提出了加强知识产权保护的主张，洪仁玕指出：“若能造如外邦火轮车，一日夜能行七八千里者，准其专利”，“兴舟楫之利，以坚固轻便捷巧为妙，或用火用气力用风，任乎智者自创”，“兴器皿技艺，有能造精奇便利者，准其自售”。洪仁玕不仅规定了知识产权保护的原则和对象，而且，明确了专利保护的期限，他写道“器小者赏五年，大者赏十年，益民多者年数加多……限满准他人仿效”当然，随着太平天国的失败，《资政新篇》的效力并不明显，但是，洪仁玕毕竟把知识产权保护的思想带到了中国，在当时产生了一定的影响。

1881 年，洋务派人物郑观应向李鸿章上书，请求政府给予上海机器织布局的织布工艺以 10 年的技术专利，当时，李鸿章是北洋大臣。李鸿章将郑观应的请求转给了光绪皇帝，1 年以后，1882 年，光绪帝批准，给予上海机器织布局 10 年专利权。郑观应的专利申请顺利通过，这是中国历史上第一次国家批准的知识产权保护个案。随后，1889 年，商人钟锡良在广州开设造纸厂，被批准专利 10 年；1895 年，烟台酒厂采用葡萄酿酒，被批准专利 10 年；1896 年，王承准改革旧机器织造西洋布，被批准专利 15 年。随着专利申请不断增多，晚清政府也意识到知识产权保护的重要性。

1898 年，清政府颁布《振兴工艺给奖章程》，在章程中规定，根据发明的性质，分别给予 50 年、30 年、10 年的专利权。当然，这种“专利权”的实质是专营权，和今天的专利含义不太一样。但是，对于近代中国来说，这种对经营权的保护，已经是很大的进步了。《振兴工艺给奖章程》成为我国历史上最早的知识产权立法。此后，1904 年颁布了我国第一部商标法：《商标注册试办章程》；1910 年清政府又颁布了我国历史上第一部著作权法：《大清著作权律》。我国最早的知识产权法律架构建立起来了。1928 年国民政府颁布了新的《著作权法》，1930 年国民政府颁布了自己的《商标法》，1944 年 5 月国民政府颁布了我国历史上第一部《专利法》。

中华人民共和国成立之初，新的共和国政府废旧立新，颁布了一些与知识产权有关的政策法规。如 1950 年的《关于改进和发展出版工作的决议》，1958 年文化部的《关于文学和社会科学书籍稿酬的暂行规定》，1950 年的中央人民政府政务院的《保护发明权和专利权的暂行条例》，1963 年国务院的《发明奖励条例》，1963 年的《商标管理条例》，等等。

从 20 世纪 80 年代开始，随着改革开放发展经济的进程，知识产权立法得到长足的发展，为改革开放做出巨大的贡献。如 1982 年第五届全国人民代表大会常务委员会通过了《中华人民共和国商标法》（以下简称《商标法》），开始了现代意义上的知识产权立法进程；1984 年 3 月 12 日《中华人民共和国专利法》（以下简称《专利法》）诞生；1990 年 9 月 7 日《中华人民共和国著作权法》（以下简称《著作权法》）公布实施，标志着我国的知识产权保护法律

制度基本建立。后来随着改革开放的不断深入，我国对三部法律进行了适时的修订，截至 2014 年 12 月，我国对《著作权法》进行了两次修订，对《商标法》进行了三次修订，对《专利法》进行了三次修订。

此外，我国还积极参与知识产权的国际保护，批准加入了大量的知识产权保护的国际条约，成为国际知识产权保护的有生力量，承担着国际公约规定的许多知识产权保护的义务和责任。到目前为止，我国加入的国际知识产权保护条约有：《巴黎公约》《伯尔尼公约》《商标国际注册马德里协定》《专利合作条约》《世界版权公约》《建立世界知识产权组织公约》《保护表演者、唱片制作者和广播组织的罗马公约》《与贸易有关的知识产权协议》。

1.4　知识产权法的概念和地位

1.4.1　知识产权法的概念

知识产权法是调整因智力成果而产生的各种社会关系的法律规范的总称。也就是对于商标权、专利权、著作权以及其他智力成果的权利确认、权利归属、权利使用以及权利保护等涉及的所有的法律规范的总称。

从内容上看，知识产权包括：（1）知识产权的主体制度。什么人可以成为知识产权的主体，参加到知识产权法律关系中来，享有什么样的权利，承担什么样的义务等，这些需要相关法律的规定。（2）知识产权的客体制度。知识产权的客体作为一种无形的精神财富，有别于其他动产和不动产，哪些知识产品可以属于知识产权的客体，运用知识产权予以保护，哪些属于适用除外的客体，这些需要知识产权法予以确定。（3）知识产权的权利制度。主体对于知识产品享有哪些权利，承担哪些义务，权利人行使权利时应当如何关注社会公众的利益，权利有哪些限制，由于知识产品的种类不同，具体的权利均会有所不同。设定权利规定义务是知识产权法律制度的重要内容。（4）知识产权利用制度。知识产品只有不断利用使用才能实现其社会价值，才能体现权利人的利益，法律明确知识产权的使用制度、转让制度，并制定相应的规则保护知识产权所有人、使用人、社会公众各方的利益。（5）知识产权的保护制度。知识产权的侵权行为的制止和对权利人的救济是知识产权法的重要内容。知识产权法明确规定了各种知识产权的权利范围，明确侵权行为的表现，制定了严厉的侵权行为制裁措施，为知识产权权利人提供有效的司法救济，也使得知识产权真正成为一项法律制度。（6）知识产权的管理制度。知识产权从开始产生就是在主管机关的管理之下的，从权利的产生、权利的行使、权利的变更、权利的消灭等，都应当遵守法律的规定，接受行政机关的管理。国家依法建立相应的管理机关，设定管理职责权限等制度，建立和完善相应的管理程序，实现对知识产权的管理。

由于知识产权的范围较为复杂，知识产权法一般都采用分散立法的立法模式。知识产权法主要包括著作权法、商标法和专利法。对于诸如商号权、商业秘密权、产地标记权、集成电路布图设计权等，散见在其他的法律法规中。商号权是企业一项重要的民事权利，有的国家把它放到民法中，有的国家把它放到商事组织登记法律中，我国在民法和商事组织登记法中都有规定；产地标记权是一项新型的权利，它表明该产品来自于哪里，这在我国的商标法中有规定，在《反不正当竞争法》中也有规定；商业秘密权是指对于自己创造的非专利技术和经营信息，权利人享有的权利，在市场竞争中这是一项十分重要的权利，我国在《反不正当竞争法》中对此加以规定，很多专家学者也提出商业秘密保护的法律法规应该纳入知识产权法律体系中。因为从属性上看，商业秘密权属于知识产权，其客体是无形的智力成果。《反不正当竞争法》是市场竞争中兜底的法律规范，在市场竞争中，经营者既可以通过侵犯有形物的行为来实施不正当竞争行为，也可以通过侵犯无形劳动成果即智力成果来达到不正当竞争的目的，比如侵犯他人的商标权、商号权、专利权、商业秘密权等来提高自己的竞争优势，所以说反不正当竞争法的相关内容也属于知识产权法的知识体系范围。

1.4.2 知识产权法的地位

任何一个法律学科都要明确它在法律体系中的地位。首先，知识产权法没有独特的专属于它自己的调整对象和调整手段，所以知识产权法不是独立的法律部门。知识产权法的调整对象是一种特殊的民事权利，另外知识产权法的调整手段包括民事的、行政的、刑事的等综合手段，没有自己专门的调整手段，所以说它欠缺成为独立法律部门的依据。

知识产权法属于广义的民法范畴，但是，它属于民事特别法。关于知识产权法的立法模式，一直是专家学者所探讨的问题，一是知识产权法是否需要制定统一的法典；二是是否要放到将来中国制定的“民法典”中作为一篇。

就知识产权法的特殊性、知识产权立法和司法进程看，应当保持知识产权法现有的立法框架：即单行立法的模式，既无须制定统一的知识产权法典，也不应将知识产权法放到民法典中。首先，知识产权法典化不现实。知识产权的权利体系十分庞杂，源于知识产品种类多、特点各异，而且随着科学技术的发展，知识产权客体呈扩张的趋势，还会有新的权利客体出现，过早地将之法典化是不可行的。权利的特殊性表现极为明显，将纷繁复杂的知识产品放到一个法典中，只会带来该法典体系的混乱，造成基本原则、基本理论的尴尬。各国知识产权的立法历史都告诉我们，知识产权相应的法律规范一直处于不断的变动之中，其要随着各国的科学技术和经济发展而不断地变化，所以知识产权法处于不断的废、改、立的变动之中，这也可以从我国的知识产权立法中得到验证，我国知识产权立法不过二十几年的时间，但是期间已经修改过很多次了。因此，知识产权法典化是不现实的。其次，知识产权法作为民法典的一部分不利于民法典的稳定、科学和统一。知识产权与一般民事权利有很大区别，从权利产生、权利特点到权利保护，都具有太多的差异，若将知识产权作为一篇放到民法典中也会是一种板块式的结合，不利于民法体系的统一和科学。未来的“民法典”是一个国家的基本法律，应该处于相对稳定的状态之中，将变动如此频繁的知识产权法放到“民法典”中不利于“民法典”的稳定，所以，知识产权法不宜归入“民法典”。

复习思考题

1. 知识产权的本质属性是什么？
2. 知识产权有哪些特征？
3. 知识产权法包括哪些基本制度？
4. 知识产权法包括哪些法律规范？

第二篇　商标法

商标法是我国一项重要的知识产权法律制度，我国现行的商标法于1982年通过，先后于1993年、2001年、2013年进行了三次修改。因此，在学习中一定要注意结合新修订的商标法及其实施条例理解和掌握相关内容。对于商标法我们要学习的内容：商标以及商标法的基本概念；注册商标专用权、商标权是如何取得的；商标权人有哪些权利义务；商标法如何对商标权实施保护等内容；对于驰名商标法律有哪些特殊的保护措施。

第2章　商标与商标法

学习目标

在了解商标与其他类似标志的区别与联系基础上，掌握商标的基本概念。重点掌握商标的种类，尤其是特殊商标种类，了解其与普通商标的区别与联系。了解商标的起源和商标法的形成与发展。理解商标的功能作用和经济价值。

关键名词

商标　商标的种类　商标的作用

2.1　商标概述

2.1.1　商标的概念和特征

1. 商标的概念

商标，又叫做牌子，是指商品的生产经营者或者服务的提供者，为使自己提供的商品或者服务与他人提供的同类商品或者服务区别开来，在自己所提供的商品或服务上使用的由文字、图形、字母、数字、三维标志、颜色组合、声音，以及上述要素的组合构成的具有显著特征，便于识别的标记。也就是说商标是由上述要素组成，用于区别同类商品和服务的不同来源的标记。生活中的商标比比皆是，如可口可乐。随着人们对市场竞争认识的加深，商标意识也日益深入人心。

2. 商标的特征

从商标的概念中我们可以看出，商标具有以下的特征：

一是商标的使用人是商品的生产经营者或者服务的提供者，使用的对象是提供的商品或者服务。作为标记则多种多样，许多标记不属于商标，例如某国际组织的标记，它在使用的主体和使用的对象上与商标不同。

二是商标的使用目的在于区别同类商品或服务的提供者，它是区别商品或服务来源的标记。作为商标，它所区分的是商品是由哪一个生产者生产、经营的或者服务是由谁提供的，而不是区分此商品与彼商品的，比如说柯达这个商标，它是区分胶卷是由哪个厂家生产的，以此和其他胶卷，如富士、乐凯等相区分，而不是区分胶卷与其他商品的。再如麦当劳和肯德基，是区分餐饮服务是由哪家提供的，而不是区分是餐饮服务还是旅游服务。对商标的这一目的我们一定要有充分的认识。

三是商标的组成要素十分丰富，可以是文字、图形、文字和图形组合，还可以有字母、数字、三维标志和颜色组合，以及声音等等。三维标志是 2001 年修订商标法增加的一种商标的组成要素，在我国已经出现，比如“可口可乐的瓶子”，就是一个典型的三维商标，以瓶子的形状作为商标注册，其他人不得使用。音响商标是 2013 年第三次修改商标法新增加的商标种类。

四是商标是具有显著性特征的一种标记，所谓显著特征，在商标申请一章将详细讲解，在这里大家只要掌握显著特征是要使他人比较容易地将商品服务的提供商区别开来，如饼干是通用的商品名称，不具有显著性，就不宜作为商标使用。当然是否具有显著性还在于商标的使用者是否长期使用，是否在人们心目中形成了很深的印象，是否信誉卓著等因素。

2.1.2 商标与其他类似标识的区别

在商业活动过程中，许多商业标识都可以作为竞争的手段，商标是很有效、很常用的一种，此外，还有其他的商业标识。那么，商标与这些商业标识有什么样的区别和联系呢？为更好地理解商标的概念，我们可以将与商标相邻的一些标识做一下比较。

1. 商标与商品名称

商品名称在日常生活中经常遇到，比如娃哈哈纯净水，纯净水是一个商品的名称，娃哈哈则是商标，二者如何区分呢？

（1）从目的上来看，商标的目的是区分商品的来源的，而商品名称是区分此商品和彼商品的，如饼干和饮料。

（2）从构成上来看，商标的组成要素十分丰富，颜色、数字等都可以，有一些可以做商标但是不能做商品名称，完全是图形就不能成为商品名称。

（3）从法律规制上看，商标受商标法的规制，而且对其确定和改变有着严格的要求。而目前还没有法律来专门规范商品名称，它是在人们日常的交易习惯中形成的，受《反不正当竞争法》《民法通则》等法律保护。

2. 商标与商品的装潢

商标与商品的装潢是有联系的，有时候商标可以成为商品装潢的组成部分，起到装潢的作用，但是二者是有区别的。

(1) 从目的上看，商标是用来区分商品来源的，而商品装潢是用来美化商品的，诱发人们购买。

(2) 从法律规制上看，商标受到商标法的调整，商标法规定商标一经注册不得随意改变，而商品的装潢可以改变。商品的装潢有时候可能受到版权法的保护，但我国目前还没有专门规制和保护商品装潢的法律。

(3) 从构成要件上看，商标的构成要件商标法是严格限制的，可以做装潢的标识，不能做商标使用，比如商品的通用名称和通用的图形可以做装潢但不可以做商标使用。

3. 商标与商号

商号主要是指从事生产或经营活动的经营者在进行登记注册时用以表示自己营业名称的一部分，是工厂、商店、公司、集团等企业的特定标志和名称，依法享有专有使用权。经过依法登记而取得的商号，受到法律的保护。

商号与商标的关系极为密切，经常一起出现在同一商品上，商号有的情况下可以成为商标的一个组成部分或同一内容，比如“全聚德”“老正兴”“狗不理”等。但商号和商标在目的上和性质上还是有区别的。

(1) 从目的上看，商标主要是用来区别商品来源的，代表着商品的信誉，必须与其所依附的某些特定商品相联系而存在，商标权属知识产权；商号主要是用来区别企业的，代表着厂商的信誉，必须与商品的生产者或经营者相联系而存在，商号权属名称权，所以商号权与人身或身份联系更紧密。

(2) 从法律规制上看，商标按照《商标法》的规定进行注册和使用，具有专用权。其专用权在全国范围内有效，并有法定的时效性；我国法律对商号权未有明确规定，但《民法通则》中对企业名称权的保护有具体规定。商号还可以按照《公司法》或《企业登记管理条例》登记注册，同样具有专用权。其专用权在所登记的工商行政管理机关管辖的地域范围内有效，并与企业同生同灭。

(3) 从构成要件上看，商标要求显著性，便于识别，但是很多商号名称不具有显著特征，所以无法注册成商标。

4. 商标和商务标语

商务标语是为了经销商品而制作的广告宣传用语和口号。经常与商标相配合出现在商品包装和宣传材料上。例如，“本店价格最低”“保证满意”等，这些并不是商标，不能用来区分商品的来源，而只是商家的一种承诺。但根据有些国家法律的规定，若商务标语具备识别商品来源的作用，可以申请商标注册，取得商标法的保护。

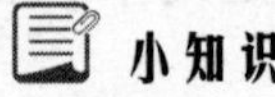

商务标语是经营者为了推销商品或者宣传服务项目而使用的宣传广告短语，它常常和商标同时出现，与商标有密切的联系，但是商务标语不具有识别经营对象的功能，只能就商品的特点、服务态度，用简洁的语句来赞美。商务标语一般不能为独家占有使用，而且还会时常调整改变。也有些商务标语具有特殊的创造性、文学性，可以成为著作权法的保护对象。

2.2 商标的种类

依据不同的标准，我们可以对商标进行不同的分类。

2.2.1 按商标使用对象分类

按照商标使用对象的不同，可以分为商品商标和服务商标。

（1）商品商标是生产经营者在商品上使用的商标。例如，海尔、长虹、伊利、棒棰岛、雪花、中华、耐克、李宁、海尔、Benz（奔驰）、BMW（宝马）、Safeguard（舒肤佳）、Lancome（兰蔻化妆品）、Rejoice（飘柔）、Pepsi（百事）、Adidas（阿迪达斯）、Coca-Cola（可口可乐）、Canon（佳能）、Porsche（保时捷）、Sharp（夏普）等。

（2）服务商标是1993年修订商标法时增加的种类。它是提供服务的人在其向社会公众提供的服务项目上所使用的标志。我们所涉及的商标多是商品商标，服务商标是服务的提供者所使用的标记，一看到这种标记就能够想到服务的提供者，如中国工商银行、中国移动通信、中国联通、中国“南方航空”、英国的“英航”（British Airways）、德国的“汉莎航空公司”（Lufthansa）等标记。

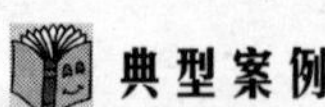

上海首例服务商标抢注案始末。1997年2月，在上海市郊318国道旁，一家拥有1500个餐位和几百个停车位的纯粤式超大规模海鲜酒家宣告开业，它就

是上海新金粤渔村餐饮娱乐有限公司（以下称金粤渔村）。至 1997 年年底，金粤渔村已在上海开了 3 家大型连锁店，营业总面积达 3.5 万平方米，成为沪上最大的连锁式海鲜酒家。1998 年 4 月，金粤渔村决定将“金粤渔村”及图标申请注册商标。不料却被国家工商局商标局以［1998］标审（三）驳字 781 号驳回申请，驳回原因为：该商标与上海南伽州金越酒店有限公司在类似服务于 1997 年 11 月 28 日申请在先的“金粤”商标近似。苦心经营一年有余的金粤渔村万万没想到自己创立的知名商标会被他人抢先注册。于是他们立即委托中国商标专利事务所向商标局提出异议，要求撤销“金粤 JYCW”商标。1999 年 7 月，国家工商局商标局经审查后，以［1999］商标异字第 4188 号《关于第 1247866 号“金粤 JYCW”商标异议的裁定》做出裁定：“金粤”商标在上海餐饮行业已取得相当的知名度，已经成为上海该行业中能够区分服务来源的显著标志，被异议人金越酒店在 42 类餐饮服务上申请注册“金粤 JYCW”商标，客观上损害了异议人的商业利益，易在消费者中产生混淆。依照《中华人民共和国商标法》第 19 条的规定，对初步审定的第 1247866 号“金粤 JYCW”不予核准注册。

资料来源：http：//www.people.com.cn/GB/channel3/25/20000726/160282.html

2.2.2 按商标的构成分类

按照商标的构成不同，分为文字商标、图形商标、字母商标、数字商标、三维标志商标、颜色组合商标。

（1）文字商标即是以文字构成的商标。文字可以是汉字、少数民族文字也可以是外国文字。例如，耐克（NIKE）、李宁（LINING）、海尔（Haier）、Benz（奔驰）、BMW（宝马）、Safeguard（舒肤佳）等。

（2）图形是指由平面图形构成的商标。可以是人物画、动植物画、风景画，也可以是一些记号、符号等抽象造型构图。但单纯的图形商标不便称谓，目前以单纯图形做商标的情形比较少。

（3）数字商标是 2001 年修改商标法新增加的商标种类，如 555、999 等。

（4）字母商标是由字母构成的商标。这里的字母既可以是拉丁字母，也可以是其他文字的字母，并且是不具有任何含义的单个或者数个字母。

（5）三维标志商标即立体商标。是以立体标志、商品整个外形或商品的实体包装物立体形象呈现的商标，简单地说就是立体形状的商标。立体商标与平面商标、颜色组合商标被统称为可视商标，其基本功能与平面商标一样，可以区别商品来源或服务提供者。立体商标是 2001 年新修订的《商标法》所增添的内容，这将使得我国的商标保护制度更加完善。

（6）颜色组合商标也是 2001 年修订《商标法》后新增加的商标种类。所谓颜色组合是指由几种不同的颜色按照一定的规则组合而成的商标。

（7）音响商标是 2013 年第三次修改商标法新增加的商标种类，是指以音符编成的一组音乐或以某种特殊声音作为商品或服务的商标。如美国一家唱片公司使用 11 个音符编成一组乐曲，把它灌制在他们所出售的录音带的开头，作为识别其商品的标志。这个公司为了保护其音响的专用权，防止他人使用、仿制而申请了注册。

音响商标目前只在美国等少数国家得到承认。中国在 2013 年第三次修订商标法时将其作为商标的种类予以保护。

2.2.3 按商标使用者分类

按照使用者不同可以分为制造商标、销售商标。

制造商标，亦称生产商标，是由商品制造者使用的商标。制造商标的功能，不仅在于对生产厂家的区分，而且在销售经营中能够突出制造者。应该说，绝大多数商标都是制造商标。

销售商标，又叫商业商标，是商品销售者使用的商标。使用销售商标的目的在于对商业企业的宣传，使其销售的商品与其他经销商销售的商品区别开来。

2.2.4 其他特殊性质的商标

1. 联合商标

联合商标是指同一商标所有人在相同或者类似商品上使用的若干个近似商标。在这些近似商标中，首先注册并使用的是正商标，其他商标为该商标的联

合商标。如某企业使用“乐口福”正商标，又以“福乐口”“乐福口”“口乐福”等为联合商标。如“大白兔”同时注册了“小白兔”“大花兔”“大灰兔”“白兔”等为联合商标。联合商标的目的在于保护知名的正商标，防止他人混淆，消费者误认。

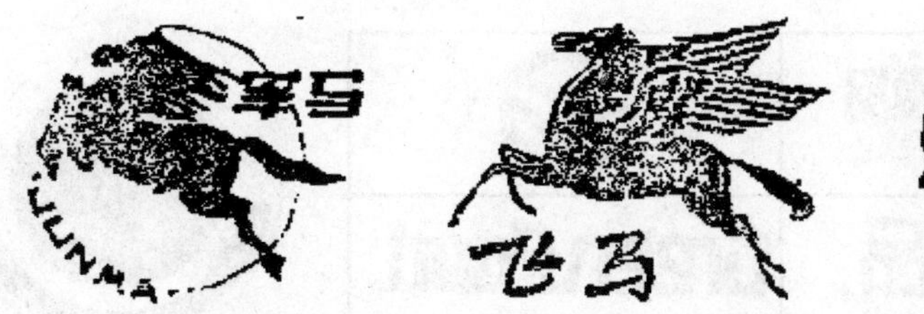

骆驼 111　骆驼 211

Skala55　Koral45

2. **防御商标**

这是指同一商标所有人在不同类别的商品上注册使用同一个著名商标。最先注册并使用的是正商标，后来在不同商品上使用的为防御商标。防御商标的目的在于保护著名商标的信誉，防止他人利用著名商标的信誉造成消费者的误认，损害著名商标的声誉。

3. **证明商标**

这是 2001 年修订的商标法新增加的商标种类，证明商标又称保证商标，是指对某种商品或者服务有监督能力的组织注册并控制，而由该组织以外的单位或者个人使用于其商品或者服务上，用于证明该商品或者服务的原产地、原料、制造方法、质量或者其他特定品质的标志。如纯羊毛标志、绿色食品标志等。证明商标在使用目的、使用人、权利范围等方面与普通的商标都是不同的。从目的上来讲，普通商标是用于区分不同的商品和服务的来源的，而证明商标是表明商品的质量因素的；证明商标的注册人不同于普通商标，普通商标注册人就是使用人，而证明商标的注册人并不使用，而是由别人来使用，注册人是对使用人有监督、监控的能力的组织；证明商标的使用人只可以自己使用，而不得转让，其不具有专有性和独占性，只要是产品符合证明商标的要求就可以使用。

4. 集体商标

集体商标是指以团体协会或者其他组织的名义注册，并供该组织的成员在商事活动中使用，以表明使用者具有该组织成员资格的标记。显然，集体商标与普通商标有着不同的特点，一般的商标是表明商品或服务的来源，而集体商标是表明商标的使用人是该组织的成员，这是一种资格标志；集体商标的注册人与普通商标也不同，集体商标的注册人是团体协会这样的组织，而其具体使用人并不注册，仅仅享有使用权；集体商标的使用人只可以自己使用，而不得转让，其不具有专有和独占性，只要是该组织的成员就可以使用，具有开放性。

5. 地理标志

地理标志是指表明某种商品来源于某地区，该商品的特定质量、信誉或者其他特征主要是由该商品的自然因素和人为因素所决定，比如说新疆的干果等。在这种情况下地理标志已经成为一种质量标志，成为一项知识产权和竞争优势；《巴黎公约》和 TRIPs 协议对此都规定了专门的保护条款；2001 年修订《商标法》就将地理标志作为商标的一个种类加以规定。

2.2.5　商标的功能作用和经济价值

1. 商标的功能作用

商标作为一种便购利销的手段，有突出的功能作用。

(1) 区别和指导选购商品。商标在不同的商品生产者或经营者所生产或经营的同类商品或提供的服务之间形成区别，这种区别功能可帮助商标使用者推销产品或服务，帮助消费者在同类的产品或服务中做出选择。

(2) 表明商品或服务来源。在某一特定商标下销售的商品或提供的服务，同使用相同商标的商品和服务属同一来源。

(3) 监督商品或服务质量。在特定商标下销售的商品或提供的服务应保持适度的质量稳定性。商标的信誉主要是通过商标的质量功能树立的，商标的区分功能和表示来源功能都是质量功能的延伸。

(4) 商品或服务广告宣传。商标是典型的广告工具。商品生产的目的是为了销售，生产者、经营者的一切努力最终体现为占领市场，因而必须提高商品的知名度，引起消费者的注意。

2. 商标的经济价值

一个国家的经济发展程度由许多因素决定，而有效的商标制度能改善国内的市场环境，促进经济发展，并可开拓国际市场。

(1) 从社会经济持续发展角度看，名牌商标可创造更多的高质量商品和服务，从而使社会增加生产，提供更多的就业机会。这不仅能提高人民的生活水平，而且也将刺激生产，满足社会的不断需求。国家因此可增加财政收入，增强国力。

(2) 从生产者、经营者角度看，商标的区别功能有利于创造公平竞争的市场环境，使优质名牌与劣质杂牌泾渭分明，促进厂商努力降低成本和提高商品质量，客观上阻止了不正当竞争。另外，商标的质量功能可直接促进技术发展，提高企业在国内和国际市场上的竞争实力。

(3) 对消费者来说，一方面，消费者在缺乏信息和商品知识水平较低的情况下，通过商标获得了廉价的信息，有利于改善消费环境；另一方面，商标的质量信誉功能，有利于维护消费者的合法权益。

（4）驰名商标的占有意味着市场份额的分配，通过商标的国际保护，能提高企业的出口创汇能力，提高民族产业在国际市场上的竞争地位。

2.3 商标制度与商标法的修改

2.3.1 外国商标制度的产生与发展

作为调整商标以及商标产生发展、行使权利等一系列行为的法律制度便称其为商标制度，我们下面就来看一下商标制度的形成和发展。有商标就有商标制度，也就有了商标法，随着社会实践的发展，当商标作为一项财产权利日益得到人们的重视，商标侵权行为日益增多的时候各国开始建立健全自己的商标制度，突出的体现就是制定和修订商标法，我们先来看一下外国的商标制度的形成和发展。

最早就有区分不同商品的标记，那时是为了便利人们购买。后来人们觉得标记越来越成为促销的手段和办法，同时，由于使用了这个标记会给人们带来很多无形的收益的时候，人们便将商标作为一项私有财产权来看待，那么法律就对这项权利有所干预，所以商标制度就由此产生了。最早的商标立法起源于资本主义时期，世界上最早的商标法规是法国 1803 年的《关于工厂制造厂和作坊的法律》。

2.3.2 中国商标制度的沿革

我国的商标制度也是随着近代资产阶级思想的产生而建立起来的，我国第一部商标法规是清政府制定的——1904 年《商标注册示范章程》。新中国成立以后，也相应制定了一些商标保护的法律法规；改革开放之后，我们开始重视我们的市场经济和法制建设，着手制定我国的商标法。我国商标法生效于 1982 年，以后又制定了实施细则。这个商标法可以说在计划经济向市场经济过渡中起到了很大的作用，是一部重要的知识产权法律规范。

2.3.3 中国商标法的修改

由于我国经济体制改革的不断深入，也带来法律的变化，商标法就顺应形势变化的需要而做了两次修订。第一次修订完成于 1993 年，此次修订一方面是因为我国刚刚推行市场经济；另一方面就是中美之间的知识产权谈判。其主要内容是将商标的种类予以增加，扩大到服务商标，禁止将地名作为商标注册，增加了商标注册审查的补正程序，加大了惩处的力度。到了 2001 年，我国入世的谈判正式进行，为了与国际条约保持一致，也为了使我国的商标法更加的规范，2001 年年底修订了《商标法》，这是现行《商标法》的第二次修正。这一次修正具有较大意义，主要体现在这样几个方面：第一，扩大、规范了商标权的主体，自然人可以作为商标主体申请注册，取消了外国人的超国民待遇；第二，对于商标权客体的规定更加科学了，增加了商标的种类，对商标注册和使用应当具备的条件予以细化，如不得侵犯他人合法在先权利，不得假冒仿冒驰名商标，等等；第三，增加了对驰名商标的保护；同时，商标取得的程序性规定也更加规范了；此外，为了有力地惩处商标侵权行为，加大了司法救济的力度，对司法干预商标侵权做了明确详细的规定，如司法终局权、临时禁令、赔偿损失等。关于《商标法》的第二次修订条文由原来的 43 条增加到 64 条。

2013 年 8 月 30 日，备受社会关注的《中华人民共和国商标法》修正案经十二届全国人大常委会第四次会议审议并通过，修订后的商标法自 2014 年 5 月 1 日起施行。这是我国商标法的第三次修改。这次对商标法的修改内容主要包括以下几个方面：第一，增加关于商标审查时限的规定；第二，完善商标注册异议制度；第三，厘清驰名商标保护制度；第四，加强商标专用权保护；第五，规范商标申请和使用行为，禁止抢注他人商标，维护公平竞争的市场秩序；第六，规范商标代理活动。条文由原来的 64 条增加到 73 条。

商标法的修改的内容，在以后的学习中将具体介绍。

复习思考题

1. 商标具有哪些特征？
2. 商标与商品名称有哪些区别？
3. 商标的功能作用有哪些？
4. 商标的经济价值是什么？

第3章 商标权的取得

学习目标

熟悉掌握商标权取得的条件和程序。了解商标注册的申请、商标注册的条件、商标注册的审批、商标权的无效补正和商标权的争议的裁定等。本章的重点是商标注册原则、商标注册的条件以及商标的无效宣告程序。了解取得商标权的具体法律程序。

关键名词

商标注册　外国优先权　商标权无效　商标权撤销

3.1 我国的商标权取得制度

如何才能取得商标权，在世界各国的立法上是不尽相同的，一般地，有两种基本的制度：一是使用取得的制度，即取得商标专用权无须办理任何手续，只要使用就可以取得权利；二是注册取得制度。商标注册是指商标使用人为了取得商标专用权将其使用或意欲使用的商标，依据法律规定的条件和程序，向商标主管机关提出注册申请，经过商标主管机关审核批准，予以注册登记后才能取得商标专用权的制度。

对此，我国在立法上经历了两个不同的发展阶段，在新中国成立之初采取自愿注册的原则，20世纪60年代采取全面强制注册的原则。现行商标法结合中外各国的经验和做法，采用了以自愿注册为主，强制注册为辅的原则。《商标法》规定，自然人、法人或者其他组织在生产经营活动中，对其商品或者服务需要取得商标专用权的，应当向商标局申请商标注册。同时，2013年修订后的商标法规定：法律、行政法规规定必须使用注册商标的商品，必须申请商标注册，未经核准注册的，不得在市场销售。上述规定说明，我国商标专用权的取得实行的是自愿注册与强制注册相结合的原则。

首先，我国《商标法》规定，生产商品或提供服务的经营者，要想取得商标专用权，应当到商标局办理注册登记手续。经营者如果不去注册也有权使用其商标，但如果要想取得注册商标专用权，就必须办理注册手续。其次，不是所有商品使用的商标都可以不注册。我国在规定自愿注册原则的同时还规定某些商品使用商标必须注册，比如人用药品和烟草制品，在这两类商品上商标注册是强制的，未经核准注册的，不得在市场销售。

3.2　商标注册申请

3.2.1　商标注册申请人

什么人可以去申请商标注册，根据我国现行《商标法》的规定，商标注册申请的主体包括自然人、法人和其他组织。在《商标法》2001 年修订以前，是不允许自然人成为商标申请注册的主体，此次修订后允许自然人成为注册申请人，商标注册主体的范围扩大了。

外国自然人、法人、其他组织也可以成为我国商标注册的主体，但是要遵守我国《商标法》的规定，即外国人在我国申请商标注册应当委托依法设立的具有商标代理资格的组织进行。由于商标具有地域性的特征，所以外国人在我国申请注册商标占了很大的比重。

两个或两个以上的自然人、法人或其他组织共同申请商标注册就成为商标的共有人，共同享有和行使该商标专用权。

对于申请人的条件，商标法没有予以限制性规定。

3.2.2　申请注册的商标

根据我国《商标法》的规定，申请注册的商标必须符合一定条件才能核准。我国《商标法》第 9 条规定，申请注册的商标，应当具有显著性。

1. 申请注册的商标应当具有显著性

商标的显著性就是商标的独特性，具有显著性才能将某一企业的商品与其他企业生产的同类商品区别开来，商标的显著性越强，其识别功能就越强。认定商标的显著性，关键是把握商标的独特性或者标记性。当然，商标的显著性还会在今后的使用、销售过程中，随着商品信誉的提高日益增强。

2. 禁止商标使用的文字和图形

根据我国《商标法》第 10 条的规定，下列标志不得作为商标使用：

（1）同中华人民共和国的国家名称、国旗、国徽、国歌、军旗、军徽、军歌、勋章等相同或者近似的，以及同中央国家机关的名称、标志、所在地特定地点的名称或者标志性建筑物的名称、图形相同的。

（2）同外国的国家名称、国旗、国徽、军旗等相同或者近似的，但经该国政府同意的除外。

（3）同政府间国际组织的名称、旗帜、徽记等相同或者近似的，但经该组织同意或者不易误导公众的除外。

小知识

根据《商标法》的规定，同中华人民共和国的国家名称等相同或者近似的是不能作为商标使用的，但是，在商标法实施前已经使用的除外。如：自1951年诞生至今的“中华”牌卷烟，还有20世纪70年代，北京卷烟厂专为毛泽东主席等几位中央首长生产的特供烟——“中南海”香烟。

（4）与表明实施控制、予以保证的官方标志、检验印记相同或者近似的，但经授权的除外，如已经作为证明商标使用的除外。

（5）同“红十字”“红新月”的名称、标志相同或者近似的。

小知识

红十字国际委员会于1863年2月9日创立于日内瓦。1864年确定所有国家都使用红十字作为保护性标志的原则。在1929年召开的国际外交会议上，红新月标志被正式承认为具有法律效力的标志。现在世界上有20多个阿拉伯国家和部分伊斯兰国家使用红新月标志。《日内瓦公约》缔约国的代表于2005年12月8日同意设立“红水晶”新标志，为以色列加入该运动铺平了道路。

（6）带有民族歧视性的。

（7）带有欺骗性，容易使公众对商品的质量等特点或者产地产生误认的。夸大宣传并带有欺骗性的。例如：“健康牌”“有益牌”香烟等。

（8）有害于社会主义道德风尚或者有其他不良影响的。例如，“安乐死”牌、“同性恋”牌等。

此外，县级以上行政区划的地名或者公众知晓的外国地名，不得作为商标。但是，地名具有其他含义或者作为集体商标、证明商标组成部分的除外；已经注册的使用地名的商标继续有效。

3. 禁止商标注册的文字和图形

根据我国《商标法》第 11 条的规定，下列标志不得作为商标注册：

（1）仅有本商品的通用名称、图形、型号的。如“计算机”“圆形”“七号”。

（2）直接表示商品的质量、主要原料、功能、用途、重量、数量及其他特点的。如“温暖牌”羽绒服、“退热牌”退烧药等。

（3）缺乏显著特征的。例如，“白色”牌床单、“结实”牌桌子等。

但上述标志经过使用取得显著特征，并便于识别的，可以作为商标注册。

4. 其他的禁止性规定

（1）立体商标的注册禁止：以三维标志申请注册商标的，仅由商品自身的性质产生的形状、为获得技术效果而需有的商品形状或者使商品具有实质性价值的形状，不得注册。

（2）不得侵犯驰名商标申请注册：就相同或者类似商品申请注册的商标是复制、模仿或者翻译他人未在中国注册的驰名商标，容易导致混淆的，不予注册并禁止使用；就不相同或者不相类似商品申请注册的商标是复制、模仿或者翻译他人已经在中国注册的驰名商标，误导公众，致使该驰名商标注册人的利益可能受到损害的，不予注册并禁止使用。

典型案例

沃尔玛百货有限公司诉童小菊等商标侵权及不正当竞争纠纷案

沃尔玛百货有限公司（以下简称沃尔玛公司）起诉称：沃尔玛公司是世界第一大零售企业，经营业务遍及世界各国。1996 年 7 月，该公司将英文服务商标“Wal－Mart”翻译成中文“沃尔玛”在第 35 类“推销（替他人）”等服务项目上注册了商标。此后，并陆续在 31 个类别上取得了商标注册。2001 年、2003 年沃尔玛公司被《财富》杂志列为全球 500 强企业第一位。沃尔玛公司中国市场相继投资开设了 31 家购物广场和山姆会员商店，对“沃尔玛”商标进行了大量的广告宣传。该商标作为沃尔玛公司提供推销服务的主要商标，目前在中国几乎家喻户晓。童小菊未经许可擅自在其生产、销售的灯具及其包装上使用“沃尔玛”标识，在其企业名称中也使用了“沃尔玛”字样，申请了

www. woerma. com. cn 域名并在其网页上显著使用“沃尔玛”字样，侵犯了沃尔玛公司的商标专用权。请求法院判令被告停止侵权、赔偿损失并判令童小菊撤销 www. woerma. com. cn 域名。

深圳市中级人民法院经审理认为：沃尔玛公司自 1996 年起在我国开办了多家以“沃尔玛”为字号的百货商场，该公司通过广告宣传媒体报道、参与社会公益活动等方式长期宣传企业形象，在中国市场上逐步形成了以“沃尔玛”字号和商标为核心的企业品牌和信誉，在社会公众中具有较高的知名度，其注册商标依法可认定为驰名商标。童小菊未经许可使用“沃尔玛”字号，显然是企图利用沃尔玛公司驰名商标的信誉和知名度，属于不正当竞争行为，容易误导公众并在客观上淡化了沃尔玛公司驰名商标的驰名程度，损害了沃尔玛公司的企业品牌形象。判决童小菊停止在其经营的企业名称中使用“沃尔玛”字样、注销涉案域名并赔偿损失 12 万元。一审判决后，双方当事人均未提出上诉，该判决已发生法律效力。

资料来源：http：//china. findlaw. cn/low/644806/viewspace－25660

（3）地理标志的禁止性规范：商标中有商品的地理标志，而该商品并非来源于该标志所标示的地区，误导公众的，不予注册并禁止使用；但是，已经善意取得注册的继续有效。

（4）代理人不得侵权注册：未经授权，代理人或者代表人以自己的名义将被代理人或者被代表人的商标进行注册，被代理人或者被代表人提出异议的，不予注册并禁止使用。

（5）不得侵犯他人在先权利申请注册：2013 年修订的《商标法》规定，就同一种商品或者类似商品申请注册的商标与他人在先使用的未注册商标相同或者近似，申请人与该他人具有前款规定以外的合同、业务往来关系或者其他关系而明知该他人商标存在，该他人提出异议的，不予注册。

3. 2. 3 商标注册申请的原则

1. 依商品分类表申请，采用一标多类的申请

根据 2013 年修订的《商标法》的规定，商标注册申请人应当按规定的商品分类表填报使用商标的商品类别和商品名称，提出注册申请。商标注册申请人可以通过一份申请就多个类别的商品申请注册同一商标。将延续多年的一标一类改为一标多类的申请原则。既便利于申请人申请，也便利于商标局的审查和管理。

2. **申请在先与使用在先分别适用的原则**

在商标注册时会出现两个申请人就相同的商标申请注册。对于这种情况如何处理呢？我国《商标法》规定，两个或者两个以上的商标注册申请人，在同一种商品或者类似商品上，以相同或者近似的商标申请注册的，初步审定并公告申请在先的商标；同一天申请的，初步审定并公告使用在先的商标，驳回其他人的申请，不予公告。例如，甲和乙都使用“R”商标，并且都使用在同一类商品上，甲和乙在不同日提出申请，谁先提出申请就先公告谁，授予谁。但是如果甲和乙同日提出申请，那么就授权给在先使用人，当然要想取得在先使用人的地位就要提供相关证据证明。

3. **优先权原则**

（1）外国优先权。商标注册申请人自其商标在外国第一次提出商标注册申请之日起 6 个月内，又在中国就相同商品以同一商标提出商标注册申请的，依照该外国同中国签订的协议或者共同参加的国际条约，或者按照相互承认优先权的原则，可以享有优先权。其法律后果就是把第一次在外国提出商标注册申请的日期视为第二次在中国提出商标注册申请的日期。例如，某甲 2 月 1 日在英国提出商标注册申请，同年 5 月 1 日又在中国提出同样的商标注册申请，那么，在英国提出申请的日期就视为在中国申请的日期，即 2 月 1 日，某甲就取得了在先申请人的地位。如果 4 月 1 日，某乙在中国就相同商标申请注册的话，就有可能被驳回。

（2）展览会优先权。商标法对于展览会上的展出也视为具有优先权的条件。商标在中国政府主办的或者承认的国际展览会展出的商品上首次使用的，自该商品展出之日起 6 个月内，该商标的注册申请人可以享有优先权。其法律后果与外国优先权大体相同。主张优先权的申请人，应当在提出商标注册申请的时候提出书面声明，并且在 3 个月内提交展出其商品的展览会名称、在展出商品上使用该商标的证据、展出日期等证明文件；未提出书面声明或者逾期未提交证明文件的，视为未要求优先权。

3.2.4　商标注册申请文件

商标注册申请先进行申请前的准备，如设计商标、进行商标的检索，然后是准备申请文件，最后才是提出申请。申请可以自己到商标局提出，也可以通过商标代理，还可以通过工商局核转。在整个申请过程中，申请文件是至关重要的。

首先，提交申请书。申请人应当按照国家工商总局商标局拟定并报国务院批准的统一格式填写《商标注册申请书》。申请书要按规定格式使用钢笔、毛笔，使用蓝色或黑色墨水填写，字迹应当工整清晰，文字规范准确，申请书规定的项目必须逐一填全，如商标名称、使用商标的商品名称、用途、主要原料、技术标准、申请人名称或者姓名、地址、营业执照等，然后加盖与核准或登记名称相一致的单位或者个人章戳，由负责人或申请人签字。申请商标注册或者办理其他商标事宜，应当使用中文。提交的有关证件、证明文件和证据材料是外文的，应当附送中文译文；未附送的，视为未提交该证件、证明文件或者证明材料。

其次，报送商标图样。申请人在递交申请书的同时，应同时交送商标图样5份，指定颜色的，应当提交着色图样5份、黑白稿1份。商标图样必须清晰、便于粘贴，用光洁耐用的纸张印制或者用照片代替，长和宽应当不大于10厘米、不小于5厘米。以三维标志申请注册商标的，应当在申请书中予以声明，并提交能够确定三维形状的图样。以颜色组合申请注册商标的，应当在申请书中予以声明，并提交文字说明。申请注册集体商标、证明商标的，应当在申请书中予以声明，并提交主体资格证明文件和使用管理规则。商标为外文或者包含外文的，应当说明含义。

再次，提交其他书件。申请国家规定必须使用注册商标的商品，申请人应当附送有关证明文件。申请人用药品商标注册的，应当附送卫生行政部门发给的证明文件；申请卷烟、雪茄烟和有包装烟丝的商标注册，应当附送国家烟草主管机关批准生产的证明文件；报刊、杂志名称作为商标申请注册的，应当提交新闻出版署（局）发给的全国统一刊号的报刊登记证。申请国家规定必须使用注册商标的其他商品的商标注册，应当附送有关主管部门的批准文件。外国人或者外国企业申请商标注册的，还应交送代理人委托书。此外，按工作需要或对等原则的要求，有时还应提交国籍证明、本国注册证明、互惠协议证明、商品单等。

最后，文件提交途径。国内的申请人办理各种商标注册事宜有两种途径：一是直接到商标局办理；二是委托依法设立的商标代理机构代理。两种途径的主要区别是发生联系的方式不同和提交的书件稍有差别。在发生联系的方式方面，直接到商标局办理的，在办理过程中申请人与商标局直接发生联系；委托商标代理机构办理的，在办理过程中申请人通过商标代理机构与商标局发生联系，而不直接与商标局发生联系。在提交的书件方面，直接到商标局办理的，申请人除应提交的其他书件外，还应提交经办人本人的身份证复印件；委托商标代理机构办理的，申请人除应提交的其他书件外，还应提交委托商标代理机构办理商标注册事宜的授权委托书。国内的申请人直接办理商标注册事宜的，应到商标局的商标注册大厅办理。外国人或外国企业在中国办理商标注册事宜

必须委托依法设立的商标代理机构代理，但在中国有经常居所或者营业所的外国人或外国企业除外。

商标注册申请等有关文件，可以以书面方式或者数据电文方式提出。申请方式更加便捷、多样。

3.2.5　几种特殊的商标申请

在一些特殊情况下，还需要按照商标法的相关规定办理特殊的申请手续。

例如，另行申请，即注册商标需要在核定使用范围之外的商品上使用的，应当另行提出注册申请。如某企业的商标R申请注册使用的是A、B、C、D四种商品，如果想要在E商品上使用R商标，这需要另行提出申请。重新申请，即注册商标需要改变其标志的，应当重新提出注册申请，包括形状、位置和颜色的任何改变都需要办理重新申请手续。变更申请，即注册商标需要变更注册人的名义、地址或者其他注册事项的，应当提出变更申请。

3.3　商标注册的审查批准

我国对申请注册的商标实行审查制度，即对申请注册的商标，不仅要进行形式审查，而且还要进行实质审查，只有经过审查核准的商标才能取得商标专用权。

3.3.1　形式审查

形式审查主要是审查该商标注册申请的文件和手续是否符合法定条件，以确定对该商标注册申请是否受理。形式审查的内容有以下几项：（1）申请人的申请资格是否合格；（2）申请书件是否齐全、手续是否完备，填写内容是否符合要求；（3）申请事项是否符合申请原则；（4）申请费、注册费和其他商标业务收费是否已足额缴纳；（5）外国人、外国企业在我国申请商标注册的，还要审查是否有指定的商标代理委托书、国籍证明书和有关证明的公证、认证手续。

经过形式审查，申请手续齐备并按照规定填写申请书件的，编定申请号，发给《受理通知书》，正式受理注册申请。不符合要求和规定的，予以退回；基本符合要求和规定的，限期补正。

3.3.2　实质审查

实质审查是对申请注册的商标实体内容和条件进行审查。实质审查是决定申请人的商标能否核准注册的关键环节。实质审查主要集中在三个问题上：商标是否具有显著的特征、是否违反《商标法》的禁用条款、是否与在先权利发生冲突。实质审查的内容应当包括以下几个方面：

（1）申请注册的商标必须具备法定的构成要素，必须具有显著特征，便于识别，并不得与他人在先取得的合法权利相冲突。仅有本商品的通用名称、图形、型号的，仅仅直接表示商品的质量、主要原料、功能、用途、重量、数量及其他特点的，缺乏显著特征的标志，均不得作为商标注册。申请注册的商标不得与他人在先取得的合法权利相冲突，是指申请注册的商标不得与他人已注册的相同或者类似商品上的商标相同或者近似，也不得侵犯商标图案作品的著作权等情况。

（2）申请的商标是否违反了商标禁用条款，是否使用了禁用标志。

（3）申请注册的商标是否同他人在同一种商品或者类似商品上已经注册的或者初步审定的商标相同或者近似。

（4）申请注册的商标是否损害他人现有的在先权利，是否属于以不正当手段抢先注册他人已经使用并有一定影响的商标。

（5）申请的商标是否与撤销、注销不满 1 年的注册商标相同或者近似。

3.3.3 初审公告与商标异议

1. 初步公告

商标法规定，对申请注册的商标，商标依据商标法进行实质审查。商标局应当自收到商标注册申请文件之日起 9 个月内审查完毕，符合有关规定的，予以初步审定公告。在审查过程中，商标局认为商标注册申请内容需要说明或者修正的，可以要求申请人做出说明或者修正。申请人未做出说明或者修正的，不影响商标局做出审查决定。

对驳回申请、不予公告的商标，商标局应当书面通知商标注册申请人。商标注册申请人不服的，可以自收到通知之日起 15 日内向商标评审委员会申请复审。商标评审委员会应当自收到申请之日起 9 个月内做出决定，并书面通知申请人。有特殊情况需要延长的，经国务院工商行政管理部门批准，可以延长 3 个月。当事人对商标评审委员会的决定不服的，可以自收到通知之日起 30 日内向人民法院起诉。

2. 商标异议

对初步审定公告的商标，自公告之日起 3 个月内，在先权利人、利害关系人认为违反商标法相关规定的，可以向商标局提出异议。公告期满无异议的，予以核准注册，发给商标注册证，并予公告。对初步审定公告的商标提出异议

的，商标局应当听取异议人和被异议人陈述事实和理由，经调查核实后，自公告期满之日起12个月内做出是否准予注册的决定，并书面通知异议人和被异议人。有特殊情况需要延长的，经国务院工商行政管理部门批准，可以延长六个月。

3.3.4　核准注册

对于初步审定、予以公告并且公告期满无异议的，商标局予以核准注册，发给商标注册证，并予以公告。对于初步设定并予以公告的商标提出异议的，当事人在法定期限内对商标局做出的裁定不申请复审或者对商标评审委员会做出的裁定不向人民法院起诉的，裁定生效。经裁定异议不能成立的，予以核准注册，发给商标注册证，并予以公告；经裁定异议成立的，不予核准注册。经裁定异议不能成立而核准注册的，商标注册申请人取得商标专用权的时间自初审公告3个月期满之日起计算。核准注册是商标申请人取得商标专用权的决定性环节。

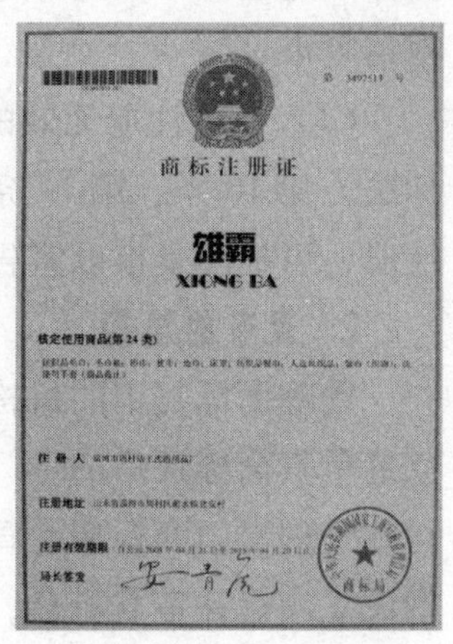

经初步审查合格的商标，由商标局编定初步审定后，建立审查检索卡片，将商标注册申请书以及有关书件存档，并在《商标公告》上予以公告。初步审定和公告是商标注册的必经程序，以便征询社会公众对初审商标的意见。对初步审定的商标，自公告之日起3个月内，没有人提出异议或者经裁定异议不能成立的，商标局给予核准注册，发给《商标注册证》，并予以公告。《商标注册证》是商标注册人在法律上取得商标专用权的证明文件，是商标局依照《商标法》的有关规定，颁发给商标注册人以证明其商标专用权范围的法律文书。《商标注册证》上记载的主要内容有：商标（图样）、商标注册号、商标注册人名义及地址、注册商标核定使用的商品或服务项目及其类别、商标专用权的起止日期（有效期）。

3.3.5　商标的复审

根据《商标法》以及《商标法实施条例》的规定，对于商标局做出的决定，相关当事人不服可以在法定期限内向商标评审委员会提出商标复审的申请，商标评审委员会根据事实依法做出复审裁定。

1. 商标复审的原因

（1）驳回申请不予公告的商标复审。在商标申请过程中，商标局对于驳回申请不予公告的商标，应当书面通知申请人，申请人可以在收到商标局的书面通知后向商标评审委员会申请复审。

（2）商标异议的复审。对于初步审定予以公告的商标提出异议的，商标局应当听取异议人和被异议人陈述事实和理由，经调查核实后，做出裁定。当事人不服的，可以在收到商标局的书面通知后向商标评审委员会申请复审。

（3）注册商标争议的复审。依据《商标法》第 45 条的规定，已经注册的商标因违反法律规定等事由存在商标争议的相关当事人可以向商标评审委员会申请复审。

（4）商标注册无效的复审。根据《商标法》第 44 条的规定，因违反《商标法》第 10 条、第 11 条、第 12 条的规定或者以欺骗和不正当手段取得商标注册，可提出复审以宣告商标无效。

2. 复审的机构

受理商标复审的机构是商标评审委员会，它是在国家工商行政管理总局设立的负责商标评审的专门行政执法机构。《商标法》第 2 条规定，国务院工商行政管理部门商标局主管全国商标注册和管理的工作。国务院工商行政管理部门设立商标评审委员会，负责处理商标争议事宜。商标评审委员会与商标局的工作既相互关联、又相互制约，构成了我国商标授权、确权和商标保护的行政体系。

商标评审委员会依法对商标评审事宜独立行使裁决权。商标评审委员会以事实为根据、以法律为准绳处理商标评审事宜。

3. 复审的时间

当事人应当在法定期限内提出复审申请，商标评审委员会也应当在法定期限内做出决定。根据 2013 年修订后的商标法的规定，对驳回申请、不予公告的商标，商标局应当书面通知商标注册申请人。商标注册申请人不服的，可以自收到通知之日起 15 日内向商标评审委员会申请复审。商标评审委员会应当自收到申请之日起 9 个月内做出决定，并书面通知申请人。有特殊情况需要延长的，经国务院工商行政管理部门批准，可以延长 3 个月。

对商标异议的复审，异议人可以自收到通知之日起 15 日内向商标评审委员会申请复审。商标评审委员会应当自收到申请之日起 12 个月内做出复审决定，并书面通知异议人和被异议人。有特殊情况需要延长的，经国务院工商行政管理部门批准，可以延长 6 个月。

对注册商标争议的复审，自商标注册之日起 5 年内，在先权利人或者利害关系人可以请求商标评审委员会宣告该注册商标无效。对恶意注册的，驰名商标所有人不受 5 年的时间限制。商标评审委员会应当自收到申请之日起 12 个

月内做出维持注册商标或者宣告注册商标无效的裁定，并书面通知当事人。有特殊情况需要延长的，经国务院工商行政管理部门批准，可以延长 6 个月。

对商标注册无效的复审，其他单位或者个人请求商标评审委员会宣告注册商标无效复审申请不受时间限制。商标评审委员会应当自收到申请之日起 9 个月内做出维持注册商标或者宣告注册商标无效的裁定，并书面通知当事人。有特殊情况需要延长的，经国务院工商行政管理部门批准，可以延长 3 个月。

4. 复审的效力

对于商标复审申请，商标评审委员会依据事实和法律进行审理，做出相应裁定。当事人对于商标评审委员会做出的裁定不服的，可以自收到通知之日起 30 日内向人民法院起诉。人民法院应当通知商标裁定程序的对方当事人作为第三人参加诉讼。

商标评审委员会在依照前款规定对无效宣告请求进行审查的过程中，所涉及的在先权利的确定必须以人民法院正在审理或者行政机关正在处理的另一案件的结果为依据的，可以中止审查。中止原因消除后，应当恢复审查程序。

3.4　商标权的无效与撤销

3.4.1　商标权的无效

1. 商标权无效的含义

商标权无效是指商标不具备注册条件但取得注册，依法定程序使其恢复到未产生的状态。商标权无效宣告是对商标权在形成之始就具有权利瑕疵，但没有被发现而设计的一种补正制度。

建立商标无效宣告程序的目的在于提高注册商标的质量，使商标的专用权被真正的权利人拥有。

2. 商标权无效宣告的理由

根据商标法的规定，商标权无效宣告的理由分违反法定条件和欺骗手段的不当注册和侵犯他人权利的注册不当。

（1）违反法定条件的注册不当。违反《商标法》第 10 条、第 11 条、第 12 条规定的，属于违反法定条件的注册不当。包括禁止使用的标记注册商标、禁止注册的标记注册商标和违反三维商标禁止性规范注册的商标。

（2）以欺骗手段或者其他不正当手段的注册不当。比如，注册人在注册时杜撰了证明文件、隐瞒了一些重要事项等属于以欺骗手段的注册不当。

（3）侵犯他人合法权益的注册不当。已经注册的商标，违反《商标法》

第13条第二款和第三款、第15条、第16条第一款、第30条、第31条、第32条规定的，这些情形分别是侵犯驰名商标专用权的注册、侵犯被代理人利益取得的注册、违反地理标志的规定的注册、侵犯在先权利人权利的注册等。

小知识

《商标审理标准》规定，以弄虚作假的手段欺骗商标行政主管机关取得商标注册的行为是指商标注册人在申请注册商标的时候，采取了向商标行政主管机关虚构或者隐瞒事实真相、提交伪造的申请书件或者其他证明文件，以骗取商标注册的行为。包括但不限于下列情形：（1）伪造申请书件签章的行为；（2）伪造、涂改申请人的主体资格证明文件的行为，包括使用虚假的身份证、营业执照等主体资格证明文件，或者涂改身份证、营业执照等主体资格证明文件上重要登记事项等行为；（3）伪造其他证明文件的行为。

第一，侵犯驰名商标的注册。《商标法》第13条规定，就相同或者类似商品申请注册的商标是复制、模仿或者翻译他人未在中国注册的驰名商标，容易导致混淆的，不予注册并禁止使用。就不相同或者不相类似商品申请注册的商标是复制、模仿或者翻译他人已经在中国注册的驰名商标，误导公众，致使该驰名商标注册人的利益可能受到损害的，不予注册并禁止使用。

第二，侵犯被代理人利益的注册。《商标法》第15条规定，未经授权，代理人或者代表人以自己的名义将被代理人或者被代表人的商标进行注册，被代理人或者被代表人提出异议的，不予注册并禁止使用。

第三，违反地理标志的规定取得的注册。《商标法》第16条规定，商标中有商品的地理标志，而该商品并非来源于该标志所标示的地区，误导公众的，不予注册并禁止使用；但是，已经善意取得注册的继续有效。

第四，侵犯他人合法在先权利取得的注册。《商标法》第32条规定，申请商标注册不得损害他人现有的在先权利，也不得以不正当手段抢先注册他人已经使用并有一定影响的商标。

3. 商标权无效宣告的程序

（1）商标局做出宣告注册商标无效的决定，应当书面通知当事人。当事人对商标局的决定不服的，可以自收到通知之日起15日内向商标评审委员会申请复审；其他单位或者个人请求商标评审委员会宣告注册商标无效的，商标评审委员会收到申请后，应当书面通知有关当事人，并限期提出答辩。商标评

审委员会应当自收到申请之日起9个月内做出维持注册商标或者宣告注册商标无效的裁定，并书面通知当事人。有特殊情况需要延长的，经国务院工商行政管理部门批准，可以延长3个月。当事人对商标评审委员会的裁定不服的，可以自收到通知之日起30日内向人民法院起诉。人民法院应当通知商标裁定程序的对方当事人作为第三人参加诉讼。

（2）商标评审委员会收到宣告注册商标无效的申请后，应当书面通知有关当事人，并限期提出答辩。商标评审委员会应当自收到申请之日起12个月内做出维持注册商标或者宣告注册商标无效的裁定，并书面通知当事人。有特殊情况需要延长的，经国务院工商行政管理部批准，可以延长6个月。当事人对商标评审委员会的裁定不服的，可以自收到通知之日起30日内向人民法院起诉。人民法院应当通知商标裁定程序的对方当事人作为第三人参加诉讼。

4. 商标权无效宣告的效力

被宣告无效的注册商标，由商标局予以公告，该注册商标专用权视为自始即不存在。宣告注册商标无效的决定或者裁定，对宣告无效前人民法院做出并已执行的商标侵权案件的判决、裁定、调解书和工商行政管理部门做出并已执行的商标侵权案件的处理决定，以及已经履行的商标转让或者使用许可合同不具有追溯力。但是，因商标注册人的恶意给他人造成的损失，应当给予赔偿。

依照前款规定不返还商标侵权赔偿金、商标转让费、商标使用费，明显违反公平原则的，应当全部或者部分返还。

3.4.2 商标权的撤销

1. 商标权撤销的含义

商标权撤销是指在商标注册之后因违法使用或者不使用而导致商标权丧失。商标权撤销制度在更大程度上被认为是商标权使用过程中行政管理的一种行政处罚行为。

可见被撤销的商标权本身是合法有效的，不存在权利瑕疵，只是在使用过程中违反法律规定，被行政机关依法撤销的。

2. 商标权撤销的理由

根据商标法的规定，商标专用权因违法使用和违法不使用而被撤销。

（1）因违法使用而被撤销。商标注册人在使用注册商标的过程中，自行改变注册商标、注册人名义、地址或者其他注册事项的，由地方工商行政管理部门责令限期改正；期满不改正的，由商标局撤销其注册商标。

（2）因不使用而被撤销。注册商标成为其核定使用的商品的通用名称或者没有正当理由连续3年不使用的，任何单位或者个人可以向商标局申请撤销该注册商标。

修订后的商标法对于商标的使用行为予以界定，本法所称商标的使用，是指将商标用于商品、商品包装或者容器以及商品交易文书上，或者将商标用于广告宣传、展览以及其他商业活动中，用于识别商品来源的行为。

3. 商标权撤销的程序

对于符合商标权撤销理由的商标专用权，可由工商行政管理部门在日常工作中发现，可责令使用人限期改正；使用人限期不改正的，商标局可以予以撤销。

对于其他人提出的商标撤销申请，商标局应当自收到申请之日起 9 个月内做出决定。有特殊情况需要延长的，经国务院工商行政管理部门批准，可以延长 3 个月。

对商标局撤销或者不予撤销注册商标的决定，当事人不服的，可以自收到通知之日起 15 日内向商标评审委员会申请复审。商标评审委员会应当自收到申请之日起 9 个月内做出决定，并书面通知当事人。有特殊情况需要延长的，经国务院工商行政管理部门批准，可以延长 3 个月。当事人对商标评审委员会的决定不服的，可以自收到通知之日起 30 日内向人民法院起诉。

4. 商标权撤销的效力

被撤销的注册商标，由商标局予以公告，该注册商标专用权自公告之日起终止。与商标权无效宣告相比，由于被撤销的商标权取得上并没有违法，因此，撤销的决定没有溯及力，自撤销决定之日起商标权无效。

复习思考题

1. 哪些标志不得作为商标使用？
2. 商标注册申请的原则是什么？
3. 实质审查的具体内容有哪些？
4. 商标复审的原因一共有几种？
5. 商标权无效宣告和撤销的理由有哪些？

第 4 章　商标权人的权利

学习目标

熟悉掌握商标权人的权利具体包括哪些内容，以及商标权人各种权利的行使方式。熟悉掌握商标专用权的期限、续展与终止、商标权人的权利限制。了解商标的合理使用等。本章的重点是商标权人的权利内容，以及各种权利的行使方式。

关键名词

商标专用权　商标的转让权　独占的使用许可　商标权的限制

4.1　商标专用权的期限与终止

4.1.1　商标专用权的期限与续展

1. 商标专用权的期限

商标专用权的期限是注册商标专用权人享有的商标专用权的有效期限，也是法律对注册商标的保护期限，超出了这个期限商标法对其就不再保护了。我国《商标法》规定，注册商标的有效期即保护期是 10 年，自核准注册之日起计算。那么 10 年之后注册商标是不是就自动无效了呢？世界各国都设立了注册商标的续展程序，通过续展程序可以使得商标专用权继续有效。

2. 商标专用权的续展

商标专用权的续展是指注册商标的法定有效期届满前后的一定时间内，商标权人按照法律规定的条件和程序，到法定机关去办理续展手续，以延长其注册商标有效期的制度。我国规定，注册商标有效期满，需要继续使用的，应当在期满前 12 个月内申请续展注册；在此期间未能提出申请的，可以给予 6 个月的宽展期。宽展期满仍未提出申请的，注销其注册商标。每次续展注册的有效期为 10 年，自该商标上一届有效期满次日起计算，续展没有次数的限制。续展注册经核准后，予以公告。期满未办理续展手续的，注销其注册商标。

3. **商标专用权续展的性质**

商标专用权的续展是商标权的延长还是商标权的更新，这是一个在理论上有不同看法的问题。有的人认为是商标权的延长，有人则认为商标权的续展应当属于商标权的更新。如果说是延长的话，原来的权利主体、权利内容和权利客体都延续下来；如果是更新的话，权利主体、权利内容和权利客体都是新的，只不过是与前一个商标的权利人、内容和客体相同而已。我们认为无论从理论上还是从实务上，都应该把商标的续展看做是商标专用权的延长，而不应该是更新，否则会有许多理论问题无法解决，许多实务也无法操作。比如，商标如果有使用许可的话，并认为是更新的话，则原来的使用许可合同当然无效。另外在办理续展的时候，如果认为是更新的话，则可以改变商标的图样，而我国《商标法》规定，商标续展时不得对商标做任何改动，包括商标注册人、商标图样，否则就应当重新申请商标注册。所以，我们说从理论和实务上看商标续展的性质属于商标权的延长。还有如果认为是商标权的延长的话，在6个月的宽展期内，商标权的性质如何看待，例如，某企业的商标有效期至2000年6月1日到期，到期后没有申请续展，2000年8月1日有人使用了该商标，那么后使用人是否构成侵权，许多人对此有不同的看法，我们认为在商标宽展期内仍然存在对商标的侵权，因为商标续展的性质为商标权的延长，所以，在宽展期内原商标专用权仍然受到法律保护，这样就等于商标法对于商标专用权的保护延长了6个月的保护期限。

商标续展由原商标权人向商标局提出申请，提出申请以后商标局要进行审查，主要审查一些文件是否齐备、商标使用过程中是否有不当的情况、续展是否会产生不利的影响；如果没有上述情况的话，应当予以核准续展，延长有效期10年；如果商标局认为不得续展，可以驳回申请人的续展申请。申请人不服的话可以到商标评审委员会提出复审，对复审结果不服的话可以提起行政诉讼。

4.1.2 商标专用权的终止

商标专用权的终止分为正常终止和非正常终止。正常终止一般是指期满终止，在法定的10年有效期满，并且续展的宽展期也已经届满，专用权人不提出续展申请，则该商标专用权正常终止。而非正常终止一般是指期满前终止。非正常中止主要是指商标被依法撤销和注销两种情况。商标被依法撤销的情形，比如商标法规定的因注册不当的撤销；违反商标法规定的违法使用的撤销。商标被注销的情形，比如因不缴纳相关费用被注销；因连续3年停止使用被注销；因商标权人死亡或者终止而没有办理转移手续而被注销的，等等。

4.2 商标专用权人的权利

4.2.1 专有使用权

商标专有使用权是商标权人权利的核心，也是最基本的权利。商标专有使用权人可以在核定使用的商品中独自使用核准注册的商标，并取得相应的合法利益，不受其他人干预。但这种权利的行使是有限制的，专用权人必须使用核准注册的商标图样，不得随意改变，同时专用权人只能将商标使用在核准注册时确定的商品上，使用在其他商品上，非但权利得不到保护，还要受到商标法的处罚。

4.2.2 禁用权

禁用权是指商标专用权人有权禁止他人未经同意擅自使用其注册商标的权利。因为商标专用权是一种排他的权利，因此，禁用权与独占的使用权是彼此相连的权利的两个方面。但商标的专用权与禁用权在范围上却是不相同的，禁用权的范围要大于独占的使用权的范围。表现在使用权仅仅是在核定使用的商品上独自使用核准注册的商标。而禁止权却扩大为有权禁止他人未经权利人同意将与其注册商标相同或者相似的商标使用在与其核定的相同或者相似的商品上。禁止的商标和商品的范围都予以扩张。这样规定的目的在于对市场秩序的维护和消费者利益的保护。

4.2.3 转让权

商标的转让权是指商标专用权人将其注册的商标转让给他人所有的权利，是商标权主体的变更。商标权人是转让人，另一方为受让人。

1. 商标转让的限制

（1）相同或者近似商标一并转让。转让注册商标的，商标注册人对其在同一种商品上注册的近似的商标，或者在类似商品上注册的相同或者近似的商标，应当一并转让。对容易导致混淆或者有其他不良影响的转让，商标局不予核准，书面通知申请人并说明理由。比如，某酒厂在白酒上注册的“飞扬”“飞洋”为类似商标，转让“飞扬”商标，“飞洋”商标应当一并转让；再比如，某酒厂的“飞扬”商标使用在酒类商品上，包括白酒、啤酒、葡萄酒，这就是一个商标使用在类似商品上。现在该酒厂想要把使用在白酒上的“飞扬”商标转让给另一个酒厂，就必须把在啤酒上、葡萄酒上使用的“飞扬”

商标一起转让给受让人。之所以这样规定的原因就在于相同的商标被两个不同的所有人使用在相似的商品上是商标法所不允许的。

（2）已经许可他人使用的商标，不得随意转让。在使用许可期限内把商标转让给他人，就可能致使被许可人的利益受到损害，因此，商标权的转让要经由被许可人的同意，如果被许可人同意的话，新的受让人对于原来的使用许可合同仍然有义务执行完毕，当然被许可人同意解除合同的除外。

（3）集体商标、证明商标不得转让。因为集体商标和证明商标本身是一种资格或者信誉的表示，具有一定主体资格或者一定能力的生产者才能使用，使用人不得转让。

（4）共同所有的商标任何一方不得单独决定转让，必须经共有人同意以后方可转让。

典型案例

全国首例共有商标权案原告徐新华、徐民华、徐平与被告徐衡系兄弟四人。1997 年 8 月经国家商标局核准，无锡市郊区南站前程装潢部取得了“前程”商标的注册证。1999 年 2 月无锡市徐衡地板厂成立，“前程”商标随即转让到徐衡地板厂名下。1998 年前程地板厂成立，徐衡地板厂于 2001 年 3 月向前程地板厂发函，明确在 2001 年 8 月后不得以任何名义、方式在任何地区销售“前程”牌地板，遂引起本案诉讼。原告方徐家三兄弟认为，在“前程”商标注册时，四兄弟曾协议明确“前程”牌文字及图案商标永远属于四兄弟所有，同时允许四人子女使用。因当时商标法未规定可以由自然人共有商标专用权，故以南站前程装潢部的名义领取的商标注册证。现新商标法已明确自然人可以共有商标专用权，故原告要求重新确认商标权共有。日前双方自愿达成协议并已生效的调解内容有：徐衡地板厂应会同徐新华、徐民华、徐平、徐衡到国家商标局办理“前程”商标变更手续；办理手续后四人共同共有“前程”商标专用权；四共有人一致同意该“前程”商标无偿无限期许可由无锡市锦绣前程木业有限公司、无锡南站木材公司、无锡市徐家木业有限公司、徐衡地板厂使用等。四兄弟表示要共同维护好“前程”商标，进一步依法规范经营，为社会提供更好的服务。

资料来源：http：//news. sina. com. cn/c/2002 - 88 - 21/1305684390. html。

2. 商标转让的程序

首先，商标的转让双方要签订转让合同，转让人和受让人应在合同中列明

各自的权利和义务。

其次，转让注册商标的，转让人和受让人应当向商标局提交转让注册商标申请书。转让注册商标申请手续由受让人办理。

再次，由商标局对转让申请实施审查，对可能产生误认、混淆或者其他不良影响的转让注册商标申请，商标局不予核准，书面通知申请人并说明理由。

最后，经商标局审核同意后办理商标过户和转让手续，同时予以公告。受让人自公告之日起享有注册商标专用权。

4.2.4　使用许可权

注册商标的使用许可权是指注册商标专用权人通过签订使用许可合同，许可他人使用其注册商标的权利。商标使用许可的特点是许可人保有商标的专用权，同时被许可人可以使用该商标，所以商标的使用许可与商标的转让是不一样的。它是一个使得商标专用权人、被许可人、社会三方受益的行为。从权利人的角度来说，将自己的商标许可他人使用，一方面扩大自己商品的销售量、商标的信誉和影响力；另一方面，使用许可还可以给商标权人带来收益。对于被许可人来说，有利于自己的产品销售出去；对于社会公众来说，可以获得更多质优、廉价的商品。

典型案例

上海的某著名糖果商标，因为商标所有人技术力量十分雄厚，生产的奶糖质量好，拥有良好的信誉。但是上海远离甜菜的产区，所以其扩大再生产很困难。而距离甜菜产地近的东北的企业由于技术不过关，生产的糖果销售不出去，于是上海的这家糖果商标所有人允许东北的企业使用该糖果商标，同时为东北的企业提供技术支持，以保证产品的质量。这样既扩大了该商标的知名度，又救活了东北的厂家，同时又为北方广大的消费者提供了物美价廉的糖果。

1. 商标使用许可的种类

依据许可方、被许可方各自权利义务的不同有着不同的分类，这些分类在实践中经常出现。

（1）独占的使用许可，是指在一定的时间内、一定的区域内、一定的商品或服务上，商标权人只许可一家被许可人使用其注册商标，不再许可他人使用其商标，并且商标权人自己也不得使用该商标。独占的使用许可等于一定区域内、一定时间内，被许可人独家受让了商标。其优点在于，作为被许可人来说在一定的时间和地域范围内没有人与其竞争，但缺点在于其使用许可的费用也相对较高。

（2）排他的使用许可或者独家使用许可，是指在一定的时间内、一定的区域内、一定的商品或服务上，商标权人只许可一家被许可人使用其注册商标，但商标权人自己可以使用该商标。排他许可有以下特征：一是在指定地区内，被许可方在协议有效期间对许可协议项下的商标享有排他使用权；二是许可人不得把同一许可授予协议地区内的任何第三方；三是许可方保留自己在协议地区内使用该商标的权利。

（3）普通的使用许可，即商标权人在一定的时间内、一定的区域内、一定的商品或服务上，许可多家被许可人使用其注册商标。普通使用许可的优点对于被许可人来说是使用许可费用相对较低，但缺点是会有很多企业与其竞争，对于许可人来说，其所要监督的对象就更多，加大了监督的难度。

2. 使用许可双方的权利义务

（1）许可人（即商标专用权人）的义务。首先，商标专用权人要保证注册商标的有效性。这是许可人的首要义务。商标权人一方面要保证商标专用权没有瑕疵；另一方面也要保证在使用许可期间其商标不会被提出无效宣告或者以其他方式被终止。其次，商标专用权人要维护被许可人的合法权益。如果发生侵权行为，许可人应当向被许可人提供必要帮助便于进行追诉。最后，作为商标专用权人，许可人有义务监督被许可人使用注册商标的商品质量。这与其说是许可人的义务，还不如说是许可人为了维护其自身商标的信誉而享有的一项权利。一般来讲，作为许可人都要为被许可人提供一定的技术支持，随时随地派员监督商品质量，并对商品进行抽查、监督和检查，保证生产的商品的质量。

（2）被许可人的义务。首先，没有法定的书面允许，不得进行分许可。也就是说分许可必须征得许可人的书面授权，要么在合同中约定，要么单独出具授权书。其次，保证商品质量。这既是对于商标专用权人利益的保护，也是被许可人的法定义务。再次，在被许可人自己生产的商品或者包装上，标明产地和被许可人的名称，这是法律明确规定的义务。尽管被许可人使用的是许可人的商标，但毕竟是被许可使用，而非原厂生产，之所以一定要标明自己的产地和名称，这主要是为了在发生纠纷时分清法律责任。最后，使用人要按照合同约定缴纳使用许可费用。

3. **商标使用许可的程序**

许可人和被许可人在商标使用许可合同签订之日起3个月内，共同到商标局办理备案手续，具体手续由许可人办理，使用许可合同还要交当地工商行政部门备案。

商标使用许可未经备案不得对抗善意第三人。

4.2.5　其他权利

商标专用权人的权利还包括在自己的权利被侵犯时依法提起诉讼的权利，在核准的产品上标注商标权人名称的权利，等等。

4.3　商标专用权人的权利限制

4.3.1　商标权的限制的概念及意义

商标权的限制是指注册商标专用权人所享有的权利因与他人的正当利益或者社会公共利益发生冲突，法律为协调权利人与社会公众利益的相互关系，而对商标专用权人的权利行使进行必要限制的制度。作为一项知识产权，商标专用权人的权利是独占的，但同时为防止权利的滥用，或者对他人利益的不正当限制，对商标专用权形式加以必要的限制是十分必要的，这也是法律实现利益平衡作用的体现。从广义上说，对商标权时间上、地域上的限制都属于权利限制的范畴；但就狭义上说，仅仅是指对商标专用权行使本身的限制。

4.3.2　商标专用权限制的内容

1. **对含有通用元素的商标专用权的限制**

注册商标中含有的本商品的通用名称、图形、型号，或者直接表示商品的质量、主要原料、功能、用途、重量、数量及其他特点，或者含有的地名，注册商标专用权人无权禁止他人正当使用。

2. **对含有三维标志的商标专用权的限制**

三维标志注册商标中含有的商品自身的性质产生的形状、为获得技术效果而需有的商品形状或者使商品具有实质性价值的形状，注册商标专用权人无权禁止他人正当使用。

3. **为保护在先权利对商标专用权的限制**

商标注册人申请商标注册前，他人已经在同一种商品或者类似商品上先于商标注册人使用与注册商标相同或者近似并有一定影响的商标的，注册商标专用权人无权禁止该使用人在原使用范围内继续使用该商标，但可以要求其附加适当区别标识。

典型案例

美国知名品牌百事可乐曾经在其电视广告、平面广告及其送货车上以显著方式使用“No. 1”的字样，而“No. 1”是另一同类知名饮料的商标，百事可乐因此被起诉。但是法院审理时依据上述标准认为百事可乐的各个广告使用该字样，主要目的是为了表明百事可乐的饮料品质第一（No. 1）。而百事可乐本身是知名品牌，这种品质第一的说明不足以使消费者对商品的来源发生混淆，应当属于合理使用的范围内，不构成对“No. 1”商标权的侵犯。

复习思考题

1. 商标专用权的终止有哪些情形？
2. 商标转让的限制有哪些内容？
3. 商标专用权人有哪些权利？
4. 商标专用权限制有哪些内容？

第 5 章　商标管理

学习目标

熟悉掌握商标管理的具体内容。了解商标管理的机关和职责。了解对于商标代理机构的管理。理解商标印制管理的内容。

关键名词

商标管理　商标代理　商标印制管理

5.1　商标管理的概述

5.1.1　商标管理的意义

为什么要对商标进行管理？什么是商标的管理？商标管理是指商标主管机关依法对商标的使用、印制等一系列活动，进行指导、监督、检查等一系列活动的总称。对商标的管理比对专利权、著作权的管理更为重要，其原因就在于商标本身就标示在商品或服务上，可能涉及社会公众或者他人的利益。如在自己的商品上使用他人的商标，一方面侵犯了商标权人的利益；另一方面也侵犯了社会公众的利益，使得社会公众从商标上无法辨别商品的来源。因此，国家对商标应当加强管理，便于发挥商标这种辨明商品来源、提高商品和服务质量的功能。

5.1.2　商标管理的机关

哪些机关可以从事商标管理活动？主要有三个：商标局、商标评审委员会和各级工商行政管理机关。我们先来看商标局，商标管理是贯穿在商标活动的自始至终的，在整个管理活动过程中，商标局是商标管理的主管机关。它负责商标的申请、审查和授权，办理商标的转让、使用许可，对商标异议做出裁定。其主要工作是授权和确权。对于商标局做出的决定，如果有关当事人不服的话，可以向商标评审委员会提出商标复审。显然商标评审委员会也是商标管理的机关。商标管理委员会隶属于国家工商总局，并不是商标局下属的机构，在级别上与商标局是平行的，并且其职权是独立于商标局的；其职责主要是进行商标的评审，防止商标局的决定存在不正确之处；凡是对于商标局的决定不服的，都可以在接到决定之日起15日内，向商标评审委员会提出复审。商标评审委员会在接到复审申请后，应该进行全面的形式和实质审查，不应当仅仅限于商标局的审查工作，而应在审查之后重新做出决定。决定无外乎两种：一种是对于不服商标局决定的申请予以认可，改变商标局的决定；另一种是驳回复审申请，维持商标局的决定。对于商标评审委员会的决定，修改前的商标法规定其为终局决定，2001年修订后的《商标法》同国际惯例、国际条约保持一致，将终局裁决权授予司法机关，当事人有权在收到商标评审委员会做出决定之日起30日内，向商标评审委员会所在地中级人民法院提起行政诉讼，这是修订知识产权法的一项重要内容。

有学者曾提出疑问说，商标评审委员会是负责商标工作的专门机关，处理商标方面的问题水平高于人民法院，将终局裁决权授予人民法院，恐怕人民法院无法胜任。我们认为，这种担忧仅仅是局限于我国的现状，从法律的发展来看，需要确认司法权的终局性，所以在这一点上我们应该与国际接轨。另一个管理机关就是地方各级工商行政管理部门，这比较具有我国的特点。就目前来看，工商行政管理部门是负责市场管理的，其对于商标的管理主要是通过对商品流通的管理来完成的，在商品流通过程中商标的作用一直在发挥着，工商行政管理部门通过对商标的管理来净化市场。所以说地方各级工商行政管理部门在自己所辖的区域范围内有权通过商标执法进行对商标的管理，包括查处违法行为、处理商标纠纷、处理商标投诉。当然，这些投诉不见得是针对商标的，也可能是产品质量问题，但是这些都涉及商标法的规定，所以说地方各级工商行政管理部门是通过对纠纷的处理、质量的监督来进行商标管理。还有对商标违法行为进行的处罚很多都是由工商行政管理部门来进行，所以说地方各级工商行政管理部门也是商标管理机关。

典型案例

原告：福建七匹狼集团有限公司；被告：国家工商总局商标评审委员会；第三人：四川省大邑县大庄园酿酒总厂。原告因不服被告于2008年6月4日做出的《关于第1408898号“七色狼”商标异议复审裁定书》（其中维持了对四川省大邑县大庄园酿酒总厂提出的“七色狼”商标核准注册），向北京市一中院起提起诉讼。原告认为，“七匹狼”与“七色狼”构成近似商标；二者核定的商品构成同类商品至少是类似商品，故“七色狼”商标的申请侵犯了七匹狼公司及关联企业“七匹狼”的中国驰名商标注册商标专用权，依法应不予核准注册；“七色狼”用作商标伤害了七匹狼公司的企业和品牌形象，并且有悖于社会主义道德风尚，请求法院撤销该决定。被告辩称，二者在读音、外观、含义等方面存在明显差别，不构成近似商标。七匹狼公司在评审过程中并未提及“七匹狼”商标于2002年被商标局认定为驰名商标的事实，并且这一认定时间晚于“七色狼”商标申请日3年多，并不能证明其商标于“七色狼”商标申请日之前已经驰名。同时，“七色狼”商标的含义与“色狼”一词有明显区别，因此不能认为其使用有悖于社会主义道德风尚或有不良影响。

法院经审理认为，“七色狼”是单纯的文字商标，其与由“七匹狼”、“SEPTWOLVES”和“飞奔的狼图形”构成的组合商标在读音、外形和含义上截然不同，二者不可能混淆。于是做出一审判决：维持被告国家工商行政管理总局商标评审委员会于2008年6月4日做出的《关于第1408898号“七色狼”商标异议复审裁定书》。

资料来源：http://nwes.sina.com.cn/c/2008-10-21/154914607928s.shtml。

5.2　商标管理的具体内容

5.2.1　注册商标管理的具体内容概述

商标管理的具体内容，即注册商标在使用过程中都有哪些管理活动。大家应当注意，这些管理活动的内容也是商标权人在使用商标过程中应尽的法定义务。

1. 商标使用的范围是否超出商标核定使用的商品范围

商标在申请注册时就要确定商标的使用范围，商标只能使用在这些核定的商品上，对于注册商标的使用不得超出这个范围。

2. 是否自行改变了商标的标识图样

商标管理一方面要看核定使用的商品范围；另一方面要看核准使用的商标，申请时商标是什么样，使用时就要按照原样使用，不得擅自改变，包括图像、位置、颜色等，如有改变必须另行申请。

3. 是否自行转让注册商标

注册商标的转让必须到商标局办理登记、公告手续，在未办理上述手续的情况下自行转让注册商标是不产生效力的。

4. 注销连续3年不使用的注册商标

从注册之日起连续3年不使用注册商标，或者使用一段时间后停止使用连续达到3年，商标局或工商行政管理部门将对其进行处罚，将商标予以注销。之所以这样规定的原因是，商标注册的目的就在于使用，商标只有使用才有意义，如果是为了垄断而只注册不使用注册商标的话，有悖商标法的初衷。另外，注册商标是一种社会资源，如果长期不使用注册商标就会造成社会资源的浪费。

5. 使用许可是否办理了备案手续

商标使用许可合同要在签订后3个月内到商标局备案，以便于存查。商标的使用许可人和被许可人应当办理这样的手续，以便于使得社会公众对其使用许可有所了解，也便于商标局进行商标管理和商标侵权行为的查处。

6. 加强对注销或者撤销的商标的管理

在商标活动过程中，对于违法的商标，该注销的就注销，该撤销的就撤销。比如，商品质量低劣的商标就应该撤销；连续3年不使用的商标就要注销；商标期限届满在宽展期内没有办理续展也应注销。自商标被撤销或者注销之日起1年内，商标局对于相同或相似的商标申请注册在相同或者相似的商品上的商标注册申请不予核准。比如，甲在A商品上申请注册商标R，2001年1月1日被注销，2001年的1月1日到2002年的1月1日这1年时间内，任何人提出的注册R或与R相类似的商标使用在A商品或者与A相类似的商品上的申请，商标局都不予受理。这样规定的原因在于，商标是附着在商品或服务上进入流通领域的，当商标被注销或撤销的时候，带有此商标的商品已经进入市场，并且不可能马上从市场上消失，市场上还会有大量的载有此商标的商品在流通，如果在商标被注销或者撤销1年内，允许相同或者相似的商标使用在相同或相似的商品上的话，就会出现这样的情况：来源于不同生产者的相同或相似商品使用相同或相似的商标，造成商品来源的混淆，消费者的误认，有悖于商标的基本功能。但是，因连续3年停止使用被注销或撤销的除外，因为连续3年不使用该商标，载有该商标的商品已经基本退出市场，不存在上文所说的市场来源的混淆的问题，所以不受1年时间的限制。

7. 对商标注册证的管理

商标权是国家法定机关授予的一项权利；商标注册证是商标专用权的权利证书。因此，要对商标注册证进行管理。例如，注册证破损要更换新证，注册证遗失要尽快登报声明并尽快补发新证。

8. 对于非法印制和非法买卖商标标识的管理

对于商标标识的印制管理是一项重要的商标管理活动，违法印制和买卖商标标识是商标假冒的源头，这个问题将在商标印制中为大家详细讲解。

9. 对于商标使用过程中的商品的质量也要加强管理

如果使用注册商标的商品质量低劣，产品存在缺陷，那么就要对其商标进行处罚。例如，停止使用、罚款等。

上述是对注册商标的管理，也是注册商标使用人在使用注册商标时应尽的法定义务。

5.2.2　对于未注册商标的管理

1. 文字、图形或者商标的构成

《商标法》第 10 条规定了不得作为商标使用的标识，如我国的国旗、国徽等，也就是说，未注册商标也不得使用这些标识作为商标，即第 10 条的禁止性规定对于注册或未注册商标都是适用的。

2. 不得使用注册过的商标

未注册的商标不得使用与他人的相同或类似商品上的注册商标相同或近似的商标，这就是注册商标与未注册商标权利的差异。

3. 不得冒充注册商标

未注册商标不得标有注册标记，注册标记主要是Ⓡ或者㊟，还可以写明“注册商标”字样。

4. 未注册商标使用人生产的商品也要保证商品质量

如果使用未注册商标的商品产品质量不合格，造成人身财产损害，工商行政管理部门要对其进行处罚。

5. 未注册商标的必须标注项

生产者必须在商品或者包装上标明企业的名称、地址，这是对未注册商标的强制性规范。

6. 使用未注册商标不得违背商标强制注册的规定

即使用未注册商标是允许的，但是，如果法律规定必须使用在注册商标的商品上，就不能使用未注册商标。例如，人用药品和烟草制品。

5.2.3　对商标代理机构的管理

2013 年修订的商标法加强了对于商标代理机构的管理。

1. 商标代理中应遵循的基本原则

商标代理机构应当遵循诚实信用原则，遵守法律、行政法规，按照被代理人的委托办理商标注册申请或者其他商标事宜；对在代理过程中知悉的被代理人的商业秘密，负有保密义务。商标国际注册遵循中华人民共和国缔结或者参加的有关国际条约确立的制度。

2. 商标代理的禁止行为

委托人申请注册的商标可能存在商标法规定不得注册情形的，商标代理机构应当明确告知委托人，并不予代理；商标代理机构知道或者应当知道委托人申请注册的商标属于侵犯他人权利的情形的，不得接受其委托，比如对于侵犯他人在先权利的申请，不得侵犯被代理人的利益实施代理行为，等等。

3. 商标代理机构申请商标注册的限制性规定

商标是识别商品或服务来源的标志，也就是说，申请了商标就是为了自己使用，而不是为了售卖。实践中，有不法商标代理机构，利用自己的商标专业知识，申请商标向经营者兜售，扰乱了商标秩序。因此，2013 年修订商标法时明确规定，商标代理机构除对其代理服务申请商标注册外，不得申请注册其他商标。

典型案例

沈阳市玉液酒厂违反商标使用许可管理规定案。辽宁省沈阳市工商局东陵分局在调查中查明，沈阳市玉液酒厂与通化市柳河山葡萄酒厂签订了一份联合办厂的协议，通化市柳河山葡萄酒厂同意在沈阳市玉液酒厂组建分厂并生产其产品。在没有到有关部门办理任何手续的情况下，该案行为人于 1997 年 1 月起即任命张仲斌为生产厂长，雇 27 人在深井子镇李相村组织生产，又将从通化市柳河山葡萄酒厂购进的带有该厂厂名、厂址的“野霸”牌注册商标标识（共购进“大高粱”“烧刀子”商标标识各 4 万张）用于该酒厂生产的产品上。至查获之日，该酒厂已生产“大高粱”490 箱、“烧刀子”305 箱（每箱 20 瓶），销往南塔烟酒批发市场或在本厂门市部销售。沈阳市工商局东陵分局根据查明的事实，认为沈阳市玉液酒厂使用他人注册商标标识，不标明自己的厂名、厂址，作引人误解的虚假表示，引人误认为是他人商品，欺骗了消费者，无视国家法律，违反了《商标法》第 26 条第 2 款的规定，已构成使用他人企业名称和产地的违法行为，依据《商标法实施细则》第 35 条第 3 款的规定，对行为人做出处理。

资料来源：http：//www. tmtm. com. cn/ch/sbal/info11575. shtml

5.3　商标印制管理

5.3.1　商标印制管理的概述

商标印制管理是商标管理的一项重要内容，是防止商标损害消费者利益的源头。商标印制管理是指商标管理机关，依据有关法律的规定，对商标印刷活动进行管理、监督、处罚等一系列活动的总称。之所以会有很多假冒伪劣商品流入市场，最根本的原因在于商标标识的虚假。为什么会有虚假的商标标识贴在伪劣商品上呢？其源头就在于商标标识的印制。所以说规范商标标识印制活动是避免商标侵权活动的根本的办法。商标标识的印制成本是很低的，对于印制人来说，其以极低的成本印制商标标识，然后销售给他人，赚取高额利润。对于购买人来说，将买来的商标标识用于自己的商品上，冒充他人的知名商品，赚取暴利。

5.3.2　商标印制管理的内容

关于商标印制管理的规定，我国有专门的《商标印制管理办法》，该办法规定了商标印制的管理。

1. 商标印制单位的资格

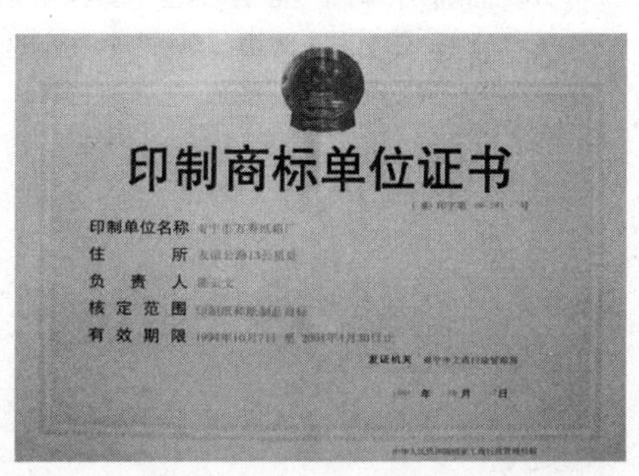

作为商标印制单位，要依照法定程序取得特别的授权，才可以印制商标。例如，了解商标的相关法律、法规，有商标印制专业人员等，依法定程序申请，经过专门部门批准之后，取得商标印制资格证书，方可从事特殊的商标印制工作。商标使用人在没有商标印制资格证书的企业印制商标是违法的，没有商标印制资格证书的企业为他人印制商标也是违法的。所以说商标印制资格的取得是商标管理的开始。

2. 商标印制的办法和制度

商标印制企业取得商标印制资格后要建立健全商标印制管理的一些办法和制度，这些办法和制度也是商标局进行检查的重要内容。首先，要建立健全核查制度。对于商标印制申请要予以核实调查，要求请印人提供相应的证明文件，证明请印人是商标权人，有资格使用该商标。因此，作为商标印制企业一定要核实清楚，否则出现问题，商标印制单位自己也要承担责任。其次，要建立商标印制的存档制度，商标请印人是谁、印制了多少份、印制的商标的图样都要存档。再次，建立商标标识的出入库制度。商标标识的出入库数量都要登记。最后，建立废次商标的销毁制度。作废、残次或者多印的商标标识都要销毁，商标请印人和承印人都要在场，当场销毁废次商标，以免有废次或者多余的商标标识流入市场，被不法生产者所使用。

3. 商标印制的程序和责任

商标印制首先要请印，请印人要把相关的证明文件提交承印企业，承印人对文件进行审查，认为符合条件的就予以承印，印制完毕后将标识交给请印人。商标印制企业可以承印，也可以拒绝承印，对于不符合印制条件的商标应予拒绝印制，否则要承担连带责任。对于商标印制过程中存在的违法行为，都可以依据《商标印制管理办法》的规定予以处罚。

复习思考题

1. 商标管理的具体内容有哪些？
2. 商标管理的机关有哪些？
3. 对未注册商标的管理有哪些规定？
4. 商标印制管理有哪些基本内容？
5. 对商标代理机构的管理有哪些内容？

第6章 商标权的法律保护

学习目标

掌握商标权保护的范围。了解商标侵权行为的表现。了解商标侵权的法律责任和纠纷解决方式。重点掌握驰名商标的概念、认定和特别保护制度，商标侵权行为的表现和种类。

关键名词

商标侵权行为　反向假冒　驰名商标

6.1 商标权法律保护概述

6.1.1 商标权保护的意义

商标权是注册商标权利人的一项权利，作为一项知识产权理应受到保护，这是从维护商标权人利益的角度来说的。从维护社会公共利益的角度来讲，只有很好地保护了商标权，才能维护社会公众的利益，所以，作为商标管理机关应当通过各种途径保护商标权人的权利，对商标权进行保护。这样，一方面维护了商标权人的利益；另一方面维护了社会公众的利益。所以说商标法中规定的对于商标权的保护是必要的，也是商标执法工作中的重要依据。保护注册商标专用权对发展我国社会主义市场经济具有重要的意义。

（1）制止商标侵权行为的发生，为企业创优质、保名牌、树立商标信誉和正当的市场竞争提供保证。

（2）保护消费者的合法权益，为消费者的健康和生命安全提供保证。

（3）提高我国商标在国际市场上的竞争能力，为我国对外贸易的发展提供保证。

总之，只有严格执行商标法，制止和制裁侵犯商标专用权和其他破坏商标管理秩序的违法犯罪活动，才能维护社会经济秩序，发展社会主义市场经济。

6.1.2 商标权保护的范围

如同其他知识产权一样，商标权人要想寻求法律保护，也要确定权利保护范围。注册商标专用权的保护范围是以核准注册的商标和核定使用的商品为限，核准注册的商标和核定使用的商品都是在商标申请注册时确定的，在商标管理机关登记备案。这个范围一方面是确定商标是否侵权的界限；另一方面也是商标权人应当履行的义务。上述是商标专用权保护的含义、意义和保护范围。下面我们就来学习商标侵权行为的具体表现。

6.2 商标侵权行为

所谓商标侵权行为，是指未经商标专用权人的许可，随意使用他人的注册商标，或者其他给注册商标造成损害的行为。商标侵权行为的表现在新《商标法》中有新的规定，下面就来学习商标侵权行为的种类。

6.2.1 未经商标注册人的许可，在同一种或者类似商品上，使用与其注册商标相同或相似的标识，容易导致混淆的。这是最常见的一种侵权行为

这种行为是指未经商标注册人的许可，在同一种商品或者类似商品上使用与其注册商标相同或者近似的商标。主要有：（1）在同一种商品上使用与他人的注册商标相同的商标；（2）在同一种商品上使用与他人的注册商标近似的商标；（3）在类似商品上使用与他人的注册商标相同的商标；（4）在类似商品上使用与他人的注册商标近似的商标。

典型案例

假冒“NIKE”“ADIDAS”商标专用权案件。上海纪洪服饰有限公司自2003年3月起，未经商标注册人的许可，擅自在上海市闵行区吴泾镇生产加工“NIKE”“ADIDAS”等品牌服装1.5万余件，非法经营额达17.7368万元。经查，使用在商标注册用商品和服务国际分类第25类服装等商品上的“NIKE”商标，是（美国）耐克国际有限公司的注册商标；使用在相同国际分类服装商品上的“ADIDAS”商标，是（德国）阿迪达斯萨洛蒙有限公司的注册商标。上述商标专用权受法律保护。上海市工商行政管理局闵行分局认为，当事人行为属于《中华人民共和国反不正当竞争法》第5条第（一）项和《中华人

民共和国商标法》第 52 条第（一）项规定的行为。根据《中华人民共和国反不正当竞争法》第 21 条第 1 款和《中华人民共和国商标法》第 53 条的规定，决定对当事人做出如下处罚：（1）责令立即停止侵权行为；（2）没收侵权商品；（3）罚款人民币 18 万元整。

资料来源：http://china. findlaw. cn/falvchangshi/shangbiao/sbqqpc/sbqqal/14313。

6.2.2　销售侵犯他人注册商标专用权的商品

这主要是为商品销售者规定的义务和责任，销售者明知或者应知其所销售的是侵犯他人注册商标专用权的商品，仍然销售的，就属于商标侵权行为。这样的规定加大了销售者的责任，是必要的，因为很多假冒伪劣商品都是通过销售商的广泛传播并最终到达消费者手中的，如果销售者能够严把进货关的话，就可以阻止侵权商品流通到市场上去，损害商标权人和消费者的利益。尽管这不是一个治本的办法，但是也不失为一个好的举措。所以，作为销售者来说，在保护商标专用权方面的责任是很大的。销售者可能以其不知道是侵权商品为由进行抗辩，但是如果从进货渠道、价格等方面能够推定其应当知道其所销售的商品为侵权商品，那么仍然构成商标侵权行为。

但是，销售不知道是侵犯注册商标专用权的商品，能证明该商品是自己合法取得并说明提供者的，不承担赔偿责任。

典型案例

假冒“SONY”商标专用权案件。当事人大连瑞祥数码科技有限公司在大连国际商贸大厦有限公司迈凯乐大连市场影像专卖区销售假冒“SONY”牌摄像机电池、摄像机包、记忆棒。另一当事人大连万胜贸易有限公司在大商集团股份有限公司柜台销售假冒“SONY”牌摄像机电池。经查，使用在商标注册用商品和服务国际分类第 9 类电池等商品上的“SONY”商标，是索尼株式会社的注册商标，该商标专用权受法律保护。大连市工商行政管理局认为，上述两个当事人的行为属于《中华人民共和国商标法》第 52 条第（二）项规定的商标侵权行为。根据《中华人民共和国商标法》第 53 条的规定，决定分别对当事人做出如下处罚：（1）责令立即停止侵权行为；（2）罚款人民币 3 万元整。

资料来源：http://www. cnad. com/html/Article/2006/04/18/2006041820372345. shtml。

6.2.3 伪造、擅自制造他人注册商标标识，或者销售伪造、擅自制造的注册商标标识的

商标标识是指附有文字、图形或者其组合所构成的图样的物质载体。

如商品上的商标铭牌、商标织带、瓶贴及外包装纸盒上印有商标的商品包装物或装饰品、装潢品等。凡有下列行为之一的，都构成商标侵权：（1）伪造他人注册商标标识。（2）擅自制造他人注册商标标识。（3）销售他人伪造的注册商标标识。（4）销售他人擅自制造的注册商标标识。

典型案例

伪造、擅自制造“LANCOME”“NEUTROGENA”“BOURJOIS”注册商标标识案。2006 年 4 月 29 日，义乌市工商局稠江工商所根据举报，在义乌市稠江街道官塘村查实当事人夏某某制造涉嫌侵犯“LANCOME”“NEUTROGENA”“BOURJOIS”注册商标专用权的香水外包装盒，查获非法制造的“LANCOME”“NEUTROGENA”“BOURJOIS”商标标识各 1.2 万枚。根据“两高”司法解释，当事人伪造注册商标标识的数量已达到刑事追诉标准，义乌市工商局已将此案移送公安机关处理。

6.2.4 未经商标注册人同意，更换其注册商标，并将该更换商标的商品再次投入市场的反向假冒行为

这是 2001 年修订《商标法》增加的商标侵权行为的种类。反向假冒是指未经商标注册人同意，将其商标标识换掉，换上其他商标标识，将更换商标标识的商品再次投入市场的行为。这种行为在消费者中造成混淆，不仅损害了商标权人的合法权益，同时也损害了消费者的权益。对此，必须予以禁止。

典型案例

鳄鱼与枫叶之争。1994 年 4 月，取得新加坡鳄鱼公司内地销售权的北京同益公司在百盛购物中心设立专柜，与百盛购物中心联合销售鳄鱼牌及卡帝乐牌商品。同益公司工作人员将购买的北京市服装一厂生产的“枫叶”牌西裤的商标换上“卡帝乐”商标，以高于原价 198% 的价格出售。北京市服装一厂认为该行为侵犯其合法权益，遂以百盛购物中心、同益公司、鳄鱼公司及同益公

司主管部门开发促进会为被告至北京市第一中级人民法院提起诉讼，要求赔礼道歉、赔偿损失。此案由于案情新奇，法律适用困难，法学界对此发表了诸多观点，有人认为侵犯了商标专用权，有人认为不侵犯商标专用权，也致使此案几年悬而未决。我们认为被告的行为侵犯了商标专用权，因为并不是商品售出后商标的使命就完成了，其他人就可以随意处置商标了，商标权人的权利在这里是没有穷尽的，这不同于专利存在着专利权用尽，商标权没有用尽的问题，商品的所有人可以任意处置商品，但是不能任意处置商标，因为商标的区分商品来源、表明商品信誉的功能并没有完结。商标的功能和作用就在于区分商品来源、向消费者传达良好的信誉，反向假冒行为使得这样的功能和作用不能实现。基于这样的原因，并结合国外的立法规定，我国在 2001 年修订《商标法》时，对反向假冒作为商标侵权行为的表现形式予以规定。

资料来源：http：/wpw. eiiq. com/20091123/226082. html。

6.2.5 故意为他人提供便利条件，帮助他人实施侵犯商标专用权行为

这是 2013 年修订商标法新增加的侵权行为表现。侵犯商标专用权的行为需要他人帮助与配合时，如果提供便利或者帮助的行为人，主观上已经认识到侵权人实施的是违法行为，那么就应当对其进行处罚。因此，故意为侵犯他人商标专用权行为提供诸如仓储、运输、邮寄、隐匿等方面的便利条件，帮助他人实施侵犯商标专用权行为的，同样作为共同侵权人，追究相应的责任。

6.2.6 给他人注册商标专用权造成其他损害的行为

这是对于商标侵权行为的兜底性规范，主要是指除了前几项所列举的行为之外，损害商标专用权的行为。比如，将与他人相同或相似的商标使用于企业字号上，复制、模仿、翻译他人驰名商标的，将他人注册商标作为域名使用以及其他对于商标专用权人造成损害的行为。

典型案例

侵犯“3M”商标专用权案件。宁波市海曙大港铝塑板厂自 2001 年 12 月起，未经商标注册人的许可，将“3M”商标作为商品名称为他人生产加工铝塑板 9397 张，其中已销售 4397 张，非法经营额达 81. 1 万元。经查，使用在商标注册用商品和服务国际分类第 6 类铝塑板等商品上的“3M”商标，是 3M 公司（美国）的注册商标。上述商标专用权受法律保护。宁波市工商行政管理

局海曙分局认为，当事人受他人委托加工销售“3M”铝塑板的行为属于《中华人民共和国商标法》第52条第（五）项和《中华人民共和国商标法实施条例》第50条第（一）项规定的商标侵权行为。根据《中华人民共和国商标法》第53条和《中华人民共和国商标法实施条例》第52条的规定，决定对当事人做出如下处罚：（1）责令立即停止侵权行为；（2）没收侵权的“3M”铝塑板保护胶38卷；（3）罚款人民币10万元整。

资料来源：http：//www. fll68. com/News/20411/411. html。

6.3 商标侵权的法律责任

6.3.1 商标侵权的处理机关及职权

1. 处理机关

商标侵权行为的处理机关主要有两个：一个是作为行政机关的工商行政管理部门；另一个是作为司法机关的人民法院。受害人既可以请求工商行政管理机关处理，要求侵权人承担行政责任，也可以向人民法院提起诉讼，要求侵权人承担民事赔偿责任。工商行政管理机关只能对商标侵权行为的民事赔偿请求进行调解，这种调解是不具有强制力的，如果一方不服的话可以向人民法院提起民事诉讼。工商行政管理部门仅仅能够要求商标侵权人承担行政责任，例如，责令停止侵权、收缴并销毁侵权的商标标识、消除现存商品上的侵权商标、没收侵权工具、罚款等。2001年和2013年对《商标法》的修订，对于行政管理机关的行政执法措施予以了具体化的规定。

2. 行政机关的职权

县级以上工商行政管理部门根据已经取得的违法嫌疑证据或者举报，对涉嫌侵犯他人注册商标专用权的行为进行查处时，可以行使下列职权，当事人应当予以协助、配合，不得拒绝、阻挠。

（1）询问有关当事人，调查与侵犯他人注册商标专用权有关的情况；

（2）查阅、复制当事人与侵权活动有关的合同、发票、账簿以及其他有关资料；

（3）对当事人涉嫌从事侵犯他人注册商标专用权活动的场所实施现场检查；

（4）检查与侵权活动有关的物品；对有证据证明是侵犯他人注册商标专用权的物品，可以查封或者扣押。

在查处商标侵权案件过程中，对商标权属存在争议或者权利人同时向人民法院提起商标侵权诉讼的，工商行政管理部门可以中止案件的查处。中止原因消除后，应当恢复或者终结案件查处程序。

6.3.2　商标侵权的责任承担

1. 商标侵权行为的民事责任

商标侵权人除了应当承担侵权责任之外，主要是要承担民事赔偿责任。民事责任是商标侵权法律责任的一个重点，民事责任除了停止侵权之外，最重要的就是赔偿损失，《商标法》规定了以下确定民事赔偿数额的具体标准：第一，侵犯商标专用权的赔偿数额，按照权利人因被侵权所受到的实际损失确定；第二，实际损失难以确定的，可以按照侵权人因侵权所获得的利益确定；第三，权利人的损失或者侵权人获得的利益难以确定的，参照该商标许可使用费的倍数合理确定；第四，权利人因被侵权所受到的实际损失、侵权人因侵权所获得的利益、注册商标许可使用费难以确定的，由人民法院根据侵权行为的情节判决给予 300 万元以下的赔偿。对恶意侵犯商标专用权，情节严重的，可以按照上述方法确定数额的 1 倍以上 3 倍以下确定赔偿数额。赔偿数额应当包括权利人为制止侵权行为所支付的合理开支。

商标注册人或者利害关系人有证据证明他人正在实施或者即将实施侵犯其注册商标专用权的行为，如不及时制止将会使其合法权益受到难以弥补的损害的，可以依法在起诉前向人民法院申请采取责令停止有关行为和财产保全的措施。

2. 商标侵权行为的行政责任

对侵犯注册商标专用权行为，工商行政管理部门有权依法查处，认定商标侵权行为成立的，有权采取以下措施：（1）责令立即停止侵权行为。（2）没收、销毁侵权商品和专门用于制造、伪造注册商标标识的工具。（3）罚款。违法经营额 5 万元以上的，可以处违法经营额 5 倍以下的罚款，没有违法经营额或者违法经营额不足 5 万元的，可以处 25 万元以下的罚款。对 5 年内实施两次以上商标侵权行为或者有其他严重情节的，应当从重处罚。

对商标代理机构实施违反行为，工商行政管理部门责令限期改正，给予警告，处 1 万元以上 10 万元以下的罚款；对直接负责的主管人员和其他直接责任人员给予警告，处 5000 元以上 5 万元以下的罚款。

当事人对工商行政管理部门的行政处理决定不服的，可以在收到处理通知之日起 15 日内，向人民法院起诉；侵权人期满不起诉又不履行的，工商行政管理部门根据被侵权一方当事人的请求，可以申请人民法院强制执行。

3. **商标侵权行为的刑事责任**

侵犯商标专用权情节严重构成犯罪的，依法追究行为人的刑事责任，包括侵犯注册商标专用权罪、国家机关工作人员的渎职犯罪及商标代理机构的刑事犯罪等。在实践中，制裁商标侵权行为存在着这样两个问题，一个是打不死，一个是打不疼，就是对侵权人的制裁力度不够。要想从根本上制止违法行为，就应当使得侵权人有切肤之痛，一方面，在经济责任上，要加大行政处罚力度和加重民事赔偿责任，使得侵权人的侵权成本加大；另一方面，在刑事责任上，提高商标侵权犯罪的法定刑，包括假冒注册商标罪，销售假冒注册商标的商品罪，非法制造、销售非法制造的注册商标标识罪，加大刑事责任。在目前的法制环境下，加大商标侵权犯罪的刑事责任，有利于更加有效地保护注册商标专用权。

 **典型案例**

假冒“五粮液”“剑南春”“水井坊”注册商标案。2006年1月22日，唐山市工商局路北分局根据群众举报，查获一制造、销售假冒名酒的窝点。现场查获假冒“五粮液”酒144瓶、“剑南春”24瓶、“水井坊”120瓶，以及大量未经使用的假冒注册商标标识、包装和制假工具，案值4万余元。根据“两高”司法解释，当事人生产假冒注册商标商品已达到刑事追诉标准，唐山市工商局路北分局将此案移送公安机关处理。2006年6月13日，唐山市路北区人民法院以假冒注册商标罪判处3名被告人有期徒刑1～2年并各处罚金2.8万元。

资料来源：http：//www.0591qidi.com/NewsView.aspx？ID＝899。

6.3.3 商标侵权纠纷的解决方式

1. **协商解决**

协商解决是在发生商标侵权案件以后，双方当事人进行磋商，在互相谅解的基础上，解决争议的一种方式。协商解决争议不能随心所欲，必须遵循一定的原则：一是必须自愿进行；二是必须依法进行；三是必须平等进行。

2. **行政调解**

对侵犯商标专用权的赔偿数额的争议，当事人可以请求进行处理的工商行政管理部门调解，也可以依照《中华人民共和国民事诉讼法》向人民法院起诉。经工商行政管理部门调解，当事人未达成协议或者调解书生效后不履行的，当事人可以依照《中华人民共和国民事诉讼法》向人民法院起诉。

3. 诉讼解决

诉讼解决是指人民法院通过诉讼程序依法解决侵犯注册商标专用权的方式。人民法院处理商标侵权案件的主要权限是：处理有关商标侵权的民事纠纷；处理当事人不服行政机关的行政处理决定的行政争议；依法追究构成犯罪的商标侵权人的刑事责任。

我国商标法规定，商标注册人或者利害关系人对侵犯注册商标专用权的行为以及民事赔偿数额问题，可以提起民事诉讼；对行政机关责令停止侵权行为，没收、销毁侵权商品和专门用于制造侵权商品、伪造注册商标标识的工具，以及罚款的行政处理决定不服的，可以自收到处罚决定之日起15日内提起行政诉讼。

6.4　驰名商标的特别保护

6.4.1　驰名商标的概念和内容

驰名商标是指在中国境内为相关公众广为知晓的商标。相关公众包括与使用商标所标示的某类商品或者服务有关的消费者，生产前述商品或者提供服务的其他经营者以及经销渠道中所涉及的销售者和相关人员等。驰名商标相对于一般商标而言，其竞争力强，知名度高，影响范围广，为消费者、经营者所信赖。为了切实保护驰名商标注册人的合法权益，适应世贸组织协议的要求，维护社会经济秩序，促进经济发展，新修订的商标法对驰名商标的保护和认定作了新的规定。国家工商行政管理局于2014年7月3日发布了《驰名商标认定和保护规定》，对驰名商标的概念、认定和管理等，以部门规章的形式做出了明确规定，使我国驰名商标认定和管理工作走上了法制化、规范化的轨道。对驰名商标的概念应把握这样几点：第一，驰名商标的地域范围是中国境内。只要是在中华人民共和国境内为相关公众广为知晓的商标，可以认定为符合我国商标法规定的驰名商标并给予特别保护。至于在其他国家领域内是否知名，不是构成我国驰名商标的前提条件。第二，驰名商标的实质要件是较高的"知名度"。驰名商标需要广为知晓，同时知名度也不是绝对的，只是在"相关公众"中广为知晓即可。所谓相关公众是该商品的现实或者潜在的消费群体，而不是以全部消费者为限。第三，驰名商标不一定是注册商标，无论商标是否注册，只要具备驰名的实质要件，就可以成为驰名商标，得到特别的保护。第四，驰名商标不是一个独立的商标种类，它仅仅是商标的一个事实状态，更不是一项专有的权利。2013年修订商标法明确规定，生产、经营者不得将“驰名商标”字样用于商品、商品包装或者容器上，或者用于广告宣传、展览及其他商业活动中。

小知识

主要国家对驰名商标概念的界定。美国制定法没有明确的驰名商标的概念，无论是在商标法还是反不正当竞争法中，都没有给出驰名商标的定义，其对驰名商标的界定，主要是通过具体的判例来体现。美国对驰名商标概念的大致理解，即在相关公众中具有较高声誉的商标，该商标不以在美国实际使用为条件。《日本商标法》第4条第1款第10、11、15、19项及第32条第1款等对驰名商标驰名的范围规定为“在需要者之间广泛知晓”，明确了驰名商标知晓范围是“相关公众”。在1999年日本特许厅公布的《关于周知商标、著名商标的保护的审查标准》中，内容同时涉及了保护驰名商标不以注册为前提，以及该驰名商标的认定不以本国驰名为必须条件。德国、法国、希腊通过本国的商标法或反不正当竞争法对驰名商标进行保护，对驰名商标的概念也都没有做出界定。但是，通过这几个国家对驰名商标的保护来看，这些国家法律对驰名商标界定为在相关公众范围享有较高知名度的商标。

6.4.2 驰名商标的认定

1. 驰名商标的认定方法

驰名商标认定遵循个案认定、被动保护的原则。根据商标法的规定，驰名商标应当根据当事人的请求，作为处理涉及商标案件需要认定的事实进行认定。也就是说，驰名商标的认定是一个事实认定，而非对商标持有人的授权，商标是因为本身驰名而获得认定，而非因为认定而变得驰名。同时，驰名商标也不是固定不变的，因此，驰名商标的认定也是个案认定，在有关机关处理特定案件时具有意义，该认定也不必然表明在另一个案件中也会被认定驰名。驰名商标认定方式的改变，是2013年修改商标法的重大内容。

2. 驰名商标的认定标准

根据商标法的有关规定，认定驰名商标主要考虑下列因素：

（1）相关公众对该商标的知晓程度，这是构成驰名商标最基本的条件。这里的相关公众，包括与使用商标所标示的某类商品或服务有关的消费者，生产前述商品或提供服务的其他经营者以及经销渠道中所涉及的销售者和相关人

员等。“相关公众”的范围不同，一个商标的“知名度”也就不同。例如，“微软”（Microsoft）、“英特尔”（Intel）、“IBM”（国际商用机器公司）、“联想”、“方正”等商标在我国广大电脑用户中几乎无人不知，不能不谓之驰名；但是，相对于我国 13 亿多人口而言，电脑用户毕竟只是很小的一部分，在许多工矿企业的职工和绝大多数农民中，知道这些商标的人恐怕并不多。因此，确定哪些范围的“公众”是“相关公众”是认定驰名商标的关键问题之一。

（2）该商标使用的持续时间。商标使用的时间越长，证明该商标所标示的商品或服务质量优异，为广大消费者所认可。世界驰名商标的持续使用历史均较长。如“索尼”“万宝路”等，已使用几十年甚至上百年。在其他国家的案例中，也把商标使用的时间作为认定驰名商标的条件之一。如在 1984 年法国巴黎上诉法院判例中，法院认定“Liberty”商标为驰名商标，其主要根据之一就是，该商标自 1893 年就成功地获得了注册，并且从未中断过续展，从 1962 年起就在法国有名的商标事典上被记载。

（3）该商标的任何宣传工作的持续时间、程度和地理范围。对商标进行宣传，是广大消费者知晓该商标及商品或服务的有效手段。宣传的力度越大，范围越广，消费者熟知的程度越高，商品的销售和覆盖面就越广泛，商标的信誉和知名度也就越高。如美国的“麦当劳”快餐，德国的“大众”汽车，因行销世界多国而闻名，其商标和商品的宣传程度，以及覆盖的地理范围是生产同类商品的其他企业无法比拟的。世界上一些国家也就把商标的广告宣传和宣传的地域范围作为认定驰名商标的条件之一。

（4）该商标作为驰名商标受保护的记录。这也是认定驰名商标的条件之一。如果一个商标曾被国家工商行政管理总局认定为驰名商标，或在诉讼中被人民法院认定为驰名商标而受到保护，可以作为认定驰名商标的因素之一来考虑。

（5）该商标驰名的其他因素。这里的其他因素包括产品质量、销售量和区域等。驰名商标的认定应以该商标在有关公众中的知名度为准，必须结合具体的情况综合判断，没有绝对的公式和统一的标准。当然，我国在确定某商标是否驰名时，必须以该商标在我国是否驰名的具体情况为准。某一商标在国际上或在他国的驰名并不必然导致该商标在我国驰名，这是商标权地域性的内在表现。韩国最高法院 1993 年的一个判例就表明了这一点。在该案中，韩国初审法院和第二审法院认为“吉普”作为驰名商标的证据不足，于是“吉普”商标所有人收集了“吉普”在一系列国家所做的广告及注册情况，最终韩国最高法院判定，“吉普”在国外驰名的事实并不导致韩国一定要确认它驰名。

3. 驰名商标的认定主体

（1）商标局对驰名商标的认定。商标局在商标注册审查时，对在先权利人和利害关系人提出的商标异议，商标局应当对请求保护的商标的驰名情况予以认定，做出不予注册或者驳回异议的决定。

（2）工商行政管理部门对驰名商标的认定。工商行政管理部门查处商标违法案件过程中，在先权利人或者利害关系人，依据《商标法》的第 13 条的规定主张权利的，商标局根据审查、处理案件的需要，可以对商标驰名情况做出认定。

（3）商标评审委员会对驰名商标的认定。在商标争议处理过程中，在先权利人或者利害关系人依照《商标法》第 13 条规定主张权利的，商标评审委员会根据处理案件的需要，可以对商标驰名情况做出认定。

（4）人民法院对于驰名商标的认定。在商标民事、行政案件审理过程中，在先权利人和利害关系人依照《商标法》第 13 条规定主张权利的，最高人民法院指定的人民法院根据审理案件的需要，可以对商标驰名情况做出认定。

6.4.3 驰名商标的特别保护制度

1. 注册的驰名商标的跨类别保护

就不相同或者不相类似商品申请注册的商标是复制、模仿或者翻译他人已经在中国注册的驰名商标，误导公众，致使该驰名商标注册人的利益可能受到损害的，不予注册并禁止使用。这里的“误导公众，致使该驰名商标注册人的利益可能受到损害”，是商标局驳回注册申请并禁止使用的一个前提条件或者限制条件。如果缺少这一条件，就不能驳回该商标的注册申请，也不能禁止其使用。这一限定条件也是为了达到限制驰名商标所有人滥用权利的目的，以维护其他商品生产者的合法权益，为商品生产市场创造公平合理、健康有序的竞争局面。

2. 未注册的驰名商标的同类别保护

就相同或者类似商品申请注册的商标是复制、模仿或者翻译他人未在中国注册的驰名商标，容易导致混淆的，不予注册并禁止使用。根据这一规定，当驰名商标被他人抄袭时应予以驳回申请，对擅自使用该驰名商标的应予以禁止。“容易导致混淆”是商标局驳回注册申请并禁止使用的一个前提条件。这就要求主张驰名商标保护者必须举证证明，被其指控者使用有关商标的行为已经或者至少必然会造成消费者在商品来源或其他相关因素方面的误解或混同。这一具体规定，要求驰名商标所有人指控他人侵权时，一定要慎重，不能随意行使其权利。

3. 禁止将驰名商标作企业名称中的字号使用

这种侵权行为又称为商标淡化。商标淡化一般是指减少、削弱驰名商标或其他具有相当知名度的商标的识别性和显著性，损害、玷污其商誉的行为。商标淡化不仅损害商标权人利益，而且还欺骗公众或者对公众造成误导。当事人认为他人将其驰名商标作为企业名称登记，可能欺骗公众或对公众造成误解的，可以向企业名称登记主管机关申请撤销该企业名称登记，企业名称登记主管机关应当依照《企业名称登记管理规定》处理。将他人注册商标、未注册的驰名商标作为企业名称中的字号使用，误导公众，构成不正当竞争行为的，依照《中华人民共和国反不正当竞争法》处理。

典型案例

天津中信置业有限公司在宣传广告中对企业名称减缩使用，不料却侵犯了中国中信集团公司所拥有的驰名商标。天津市高级人民法院近日终审判决，责令天津中信向主管机关申请变更企业名称，不得在企业名称中使用“中信”字样。法院审理查明，中国中信集团公司原名中国国际信托投资公司，注册使用“中信”商标。1999 年 12 月，国家工商局商标局认定其注册并使用在金融服务上的“中信”商标为驰名商标。公司主要经营金融业、房地产开发等，其全资或控股公司名称大多冠以“中信”字样，以表明与中信集团的联系。在长期的经营活动中，“中信”商标及冠有“中信”字样的企业名称在相关公众和商业领域中，已具有与“中信”商标或中信集团有特定联系的含义。天津中信置业有限公司注册成立于 2004 年 4 月，经营范围包括房地产开发、房地产经纪、物业管理等，其在房地产销售中心室内公告、室外公告、宣传资料和商业项目及活动中，广泛使用了“中信”简称，因此，被中信集团以侵犯商标权和不正当竞争告上法庭。法院终审判决，天津中信立即停止对中信集团“中信”注册商标的侵权行为，变更已经使用“中信”文字的商业设施和项目的名称；责令天津中信向主管机关申请变更企业名称，不得在企业名称中使用“中信”字样；在国家级报刊上刊登声明，赔礼道歉，并赔偿经济损失 8 万元人民币。

资料来源：http：//www. chinacourt. org/public/detail. php？ id =330934。

复习思考题

1. 商标侵权行为的种类有哪些？
2. 商标侵权民事赔偿数额的标准有哪些？
3. 驰名商标的认定标准是什么？
4. 驰名商标的特别保护制度内容有哪些？
5. 驰名商标的认定方法和认定主体是如何规定的？

第三篇　专利法

专利法是我国一项重要的知识产权法律制度，我国现行的专利法于1984年通过，先后于1992年、2000年、2008年进行了三次修改。因此，在学习中一定要注意结合新修订的专利法及其实施细则理解和掌握相关内容。专利法这一篇我们要学习这样一些内容：专利以及专利制度；专利权的客体；授予专利权的条件；专利权是如何取得的；专利权人有哪些权利和义务；法律对专利权的限制以及如何对专利权实施保护等内容。

第7章 专利与专利制度

学习目标

熟悉掌握专利以及专利权的概念和特征。重点掌握专利制度的特点和作用，了解掌握专利法的调整范围和作用。简单了解我国专利制度的历史沿革，以及我国专利法三次修改的原因和主要内容。

关键名词

专利 专利权 专利制度 专利法

7.1 专利与专利权

7.1.1 专利

1. 专利的概念

专利从中文的意思上来讲，就是“独占其利”，自己对自己的发明创造享有垄断的权利。“专利”英文为 patent，该词来源于拉丁文 patere，意为公开的信件或公共文献，源自英国中世纪，原意是指由国王亲自签署，带有御玺印鉴的独占权利证书。证书的内容是公开的，其标示的权利也是垄断性的，由此构成专利的两个最基本特征：“垄断”和“公开”。从专利制度产生来看，专利有这样的含义：发明人把自己的发明公开来换取政府通过发布特权命令，来授予发明人专有的权利，发明人在一段时间内享有垄断权。专利是一个从发明、公开到授权的过程。从专利法的理论和实践看，“专利”多在这三种意义上使用：第一个指的是专利权；第二个指的是专利文献；第三个是享有专利权的发明创造。具体到专利法中的“专利”是指国务院专利行政部门依照法定程序进行审查，认为符合专利条件的发明创造。即按照一定的程序符合一定的条件的发明创造。

2. 专利的特征

（1）专利是一种特殊的发明创造。发明创造是人的智力劳动成果，具有价值和使用价值。发明创造的水平直接反映一个国家科学技术的水平，而科学技术的水平已经成为决定综合国力最为重要的因素，这是当今世界形势的重要特点之一。发明创造不仅带动经济的快速发展，而且引起产业结构的不断调整变化，加快产品和技术的更新换代，促进市场竞争，推动社会生产和生活方式的变革，进而导致地区和国家力量的对比产生变化。专利权作为知识产权的主要组成部分之一，其保护对象就是一种特殊的发明创造。

（2）专利是符合条件的发明创造。并不是所有的发明都可以给予专利，法律对什么样的发明给予专利、什么样的发明不给予专利做出了明确的规定。正如任何财产权的内容、范围以及财产所有人的权利、义务要受到某些限制一样，专利权也不是一种绝对的权利。例如，当一项在后专利是对他人的在前专利的某种改进时，在后专利的专利权人未经在前专利的专利权人同意，就不能实施自己的发明创造，否则就构成侵犯在先专利权的行为。当发明创造涉及国家和公众的重大利益时，国家可以对该专利予以推广应用或者批准强制许可。

（3）专利是经审查确定的发明创造。发明创造是否符合条件要经过专利行政部门的审查方能确定，否则任何发明创造都不能成为专利。为了更为有效地鼓励发明人多发明创造，国家必须建立相应的法律制度，使完成发明创造的单位或者个人能够从中获得经济利益。经过专利行政部门的审查，对发明创造授予专利权就通过法律保证了专利权人享有优越的竞争地位，能够帮助他们收回完成发明创造所付出的投资，促使发明人公开新的技术，为公众及时输送有用的技术信息，丰富人类知识宝库。

7.1.2 专利权

1. 专利权的概念

专利权是指公民、法人或者其他组织在法律规定的期限内对其发明创造依法享有的独占和垄断的权利。专利权的主体是依法享有权利的公民、法人或者其他组织，客体是符合条件的发明创造，内容是专利权人依法享有的独占和垄断权利。权利是由法律所承认和保障的利益，其实质即经济利益，专利权即是专利权人基于“专利技术”而享有的国家赋予的经济利益。这种经济利益体现了社会发展过程中，发明创造者、社会公众、社会的长远发展三种因素的之间相互矛盾与协调。

2. 专利权的特征

（1）专利权的取得以公开发明创造为条件。在专利授权程序中，将发明创造公开为前置条件，否则，专利行政部门不会授予专利权。考察专利制度的发展历史，由最初英王以特许令的方式颁发没有封口的权利证书，便可见技术内容的公开自始就是专利的内涵之一。几百年的历史进程中，专利技术的公开始终为各国专利法确认的基本规则。各国专利法都要求申请专利的发明创造者必须清楚、完整地公开其全部技术内容，这既可以避免在技术研究开发中的重复和浪费，又可以明确专利申请人的权利保护范围。对社会公众而言，可以明示哪些领域已属于专有领域，从而避免出现侵权。

（2）专利权的取得要符合法定的条件。专利行政部门依据专利法的规定审查，符合条件的可以获得专利权，不符合条件的则不能获得专利权；专利权不是基于发明创造的事实自动产生的，而是由国家专利主管机关依法批准授予的。发明人或者设计人须向法定的国家专利主管机关提出申请，经专利主管机关依法审查合格后，授予其专利权。专利权作为一项重要的知识产权，在国际上已有 300 多年的历史。目前世界上已有 170 多个国家和地区实行了专利制度，通过制定本国的专利法律，对依法取得的专利权加以保护。我国专利法专设了“专利权的保护”一章，对专利权的保护范围，侵犯专利权行为的法律责任，包括民事责任、行政责任和刑事责任等，作了明确的规定，为保护发明创造专利权提供了法律依据。

小资料

专利方面的重要国际条约和地区条约

保护工业产权巴黎公约（1883）；建立世界知识产权组织公约（1967）；建立工业品外观设计国际分类洛迦诺协定（1968）；专利合作条约（1970）；国际专利分类斯特拉斯堡协定（1971）；国际承认用于专利程序的微生物保存布达佩斯条约（1977）；关于集成电路的知识产权条约（1989）；与贸易（包括假冒商品贸易在内）有关的知识产权协定（1994）；工业品外观设计国际注册海牙协定（日内瓦文本 1999）；专利法条约（2000）。

欧洲专利公约（1973）；修订授予欧洲专利的公约（欧洲专利公约）的文件（2000）；欧亚专利公约（1994）；欧洲议会与欧洲联盟理事会关于生物技术发明的法律保护指令（98/44/EC）；欧洲议会与欧洲联盟理事会关于外观设计法律保护的指令（98/71/EC）；欧洲议会与欧洲联盟理事会关于电子商务的法律保护指令（2000/31/EC）。

（3）专利权的取得要符合法定程序。在经过严格的审查程序后，并且由专利行政部门正式授权，才享有专利权，已经创造出来的发明创造并不当然地享有专利权。一项发明创造并不能自动得到专利保护，专利行政部门也不能主动授予专利权，必须由有权提出专利申请的人，按照规定提交必要的申请文件，专利行政部门接受申请后，经法定程序审查，对符合条件的才授予专利权。申请发明或者实用新型专利，应当提交请求书、说明书、权利要求书、说明书摘要和必要的附图等文件。申请外观设计专利，应提交请求书、该外观设计的图片或照片，以及对该外观设计的简要说明等文件。专利申请文件可以由申请人自己撰写，也可以委托他人撰写。由于申请专利事务是一项繁杂的法律事务，一般人不容易完成这项任务，申请人可以委托具有专利资格的代理人撰写申请文件和办理有关申请事务。

另外，专利权同其他的知识产权一样也具有专有性（也称独占性）、地域性和时间性。

7.2 专利制度与专利法

7.2.1 专利制度

1. 专利制度的由来

专利制度是国际上通行的运用法律手段保护发明创造者的利益，促进发明创造成果推广应用，从而推动科学技术进步和经济发展的法律制度。专利制度是生产力、科学技术发展到一定阶段的产物。在农业经济时代，生产力和技术发展水平极为低下，生产工具简陋，土地和劳动力资源成为主要的争夺对象。这种生产力的水平，知识不是内在的必然需要，就更谈不上产生保护科学技术进步的专利制度。在工业革命之前，人类赖以生存、社会赖以维持的基础技术主要是农业社会中的耕作技术。这些技术在构成上多以经验为主，极少有人将其归纳、整理，使之系统化、理论化；在这种技术发展水平下，人类社会中的竞争更多地表现为体力上的竞争，而不是智力的竞争。随着生产水平的提高，人类凭借技术进步创造的社会财富在总财富中所占比例也逐渐提高，人们开始认识到技术的重要性。在13世纪，英王开始以特许令的方式奖励那些在技术上有创新并且为社会带来利益的人。其奖励方式即是以诏书的形式授予发明人或将技术引进英国的人在一定期限内对其技术享有垄断权。1474年威尼斯共和国颁布了世界上第一部《专利法》。到了16~17世纪，工业革命席卷欧洲，英国早期的钦赐特权制度在一定程度上为英国纺织工业等产业的振兴起到了推波助澜的作用，工业革命又造就了第三等级。这些人大多控制着巨额的资金和先进的技术，并借此进一步掌控着国家的经济。他们一方面追求平等，要求限

制王权；同时又希望建立一套保护其技术的法律制度。1623 年，英国颁布了《垄断法》，这便是英国最早的专利法，之后各国纷纷建立各自的专利制度。美国在其独立后不久就在宪法中确立了保护专利技术的原则，并于 1790 年颁布了专利法；法国在资产阶级大革命胜利后于 1791 年颁布了专利法；以后，俄罗斯于 1812 年、西班牙于 1826 年、德国于 1877 年相继颁布了自己国家的专利法。

专利制度从萌芽到为各国所接受经历了约 400 年的时间。由于其历史短暂，故人们对其认识也相对浅薄，使专利制度的发展在 19 世纪一度出现倒退现象。一些国家的议会多次否决专利法议案，荷兰甚至废止了已经实施半个多世纪的专利法。当时欧洲完全处于自由资本主义时期，经济自由的内在需要在上层建筑中的反映必然要求打破以垄断为基本属性的专利制度。但专利制度是生产力发展到一定阶段的必然产物，不会因特定时期的挫折而退出历史舞台。19 世纪末 20 世纪初，专利制度在一些国家相继得以重建并且更加完善。到目前为止，全世界有专利法的国家已经超过了 170 个。

2. 专利制度的特点

（1）法律保护。实行专利制度的国家必须首先制定自己的专利法。专利法是国内法，是根据各个国家或者地区的政治、经济以及其他各种因素制定出来的；专利法同时也是涉外法，它必须符合国际公约所规定的一些应共同遵守的惯例或者规则，并且适用于本国申请专利的一切外国人。专利法的核心是保护发明创造，禁止他人未经专利权人许可擅自实施其发明创造专利；一旦发生专利侵权，专利权人或者利害关系人就可以依法行使禁止权或者提出侵权诉讼，使其合法利益得到法律保护。

（2）科学审查。申请专利的发明创造是否具有专利性，只有依据法律规定的程序进行审查后才能确定。对专利申请进行科学审查的制度，是由 1790 年的美国专利法首创的。现在大多数国家都已经建立起了专利审查制度，只有极少数国家实行注册登记制。对专利进行科学的审查，既能保证专利的质量，又能避免抄袭和剽窃的行为。我国《专利法》明确规定，对发明专利申请要进行形式审查和实质审查，对实用新型和外观设计专利申请进行形式审查。实践证明，前者的质量显然高于后者，其原因主要是授予实用新型和外观设计专利权不进行实质审查。专利制度的两大特征是激励人们进行发明与信息传播。

（3）信息公开。这一特征表现为：在法律保护的前提下，将申请专利的发明创造的内容在专利公报上予以充分公开，让社会尽快地、尽可能清楚地获取相应的知识和信息，从而授予专利申请人专利权。专利申请人为获得对其发明的专利垄断权所付出的对价是公开其发明的内容，社会为获得发明的内容所付出的对价是给专利申请人一定期限的独占权。给专利申请人授予专利权是以公开其发明创造为对价的。一方面，专利申请人可以独占实施其专利，也可以许可他人实施而收取实施费；另一方面，发明创造内容公开后，人们看了可以互相启发加以改进。今天公开了，明天又有新的东西出来，互相促进、互相启发，使得科学技术发展更快。专利说明书是最可靠、最及时的技术情报，制订科研、设计计划时应当参考，具体研究试制某项新产品时也应参考，这是其他科技情报资料难以相比的。它促使专利技术的公开，使之成为社会财富。

（4）国际交流。在技术已经商品化的今天，跨越国界的技术交流就是不可避免的事情。各个国家或者地区的专利法虽然都只能在本国范围内有效，但它是国际技术交流的必要前提。由于国际专利合作的基本要求，早在1873年就开始了建立专利国际保护标准的工作。但因国与国之间的利益冲突和立法差别而未能成功，直到1883年才达成妥协的协议，签订了《保护工业产权巴黎公约》。这个公约现已成为各个国家或者地区制定其专利法的基准。一个国家或者地区若要参加国际经济、技术贸易活动，必须建立相应的专利法律制度，这已为各国的实践所证明。世界贸易组织框架下的《知识产权协定》更是说明了知识产权保护尤其是专利保护对技术的国际交流具有重要意义。各个国家的专利法，虽然都只在本国范围内有效，一国批准的专利权对别的国家不发生法律效力，但通过国际交流，可以促进经济技术的发展。因此，国际交流也成为专利制度的一项特征。

小资料

我国专利申请数量的快速发展

1985年我国实施专利制度的第一年，专利申请量仅有1.4万多件；1999年已突破了13万件，专利申请量平均每年以近20%的增长率上升，截至1999年12月31日，中国专利局已累计受理专利申请91.57万件，已进入世界十大专利申请国的行列。自1985年4月1日我国专利法实施到2000年1月11日，第一个100万件专利申请，用了14年零9个月；到2004年3月17日第二个100万件专利申请用了4年零2个月；到2006年6月27日突破第三个100万件专利申请，仅仅用了2年零3个月，比实现第一个100万件缩短了12年半，比第二个100万件缩短了近2年的时间。2006年，国家知识产权局专利局就受理了3种专利申请57.32万件，2007年为69.42万件，2008年为82.83万件，2009年为97.67万件。

3. 专利制度的作用

专利制度的作用主要表现为对科技进步和经济发展的推动作用。具体表现为：

（1）激励作用。《专利法》第 1 条开宗明义：“为了保护专利权人的合法权益，鼓励发明创造，推动发明创造的应用，提高创新能力，促进科学技术进步和经济社会发展，制定本法。”由此可见，专利制度对科技进步和经济发展的重要作用之一就是鼓励发明创造，即从法律上确定了获得专利的智力劳动成果具有财产地位，使一切智力劳动者的合法权益得以保护，其研究和开发的投入也得以收回，从而激励人们不断创新，促进整个社会科技的进步。我国实施专利制度的三十多年历程已经充分证明了这一点。

（2）协调作用。专利制度较好地调整了现代科学技术开发应用过程中专利发明人、专利所有人和专利使用人这三者因发明创造所产生的各种关系。如通过职务发明和非职务发明制度的确立，有效地调节了发明人、所有人和使用人之间的利益关系，兼顾了国家、集体和个人三者的利益；再如通过专利制度的公开和保护两大功能的发挥，既保护了发明人的利益，又兼顾了社会公众的利益，维护了技术市场、信息市场的公开竞争。

（3）保护作用。保护作用是专利制度最核心的作用。在专利的保护制度方面，我国专利法有自己的特色——采取行政保护和司法保护并用的“双轨制”。当专利权人的独占权被侵犯时，除向人民法院起诉，走司法途径外，专利权人或其他利害关系人也可以请求专利行政部门予以处理。两种途径并行，专利权人可以根据自己的意愿进行选择。

（4）公开作用。我国专利法实行“早期公开、延迟审查”的审查制度，使专利文献得以在国务院专利行政部门发布的公告上公之于众，这不仅有利于科技信息的交流，更有利于提高科学研究的效率。科研工作者可以通过检索有关领域的专利文献，了解和把握国内外新技术的发展水平和动向，以便在科研选题和方案制订时避免重复、少走弯路、减少无效劳动，提高研究开发起点，有效配置科技资源。

（5）推动作用。专利制度的推动作用是通过专利技术的实施来实现的，主要表现在以下三个方面：一是技术进步在经济增长中的比率有所上升。据有关方面统计，专利制度实施前，我国全民所有制独立核算工业企业，其产值增长中 72.2% 是靠外延方法产生的，而靠技术进步的内涵增长只占 7.8%。专利制度实施后，技术进步在我国经济增长中所占的比率已上升到 30% 以上，特别是中小型企业技术含量有了较大的增长。据统计，在专利申请中有 70% 左右的技术来自集体、乡镇企业和个体发明者，在已实施的专利与专利申请技术中有50%以上是由他们完成的。二是促使科研人员向应用技术领域流动。由于建立了专利技术实施的激励机制，架起了技术和经济相结合的桥梁，促使一大批科技人员转向应用技术领域。据统计，专利制度实施前，我国直接从事应用技术实施的科研人员只占科研人员总数的25%左右，专利制度实施后，已上升到40%左右。三是促进了产业结构的调整，逐步形成了一批以专利技术为支柱的新兴企业。

（6）国际化作用。专利制度促进了各国间的技术交流和我国对外经济贸易的发展。在专利制度实施前，外商对来华投资、转让技术存有疑虑，担心得不到保障，即使转让技术也往往索取高价。实行专利制度以后，情况有了明显的变化，特别是在1992年修改专利法之后，极大地调动了外商来华申请专利投资的积极性。专利制度的建立适应了我国对外经贸发展的需要，我国进出口贸易额以年平均16%的速度递增，在世界贸易中的位次由改革前的第32位上升到现在的第11位，并与200多个国家和地区建立了经贸关系。目前，我国的专利申请已遍布世界上40多个国家和地区。这表明我国对外贸易的格局实现了从传统的工业制品、初级产品出口向高新技术和产品出口的转变。

小资料

专利助推中国制造告别汗水工厂

一直以来，中国就是一个以制造业和劳动力密集型为主要方式的发展中国家。中国制造的商品虽然占领越来越多的国际市场份额，但我们同时也注意到，中国并没有出现如索尼、福特、通用、摩托罗拉等全球知名跨国公司，以及世界顶级品牌。“中国制造”出口量虽然大，但很大程度上是“广种薄收”，利润并不大。中国作为全球最大的影碟播放设备制造基地，每出口一台DVD需要交给外国人18美元专利费，除去成本，只能赚1美元。一台标价79美元的MP3播放机，属于中国企业的纯利润只有1.5美元。汽车行业里的合资企业，外资拿了30%的资本，拥有50%的股份，拿走了70%的利润，而合资企业中的内资只能拿30%的利润。有专家估计OEM贴牌生产，外国人拿走了92%，中国人最多拿到8%。有人这样描述“中国制造”：“人家吃肉，我们啃骨；人家吃米，我们吃糠。”中国企业早已意识到只有走创造之路，研发拥有自主知识产权的专利产品才是兴业之本。“中国制造”正在发生剧变。创造就是技术加创新，需要知识产权的保护。近年来，我国知识产权事业在科学发展观以及构建和谐社会、建设创新型国家的战略思想指引下，实现了“十一五”

时期的良好开局，迈上了一个新的台阶。据国家知识产权局办公室宣传处提供的资料显示，2006 年是我国专利申请量大幅增长的一年，我国专利申请继续实现快速增长。其中发明专利、实用新型专利和外观设计专利，申请的年增长率超过了 20%，达到 57.3 万件。截至 2006 年 6 月 27 日，我国专利申请总量突破了 300 万件。

资料来源：http：//finance.sina.com.cn/g/20071203/13294244067.shtml。

7.2.2　专利法

1. 专利法的调整范围

专利法是调整因发明创造的开发、实施及其保护等发生的各种社会关系之法律规范的总和。狭义的专利法仅指国家立法机关依照法定程序制定的专利法，如我国的专利法。

专利法调整因发明创造的开发、实施以及保护过程中发生的各种社会关系。具体来讲，专利法主要调整以下几个方面的社会关系：

（1）因确认发明创造的归属而发生的社会关系。在专利制度中，确认专利权的归属，实际上就是确认发明创造专利申请权的归属，它直接关系到发明创造专利的归属。所以，确定发明创造专利申请权的归属是一个重要的法律问题。一般情况下，只有专利申请人才能就其发明创造向国务院专利行政部门提出专利申请，获得相应的专利权。

（2）因授予发明创造专利权而发生的社会关系。一项发明创造能否获得专利权以及如何取得专利权，涉及许多方面的关系，如发明人或设计人与专利申请人之间的关系、专利申请人与专利行政部门之间的关系、专利申请人与公众之间的关系等，都属专利法调整范围。

（3）因发明创造专利的实施、转让或者许可使用而发生的社会关系。一项发明创造被批准为专利并产生专利权后，专利权人总希望通过各种途径将其专利付诸实施或者进行转让，使之转化为生产力，并获得利润。由此而产生的社会关系，属于专利法调整的对象。

（4）因发明创造专利权的保护而发生的社会关系。专利权人对其专利依法享有独占权，并有权禁止他人未经许可而以营利为目的实施其专利。一旦发生侵权行为，便在专利权人与侵权行为人之间、专利权人与专利行政部门或者人民法院之间发生各种社会关系，这些社会关系也是专利法的调整对象。

2. 专利法的作用

（1）保护专利权人的合法权益。社会的进步和经济的发展，需要有尊重知识、促进公平竞争的良好环境和机制，专利法就是以通过法律形式保护专利权，为形成这种环境和机制提供保障。在专利法中，保护专利权是它的核心内容，只有有效地保护发明创造活动中产生的智力成果，保护专利发明人、专利所有人、专利使用人的合法权益，才能促使人们尊重知识，尊重发明人付出了艰辛获得的智力成果，尊重专利权人的正当权益，通过公平竞争推进科技进步与创新。这种机制是符合科技发展要求的，也是符合社会主义市场经济要求的。

（2）鼓励发明创造和科技创新。专利法的目的在于保护发明创造专利权，鼓励发明创造，促进科学技术进步和创新，也可以说这是专利法最重要的作用。发明创造是一种高级的脑力劳动，它是一个从无到有的过程、信息加工的过程，发明创造所产生的成果是智力成果，要获得这种成果或者说要推进发明创造，必须鼓励调动发明创造人员的积极性，吸引他们、鼓励他们，为他们营造良好的法律环境，形成激励发明创造的氛围。专利法律制度正是达到这一目的有效经济方法和法律手段，它为发明人提供法律保护，保护他们发明创造的专用权，使他们通过自己的使用或者通过允许他人有偿使用，收回发明费用并可以获得超额价值。这是一种有效的激励创新机制，极大地鼓励和调动了广大科技人员发明创造的积极性，也是国家经济发展和科技进步的必不可少的基础条件和积极力量。

（3）推动技术创新应用和科技信息传播。专利法的制定与实施，保障了专利制度的建立与完善。在科学技术领域和经济发展过程中，专利技术在一个有利的环境中加快了推广应用，促使了科技成果的转化，显现出了更好的经济效益和更多的经济成果，专利制度的这种积极作用应当得到肯定。专利技术在法律的保护下，进入了市场，专利技术的交易既激励了科技人员的创造性，又推动了企业引进技术，产生了实际的社会效益与经济效益，这种效益并且是日趋增大的。专利权的保护，为科技信息的公开和传播创造了条件，具体表现为专利文献的公开和传播。

（4）促进经济社会良性发展。专利法以法律形式调整了发明创造中获得智力成果所产生的社会经济关系，特别是专利发明人、专利所有人、专利使用人三者之间的权益关系，保护了专利发明人的合法权益，又兼顾了专利所有人、专利使用人的应有的权益。在保护专利权的同时，及时要求对享有专利权的发明内容向社会公开，也就是专利申请人在申请专利的同时，要向社会公开自己发明的成果。在专利制度中将保护与公开这两者结合了起来，以专利的保护换取发明内容的公开，公开是以保护为条件的。这样不仅是公平合理的，而且为社会各方选择合适的发明创造成果提供了有利条件，可以推进发明创造成

果的应用、实施。专利制度还确定，超过了专利保护期限的发明将进入公有的领域，成为社会公共财富，这对社会发展与进步也是有利的。

7.3　我国专利制度的历史演进

7.3.1　我国专利法律制度的发展萌芽

古代的中国，曾是造纸、火药、指南针、活字印刷四大发明的发源地，并且在西汉时期就对盐、铁、茶、丝等产品实行官办或商卖等垄断经营制度，以后的各朝代也多有沿用。但是，几千年的封建集权政治和自然经济模式，极大地阻碍了科学技术进步和商品经济的发展。反映在法律制度和观念上，“重刑轻民”始终在中国古代法律制度史上占据主导地位。受当时的政治、经济、法律文化等各方面因素的影响，尚不具备产生专利制度的基础。直到19世纪中叶以后，西方专利思想传入中国，引起学者们的思考。1859年，太平天国领导人洪仁玕，其著名的《资政新篇》首次提出建立专利制度的建议。认为，对发明实行专利保护，是赶上西方发达国家的必备条件。甚至提出在同一专利制度下分别保护发明专利与“小专利”（实用新型）的设想，“器小者赏五年，大者赏十年，益民多者年数加多”。这些思想实际上就是西方专利制度的核心。太平天国运动在1864年失败，洪仁玕的设想未能真正实现。但在中国专利制度史上的意义非常重大，这是中国学者第一次用文字形式将专利制度的思想表述出来以告民众。1881年，我国早期民族资产阶级代表人郑观应，曾就上海机器织布局的机器织布技术，向清朝皇帝申请专利。1882年光绪皇帝批准了该局可享有为期10年的专利。这是我国历史上较有影响的“钦赐”专利，但比西欧国家的类似进程迟了近300年。

我国专利制度萌芽于清朝光绪二十二年（1898年），以《振兴工艺给奖章程》为标志。1898年，在“戊戌变法”中光绪皇帝签发《振兴工艺给奖章程》。该章程规定，根据发明创造的意义和实用价值的大小授予50年、30年、10年的专利权。然而“戊戌变法”失败，该章程未付诸实施。辛亥革命推翻清王朝，“中华民国”成立。1912年，北洋政府工商部制定《奖励工艺品暂行章程》。根据该章程，有关发明或改良的制造品经工商部考验合格予以奖励，但饮食品、医药品、妨害秩序风俗的发明或者改良，以及有相同制品申请在先者除外。凡获奖励者发给褒奖，并自颁发执照之日起5年内享有专卖该制品的权利。仿造受奖励制品或者伪称其产品为受奖励制品者被处以刑事责任。1923年，工商部修订《奖励工艺品暂行章程》。章程将奖励范围做了适当调整。

1928 年，国民政府颁布《奖励工业品暂行条例》。后又于 1932 年颁布《奖励工业技术暂行条例》，并先后于 1939 年及 1941 年对该条例进行修订。1944 年 5 月，国民政府公布中国有史以来第一部专利法。该法分为发明、新型、新式样及附则 4 章，共 133 条。在内容上它继承原章程或条例中的合理部分，如先申请原则、异议程序等。同时还引入一些当时国际上较为先进的做法和规定，如同时在一部法律中保护 3 种专利，确立专利“三性”，发明专利保护期为 15 年，建立复审制度等。但因种种客观原因，这部法律并未在大陆地区广泛实施。

新中国成立后，中央人民政府政务院于 1950 年颁布了《保障发明权与专利权暂行条例》。同年，政务院财政经济委员会颁发该条例的施行细则及《发明审查委员会规程》。这是新中国成立初期试行的专利保护制度。《保障发明权与专利权暂行条例》仿效苏联实行“双轨制”，即发明权与专利权并行。根据条例，申请人可以就一项发明创造自由地在发明权和专利权之间选择其一申请。但是涉及国防或者公众福利需要普遍推广的发明创造，在国家单位完成的发明创造或者接受报酬完成的委托发明，国家只授予其发明证书，而不授予专利。条例还对发明专利的审查程序、申请范围、审查标准、权利、保护期限等做了具体规定。特别规定，居住在中国的外国人，可以依照该条例申请发明权和专利权。1963 年《发明奖励条例》颁布，《保障发明权与专利权暂行条例》即被废止。自此，我国发明奖励制度代替了专利制度。

7.3.2 《中华人民共和国专利法》的诞生

1978 年党的工作重心转移到经济建设上，强调“科学技术是第一生产力”，倡导大力发展科学技术和开展发明创造活动，同时也提出了必须建立有效的机制保护发明创造的要求。改革开放后，经济发展对外交往都对发明创造的保护制度提出了要求。1978 年国家开始研究着手建立专利制度。1980 年国家专利局成立，负责起草专利法。正是在此背景下，1984 年 3 月 12 日，在第六届全国人民代表大会常务委员会第四次会议上，《中华人民共和国专利法》获得通过，并于同年 3 月 20 日公布，1985 年 4 月 1 日起实施。1985 年 1 月 19 日，国务院批准颁发《中华人民共和国专利法实施细则》。《专利法》的颁布和施行是我国专利制度建立并开始运作的重要里程碑。

7.3.3 专利法的修改

1. 1992 年《专利法》第一次修改的内容

（1）扩大了专利保护的范围。将食品、饮料、调味品、药品和用化学方

法获得的物质纳入专利保护范围。1984年专利法对食品、饮料和调味品、药品和用化学方法获得的物质不授予专利权。

（2）延长了专利保护期限。发明专利的保护期限由15年延长到20年；实用新型和外观设计专利的保护期限由5年延长到10年。

（3）强化了专利权的保护。对方法专利的保护延伸到依该方法直接获得的产品；增加专利权人的进口权。1984年专利法仅规定专利权人有权禁止他人在国内生产、销售、使用专利产品。修改后的专利法增加了专利权人的进口权，修改了强制许可的条件，完善了对冒充专利的处罚规定。

（4）完善了专利权审批程序。增设国内优先权。原专利法只规定了国外优先权，对本国优先权未作规定。新专利法进一步明确专利申请文件修改的范围，改授权前的异议程序为授权后的撤销程序，明确专利权被宣告无效的法律后果。

2. 2000年《专利法》第二次修改的内容

（1）明确专利立法为促进科技进步与创新服务，为深化改革创造更好条件。取消全民所有制单位对专利权“持有”的规定；对职务发明的界定更为合理，有利于进一步调动科技人员技术创新的积极性；明确对职务发明人应当给予奖励和报酬。

（2）加大保护力度，完善司法和行政执法。增加有关许诺销售的规定；规定制止非法产品的“合法”使用；增加诉前临时措施；增加关于侵权赔偿额计算的规定；明确省、自治区、直辖市人民政府管理专利工作的职能；发挥行政执法优势，理顺处理专利侵权纠纷和行政执法的关系；维护公众利益，防止专利权人滥用权利。

（3）简化、完善专利审批和维权程序，维护当事人的合法权益。明确提交专利国际申请（PCT）的法律依据；取消撤销程序，简化流程；规定实用新型和外观设计的复审和无效由法院终审；简化转让专利权和向外国申请专利的手续，与审批程序等有关的其他修改。

（4）扩大开放，迎接入世，与TRIPs更趋一致。

（5）建设勤政、廉洁、务实、高效的专利审批和专利工作队伍。明确国务院专利行政部门应当及时审结申请案件；明确管理专利工作的部门不得参与专利产品的经营活动，从严要求专利工作队伍。

3. 2008年《专利法》第三次修改的内容

《专利法》在第三次修改时进一步调整了立法指导思想和价值取向，从立足科技进步到立足经济社会全面发展，从注重专利数量到注重专利质量，从各个方面对专利立法功能和定位进行再次选择，对于专利制度本质特点和运行规律认识不断深化，在改革开放和经济社会发展形势对专利制度提出的新要求下，日益适应国情。围绕上述价值取向，新《专利法》主要对以下内容进行了修改：

（1）着重提升科技创新能力。2000 年《专利法》第二次修改时规定："为了保护发明创造专利权，鼓励发明创造，有利于发明创造的推广应用，促进科学技术进步和创新，适应社会主义现代化建设的需要，特制定本法。"该条与之前的《专利法》相比，主要是突出了"科学技术创新"的重要意义和作用，使"创新"第一次在中国《专利法》中获得了前所未有的地位。本次修改《专利法》则进一步提升了专利立法促进创新的重大意义和使命。与 2000 年《专利法》相比，主要是强调了"提高创新能力"，同时将"有利于发明创造的推广应用"修改为"推动发明创造的应用"，强化了《专利法》在促进发明创造应用方面的功能和作用，与"提高创新能力"一脉相承。这一修改具有深远的现实原因和前瞻意义，证实中国已将提高自身创新能力、建设创新型国家作为国家政策和战略举措。

（2）加强对专利权的保护力度。作为保护发明创造成果的一种私权，专利权以其专有性和排他性的特点，使相关发明创造在一定期限内依法为权利人所独占，并通过自己实施或许可他人实施专利使创新付出获得回报。专利法律制度从国家立法层面对这种独占性权利加以保护，有助于激发人们的创新热情，促进科技发展。《专利法》第三次修改扩大了专利权保护范围、提高了行政处罚力度、完善了对专利权人的保护措施。增加了外观设计专利权人的"许诺销售权"，使三种专利权保护达到均衡，更好地维护了外观设计专利权人的权益。同时，提高了行政处罚力度。我国专利权保护采取专利行政保护和司法保护两条途径。实践证明，专利行政执法符合中国的国情，对于及时制止专利侵权行为，维护专利权人的合法权益，维护社会经济关系的稳定起了重要作用。

（3）强化专利行政执法权限。由于专利行政执法在中国专利权保护中一直占有重要地位，新《专利法》不但保留了这一模式，而且提高了行政处罚标准，并参照《商标法》《著作权法》等知识产权专门法的规定，强化了专利行政执法权限。具体地说，体现在以下两方面：一是整合了对假冒他人专利和冒充专利处罚，并提高了行政处罚标准。二是赋予了管理专利工作的部门查处假冒专利行为所必需的行政执法手段。规定管理专利工作的部门根据已经取得的证据，对涉嫌假冒专利行为进行查处时，可以询问有关当事人，调查与涉嫌违法行为有关的情况；对当事人涉嫌违法行为的场所实施现场检查；查阅、复制与涉嫌违法行为有关的合同、发票、账簿以及其他有关资料；检查与涉嫌违法行为有关的产品，对有证据证明是假冒专利的产品，可以查封或者扣押。管理专利工作的部门依法行使前款规定的职权时，当事人应当予以协助、配合，不得拒绝、阻挠。这一条与中国现行商标法的规定有相似之处，旨在通过赋予管理专利工作的部门查处假冒专利行为的行政职权，强化专利行政执法力度，进一步加强对专利权的保护。

（4）注重提升专利的质量水平。专利法实施初期，基于当时经济、科技和社会发展水平的相对落后以及发明创造和自主创新能力的不足，为了鼓励发明创造，保证专利申请和授权量的原始积累和后期增长，对于专利授权条件采取了较低的标准。随着专利制度的不断完善和创新能力的不断增强，我国专利申请数量呈逐年大幅增长趋势。截至2009年3月，共受理的专利申请总量突破500万件。专利授权量同样保持较高的增长速度，截至2008年12月，共授予专利权250余万件，近5年的专利授权量占专利法实施以来23年授权总量近60%。在我国的专利申请和授权的绝对数量已跻身世界前列的同时，从有效专利持有量、关键技术专利掌握情况等专利质量衡量指标分析，我国与世界专利强国仍有较大差距。专利法面临的问题已经转变到如何提高专利质量，如何充分发挥专利制度促进自主创新上。因此，有必要通过严格专利授权标准等措施促进专利质量的优化。在《专利法》第三次修改中，将专利新颖性标准由相对新颖性改为绝对新颖性。同时，对外观设计专利制度进行了改革，增加了类似发明和实用新型专利的“创造性”标准，避免通过模仿现有设计或简单拼凑现有设计特征而形成的外观设计获得专利权。规定“对平面印刷品的图案、色彩或二者的结合做出的主要起标识作用的设计”不授予专利权；引入了关联外观设计专利申请制度。通过充分保护外观设计专利申请人的正当权益，激励其从事外观设计创新，进而促进我国外观设计整体水平的提升。

（5）完善了保护专利权人的措施。此次修改明确将权利人的维权成本纳入侵权赔偿的范围，完善了对专利权人财产的保护。同时增加诉前临时措施与诉前证据保全的规定，进一步为积极保护专利权人权益增添了法律保障。一是明确侵犯专利权的赔偿应当包括权利人维权的成本；二是增加了法定赔偿的规定。新《专利法》第65条规定：“侵犯专利权的赔偿数额按照权利人因被侵权所受到的实际损失确定；实际损失难以确定的，可以按照侵权人因侵权所获得的利益确定。权利人的损失或者侵权人获得的利益难以确定的，参照该专利许可使用费的倍数合理确定。赔偿数额还应当包括权利人为制止侵权行为所支付的合理开支。权利人的损失、侵权人获得的利益和专利许可使用费均难以确定的，人民法院可以根据专利权的类型、侵权行为的性质和情节等因素，确定给予1万元以上100万元以下的赔偿。”这样，一方面增加了专利侵权纠纷中损害赔偿额确定的可操作性；另一方面明确建立了专利侵权损害的法定赔偿制度，与《著作权法》《商标法》的规定达成一致。

（6）增加了诉前临时措施与诉前证据保全的规定。实践中，有时会出现正在实施或者即将实施侵犯专利权人的专利权的行为，如不及时制止将会使专利权人合法权益受到难以弥补的损害的情况。但按照通常的诉讼程序，需要先行起诉，等到人民法院的判决发生法律效力时才能彻底制止侵权人侵犯专利权的行为。这时侵权行为业已发生甚至已经造成了严重后果。因此，为了充分保护专利权人的合法权益，很多国家专利立法规定了诉前的“临时措施”，即在诉前向法院申请责令停止有关行为。《专利法》在2000年第二次修改时也增加了这一制度。2008年《专利法》对诉前责令停止有关行为在程序上进行具体的规范，便于在实践中操作。此外，为防止侵权人在专利权人起诉之前转移、毁灭证据，增加规定：为制止专利侵权行为，在证据可能灭失或者以后难以取得的情况下，权利人可以在起诉前向人民法院申请证据保全。

（7）大力促进科学技术应用。一方面，新《专利法》规定专利权共有人可以单独实施或者以普通许可方式许可他人实施该共有专利。既保障共有人对共有专利的合法权利，又促进共有专利的实施。增加防止专利权滥用的规定，针对不实施或不充分实施其专利的行为以及因行使专利权构成垄断行为等进一步明确规定了强制许可手段。促进专利技术的流通和推广应用。另一方面，为防止恶意利用已公知的现有技术申请专利，阻碍现有技术实施，帮助现有技术实施人及时从专利侵权纠纷中摆脱出来，引入了现有技术抗辩原则，规定实施的技术如果属于现有技术，不构成侵犯专利权。

（8）切实履行国际条约的规定。遵守知识产权国际公约、国际规则一直是中国知识产权立法的重要原则之一。中国专利法从授权标准、保护水平到强制许可等一系列制度设计中都体现了这些国际规则的精神。为达到相关专利国际公约的要求和履行对外承诺，根据国际知识产权公约的最新发展以及我国加入国际公约的情况，适时对专利法的相关内容进行修改，是必须和必要的。《专利法》第三次修改，对于遗传资源的保护、为公共健康目的进行专利药品的强制许可等方面体现了与国际条约接轨，规定了有赖于遗传资源的发明创造应当说明遗传资源的来源，对于非法获取或利用遗传资源并在此基础上完成的发明创造不授予专利权；增加了药品和医疗器械实验例外（bolar 例外）的规定，使公众在药品和医疗器械专利权保护期限届满之后可以及时获得价格较为低廉的仿制药品和医疗器械，对解决公共健康问题具有重要意义。

总之专利法的每次修改都是根据我国改革开放和经济社会发展的新形势，对专利制度做出的及时调整。每次修改都呼应了贯彻落实科学发展观，转变经

济发展方式的时代要求，是法制化进程的重要成果，更是中国经济社会全面进步的标志。

复习思考题

1. 什么是专利？专利具有哪些特征？
2. 专利权的概念和特征是什么？
3. 专利法的调整范围包括哪些内容？
4. 专利法有哪些作用？
5. 专利制度的特点和作用有哪些？

第 8 章　专利权的客体

学习目标

重点掌握发明、实用新型和外观设计的概念与特征。熟悉掌握发明、实用新型和外观设计授予专利的条件。重点掌握不能授予专利权的对象范围。简单了解专利法中关于授予专利条件的修订内容。

关键名词

发明　实用新型　外观设计　授予专利权的条件　新颖性　实用性　创造性

8.1　授予专利权的对象

8.1.1　发明

1. 发明的概念和属性

什么是发明？日常生活中我们经常使用“发明”这个词，可以说这个是发明，那个也是发明，但是，我们要学习的专利法中的发明和日常生活中的发明的含义是不一样的，它有着严格的内涵。发明是专利法的主要保护对象，但是应当注意的是，专利法上所说的发明与一般人所说的发明的含义并不相同。根据专利法及实施细则的规定，专利法中所称的“发明”是指对方法、产品或其改进所提出的新的技术方案。从定义上看这里的发明应当具有技术属性和法律属性。

首先，作为专利法中的“发明”应当处于自然规律的领域。对于那些非属于自然规律领域的，如会计记账的方法、学习的方法以及计算的方法这些都不属于自然规律领域，都不能称为专利法中的“发明”。此处所指的“自然规律”是指自然界中存在的物理和化学的原理或定理，因此不包括人的纯智力活动产生的或者人为规定的东西。

其次，发明要利用到自然规律。单纯的自然规律不是我们这里所说的发明。科学规律是对自然规律本身的新的认识，并不是利用，因此，科学发现不

是发明。发现物品或者方法的新用途，虽然不是“发明”，但是若是积极利用所发现的用途，且有后续的创造性时，可以成为“用途发明”。从专利法的角度而言，不利用自然规律或自然现象的不能称为发明。发明是一种技术方案，而技术则是在利用自然法则或现象的基础上发展起来的各种工艺操作方法或生产技能，以及相应的生产工具、物资设备，等等。从这种意义上讲，发明是利用自然规律或自然现象的结果，而没有利用自然规律和自然现象的方案则不属于技术方案，故而也不应称其为发明。

最后，发明应当是技术方案，仅仅是头脑中的构思是不能够授予专利的。发明必须是解决某一课题的合理的手段，必须产生技术效果，其需要具有发挥人的作用的创造性。这种技术方案是发明创造人利用自然规律的结果，是发明人将自然规律在特定技术领域的结合和应用。发明不是自然规律本身，也不是单纯的揭示自然规律的理论认识和创新。

2. 发明的种类

从发明的定义中我们可以看到其主要包括三大类：第一类是产品发明；第二类是方法发明；第三类是改进发明。

（1）产品发明。是指对一切有形物体的发明，用物品来表现最终的技术方案，表明技术成果，是人们通过研究开发出来的关于各种新产品、新材料、新物质等的技术方案。产品是指经过人工制造的各种制成品或者产品。产品发明可以分为：制造品发明，如机器、设备、工具和生活用具等的发明；材料物品发明，如化学物质，合成物质的发明；新用途的产品发明。产品发明可以是一项独立产品，也可以是一个产品的部件。未经人们制造加工，完全属于自然状态的东西不能算作产品发明，诸如天然大理石、植物的自然杂交而产生的新品种等。产品专利只保护产品本身，不考虑保护该产品的制造方法。

（2）方法发明。是指为了解决某一个技术问题所采用的步骤或者手段，是把一个对象或物质改变成另一个对象或物质所利用的操作手段、制造方法以及工艺流程等技术方案的发明。方法发明可以是一系列步骤的全过程，也可以是其中的一个步骤。方法发明可以分为：制造方法发明，如制造纯碱工艺、机械制造工艺等；化学方法发明，如制造合成树脂、合成纤维等。方法发明还包括不改变物质状态的纯方法发明，如测量方法、检验方法、通讯方法等。

（3）改进发明。是指在基本发明的基础上做进一步的改进而获得的发明，是对已有的产品发明和方法发明提出实质性的改进的新技术方案。改进发明相对首创发明而言，这种发明不是新的产品和新的制造方法的发明，而是对已有的产品和制造方法的重大改革，它没有突破原有产品发明和方法发明的格局，但给原有的发明带来新的特性、新的质变。改进发明虽然不属于首创发明，但对促进技术进步有重要作用。这类发明在实施上有赖于基本发明的实施，对于这类存在着从属关系的发明在我国专利法中专门规定了一种强制许可制度。有的国家在专利法上专门为此设立了增补专利制度，在基本专利的基础上进行增补，这也属于改进发明。

8.1.2 实用新型

1. 实用新型的概念和特点

实用新型，是对产品的形状、构造以及结合提出的适于使用的新的技术方案。从概念上来看，实用新型是对产品的形状、构造或者其结合所做的改进，并没有要求必须是前所未有的东西，只是对产品的改进就有可能授予专利。实用新型就是我们俗称的“小发明”或“小专利”，法律对其要求没有对发明的要求高。我国专利法把实用新型作为专利法保护的对象，主要是考虑到我国的工业和科技水平。实用新型发明数量较多，对这些小发明实施法律保护，有利于调动广大人民群众从事发明创造的积极性，推动我国科学技术的进步。实用新型具有以下特点：

（1）实用新型是对产品来说的，只有产品才可以申请实用新型专利，如仪器、设备、用具或日用品等。方法不能申请实用新型专利，制造产品的工艺方法不是实用新型。另外，该产品必须具有确定的形状或构造，或是二者的结合。实用新型应具有特定的立体外形和相应的功能。

（2）作为实用新型对象的产品必须具有立体的形状和构造的产品，而像粉末状、气态产品、液态产品、糊状、颗粒状等不具有立体形状的产品法律不能授予专利。

（3）作为实用新型对象的产品必须具有实用性，能够在工业上应用。如把圆形铅笔改成六边形的铅笔就具有防滑的实用性。实用新型具有实用价值，可以实施，可以用工业方法再现。产品的形状、构造或者其结合的技术方案必须能够产生技术上的积极效果，具有技术性能。如果单纯表现为视觉上美感，不具有技术上的特性，则不是实用新型专利权的客体。

（4）作为实用新型对象的产品必须具有可移动性，不能移动的不动产是不能申请实用新型专利的。虽具有固定形状或构造，但不可移动的产品，如房屋、桥梁等，不能成为实用新型专利权的客体。实用新型在许多发达的国家是不受保护的，因为其技术性能比较低，技术含量小，但是我国将其作为法律保护的对象，主要考虑到我国技术发展的现状，它适合我国目前技术发展的需要。

2. 保护实用新型的意义

（1）有利于产品的改造和市场的竞争。实用新型主要是对已有的产品进行改造，如果不授予其专利就会降低人们对于改造产品的积极性，不利于市场竞争。

**小资料**

各国对实用新型产品的不同保护方法

世界上对实用新型的保护始于19世纪的英国，将其作为一种单独的工业产权加以保护则始于德国。目前世界上对实用新型专利采取保护，主要有德国、日本、奥地利、韩国等十几个国家。这些国家对于实用新型的称谓不尽相同。德国称为“实用证书”，日本称为“实用新案”，其他国家则称为“实用新型”或“新型”。在立法形式上也存在区别，有的国家，如德国、日本、韩国是采用专门立法的形式来保护实用新型，有的国家则将其作为专利法的一部分，还有少数国家将实用新型保护制度与外观设计法合并，如意大利、乌拉圭等国。一些国家如美国、英国专利法中虽不规定实用新型专利，但实际上把这种小发明归纳到发明中予以保护。

（2）有利于激发人们科技创造的积极性。因为搞小发明等实用新型专利并不需要高深的知识储备和巨额的资金投入，也不必一定要具有高级的现代化的仪器设备、实验室等价格昂贵、高标准的设施条件，只要实用新型的发明人肯下工夫，几乎每一个人都能创造出实用新型专利产品和方法。

（3）有利于对于小发明的保护。小发明在我们国家比大发明在数量上要多得多，如果我们不对其进行保护，只是保护科技含量比较高的发明，则不利于我国众多科技含量较小的产品和技术的发展及创新。

（4）有利于丰富人们的物质文化生活。社会主义经济建设的目的就是要满足人们日益增长的物质文化生活需要。通过对实用新型的发明人授予专利权进行法律保护，就可以促进更多的实用新型产品的出现，满足人们对物质文化的各种需求。

小知识

不属于实用新型产品专利的保护对象

（1）各种生产方法，产品用途的发明；

（2）无确定形状的产品，如气态、液态、粉末状、颗粒状的物质或材料；

（3）单纯材料替换的产品，以及用不同工艺生产的相同形状、构造的产品；

（4）不可移动的建筑物；

（5）仅以平面图案设计为特征的产品，如棋、牌等；

（6）由两台或两台以上的仪器或设备组成的系统，如电话网络系统、上下水系统、采暖系统、楼房通风空调系统、数据处理系统、轧钢机、连铸机等；

（7）单纯的线路，如纯电路、电路方框图、气动线路图、液压线路图、逻辑方框图、工作流程图、平面配置图以及实质上仅具有电功能的基本电子电路产品（如放大器、触发器等）；

（8）直接作用于人体的电、磁、光、声、放射或结合的医疗器具。

资料来源：参考《专利法》及《专利法实施细则》整理。

3. 实用新型与发明的区别

我国专利法把实用新型和发明都视为专利保护的对象，二者本质相同。但有一定的区别，主要表现在四个方面：

（1）实用新型的创造性低于发明。专利法对申请发明专利的要求是，同已有技术相比，有突出的实质性特点和显著进步，对实用新型的要求则是，有实质性特点和进步。对发明强调“突出的实质性特点”和“显著进步”，而对实用新型只要求“实质性特点和进步”。

（2）实用新型所包含的范围小于发明。发明是对产品、方法或者其改进所提出的新的技术方案。发明可以是产品发明、方法发明，还可以是改进发明。除专利法有特别规定外，任何发明都可以依法获得专利权。申请实用新型专利的范围则要窄得多，仅限于与产品的形状、构造或其组合有关的创新。

（3）实用新型专利的保护期短于发明。《专利法》规定，对实用新型专利的保护期为 10 年，发明专利的保护期为 20 年。实用新型的创造性低于发明，其申请专利的过程简单，发挥效益的时间快捷。法律对实用新型保护期的规定相应较短。

（4）实用新型申请程序比发明简单快捷。《专利法》规定，实用新型专利申请，经初步审查，没有发现驳回理由的，由国务院专利行政部门做出授予实用新型专利权的决定，发给相应的专利证书并予以登记和公告。而发明专利不论是审查的程序还是审查的时间，都要比实用新型专利复杂得多、长得多。

8.1.3　外观设计

1. 外观设计的概念

外观设计，是指对产品的形状、图案或者其结合以及色彩与形状、图案的结合所做出的富有美感并适于工业应用的新设计。外观设计与发明和实用新型一样，是人类智力劳动的创造性成果，所不同的是外观设计是一种新设计。法律所保护的对象是该设计本身，而不是负载该设计的物品。外观设计在现代工业条件下扮演着很重要的角色，各国法律都对其保护。1984年，我国颁布的《专利法》，正式把外观设计作为专利法保护的对象。以一部专利法同时保护三种不同的客体，这也是我国专利法的特点之一。

各国外观设计专利的保护

世界上最早对外观设计进行法律保护，源于中世纪的佛罗伦萨。1711年，法国建立外观设计保护制度，目的在于保护里昂盛产的丝绸织品。1806年，法国颁布第一部保护外观设计的法律。在法国的影响下，当时工业发达的国家相继制定外观设计法。1787年，英国制定外观设计条例，其最初适用于当时盛产的棉布等外观设计，随着生产的发展和国际贸易的扩大，外观设计的保护制度扩大到所有的产品。1842年，英国建立外观设计的全面法律保护制度。美国于1842年、澳大利亚于1851年、西班牙于1884年、德国于1876年、日本于1888年也分别颁布了外观设计法。1883年，保护工业产权巴黎联盟成立，明确规定："外观设计在本联盟一切成员国中都应该受到保护"。1925年，《工业品外观设计备案的海牙协定》在海牙签订，建立外观设计国际申请联盟（简称"海牙联盟"），对外观设计进行国际合作和保护。目前，世界上已有100多个国家和地区建立外观设计法律保护制度。保护外观设计的法律形式，各国多种多样。一些国家制定专门的外观设计保护法，如日本；一些国家将外观设计纳入著作权法保护体系；还有一些国家则采用专利的方法来保护外观设计，如美国。

2. 外观设计的特点

（1）外观设计必须以产品为载体。外观设计是工业品的外观设计，不能脱离具体的产品而存在。离开具体产品的外观设计，只能是一种纯美术作品，可受著作权法的保护，而不是外观设计。比如一幅画或一个图案，就其本身而言，并不是外观设计。但是，如将其印在床单、脸盆或壁纸上，则这幅画或图案便成为外观设计。外观设计所依托的产品必须具有一定的形状，没有固定形状的产品不可能成为外观设计的载体，而且该产品还应有独立的用途。没有独立用途的雕塑品、徽章、证书等不能作为外观设计的载体。

（2）外观设计是产品的形状、图案、色彩或者其结合的设计。外观设计要求在外表上有具体的形状或者形态作为对象。形状是指立体或平面产品外部的点、线、面的转移、变化、组合而呈现的外表轮廓。图案是指将设计构思所产生的线条、变形文字的排列或组合通过绘图或其他手段绘制的图形。色彩是指用于产品上的颜色或者颜色的组合。产品的色彩不能独立构成外观设计，而必须是与产品结构和图案的组合。外观设计可以是立体的，也可以是平面的。

（3）外观设计必须富有美感。专利法明确规定外观设计必须富有美感。这种美感应当表现在物品表面的图案、色彩或花纹上，或者表现在物品的立体造型上。世界各国对外观设计是否必须富有美感要求不一。多数国家不明确提出美感要求，只要求外观设计应具有特点。日本、德国则明确要求外观设计必须富有美感。

（4）外观设计必须适合于工业上应用。适于工业应用，是指使用外观设计的产品经过工业生产过程能够大量的复制生产，包括通过手工业大量的复制生产。不能复制或者不能大量复制的产品不能作为外观设计的载体。

小知识

外观设计保护的国际法与外国法

《保护工业产权巴黎公约》和世界贸易组织《与贸易有关的知识产权协议》虽然都规定各国或成员应当保护外观设计，但又没有具体要求采用何种方式予以保护。同样，世界各国对于外观设计的保护也不尽一致。有的国家将之纳入专利的保护，有的国家将之纳入版权法的保护，有的国家既给予专利法的保护又给予版权法的保护。还有的国家则根据外观设计保护所具有的特殊性，制定了专门的工业版权保护法。例如，英国于1968年颁布的《外观设计版权法》，德国于1986年颁布的《工业品外观设计版权法》。

3. 外观设计的条件

（1）外观设计应当具有独立性，但是应当同产品相结合，可以说外观设计同产品是合二为一的。脱离产品的图案就不是工业品外观设计，可能就是美术作品或者其他的作品了。

（2）工业品外观设计往往既受专利法的保护又受其他法的保护。外观设计是一个特殊的保护对象。就外观设计属于专利法所称的发明创造来说，可以受到专利法的保护。就外观设计是一种美学观念的表述来说，可以受到著作权法的保护。而当外观设计在市场上获得了可识别性时，又可以作为商标受到商标法的保护，或者作为商品装潢受到反不正当竞争法的保护。

（3）外观设计是一种工业上能应用的新设计。不能重复生产的设计不是专利法意义上的外观设计，比如徐悲鸿的真迹是美术作品，就不能再成为工业品外观设计了。

（4）外观设计必须具有美感。是否具有美感是一个主观判断的过程，当然，对于同一项外观设计不同的人也许得出不同的结论。

4. 外观设计与实用新型的区别

外观设计和实用新型在专利取得的程序和方式、专利权的保护期限等方面均有相同之处，其均是发明人、设计人对产品所做出的发明创造，但二者仍有不同之处：

（1）外观设计专利是保护产品外表，不涉及产品本身的技术性能；实用新型专利保护的范围既涉及产品的外形和外部结构，也涉及产品的内部构造。

（2）外观设计的目的是利用美学原理达到美感效果，不重视技术效果；实用新型作为一种技术方案，旨在实现一定的技术效果。

（3）外观设计把产品作为载体，仅对其外表进行独特设计；实用新型的创造性方案与产品本身融为一体，体现于产品本身。

（4）实用新型产品必须以固定的立体形态存在，外观设计产品既可以是立体的，也可以是平面的。

8.2　不授予专利权的对象

国家并非对所有的发明创造都授予专利权，专利法规定，只有符合法律规定的条件或者具有专利性的发明创造，才可以被授予专利权并且给予法律保护。专利法规定不可获得专利的主题或者不符合专利法规定的条件的对象，就不能被授予专利权。根据我国经济技术发展水平，并参照国际通行做法，专利法规定，对于下列各项，不授予专利权。

8.2.1 违反法律、社会公德和妨害公共利益等的发明创造

1. 违反国家法律的发明创造

违反国家法律的发明创造主要是指其目的本身是被我国法律明文禁止或者与国家法律相违背的发明创造。在我国，法律的最终目的在于维护公共利益，约束各种行为符合公众普遍接受的伦理道德标准，因此，违反国家法律的发明创造本质上也违反公共利益或者违反社会公德。基于这样的理由，专利法将违反国家法律作为不授予专利权的情形之一。例如，用于赌博、吸毒、伪造公文印章的设备、机器或者工具等类似的发明创造都属于违反国家法律的发明创造，不能被授予专利权。但应当注意，如果发明创造的目的本身并未违反国家法律，只是不按照正常方式予以使用便有可能导致违反国家法律的后果，则不能因为该发明创造的滥用会违反国家法律而拒绝对此类发明创造授予专利权。例如，以治疗疾病为目的的麻醉品、镇静剂、兴奋剂，以及以娱乐为目的的游戏机、棋牌等。

2. 违反社会公德或者妨害公共利益的发明创造

违反社会公德的发明创造，是指对于树立社会主义道德风尚不仅不能产生任何积极的作用，相反还会产生一定程度的负面效果的发明创造。例如，对于具有淫秽内容的外观设计或者专用于盗窃的工具等授予专利权，社会公众将难以理解和接受。但是应当注意，要明确界定“违反社会公德的发明创造”是不可能的，因为在不同的历史时期或者不同的地方，所得结论也可能是不同的。“妨害公共利益”的发明创造，是指发明创造虽对某些人有益，但是从总体来说有损于公共利益，对整个社会造成危害。例如，严重污染环境、损害珍贵资源、破坏生态平衡、致人伤残或者造成其他危害的发明创造。再如，一种用以防止汽车被盗的装置采用释放催眠气体的方法，使盗车者在开车时失去控制，从而便于抓获偷盗者，但是由于这种装置也可能会给行人造成危害，故不能授予专利权。但是，如果一项发明创造只是由于利用不当或者被滥用而可能造成社会危害，就不能因此而拒绝授予专利权。如对人体有一定副作用的药品、放射性诊断治疗设备等，均不能以“妨害公共利益”为理由而拒绝授予专利权。总之，对违反国家法律、社会公德或者妨害公共利益的发明创造不授予专利权，是为了防止可能引起扰乱社会、导致犯罪或者造成其他不安定因素的发明创造的出现和扩散，也是为了维护国家和人民的根本利益。

3. 对违反法律、行政法规的规定获取或者利用遗传资源，并依赖该遗传资源完成的发明创造

随着生物和遗传技术的飞速发展，遗传资源已经成为一个国家可持续发展

的重要战略资源，我国又是世界上遗传资源最为丰富的国家之一，有效地保护遗传资源对我国具有重要意义。保护我国的遗传资源至少有两方面的举措：一是通过专门立法建立遗传资源的管理机制，防止任何人未经我国有关部门批准擅自获得我国的遗传资源；二是在专利法中对非法获得我国遗传资源，利用该资源做出的发明创造，进而在我国获得专利独占权的行为进行规制。因此，在2008年修订专利法时，进行了限制性规定，对违反法律、行政法规的规定获取或者利用遗传资源，并依赖该遗传资源完成的发明创造，不授予专利权。

小资料

遗传资源保护的国际条约

按照《生物多样性公约（1992）》的规定，遗传资源是指来自植物、动物、微生物或其他来源的任何含有遗传功能单位的、有实际或潜在利用价值的遗传材料。遗传资源所包含的丰富生命遗传信息，对生物制药、动植物育种、生命科学研究等有重要意义。随着生物技术的发展，在医药研发和动植物新品种开发过程中，越来越多的人不经生物资源来源地国家的同意，擅自利用他国生物资源进行医药开发，并申请专利，获得垄断利益。这种“生物剽窃”行为激起了广大生物资源丰富国家的愤慨。我国是世界上遗传资源最丰富的国家之一，也是发达国家掠取遗传资源的重要地区。中国本土物种遗传资源流失状况堪忧，由于本地物种资料保护意识落后，中国正成为发达国家攫取遗传资源的新目标。中国的野生大豆、猕猴桃甚至家禽都被发达国家拿走，“混血”改良后再重新用来抢占中国市场。我国遗传资源流失的确切数量难以统计。据估计，引进和输出的比例为1∶10。我国作为遗传资源大国，为了对非法获取、利用我国遗传资源进行技术开发并申请专利的行为加以防范和遏制，防止非法窃取我国遗传资源进行技术开发并申请专利，修改后的专利法强化了对遗传资源的保护，增加了与遗传资源保护相关的内容。

8.2.2　不属于专利法保护范围的发明创造

1. 科学发现

科学发现是指人们通过自己的智力劳动对客观世界已经存在的但未被认知的规律、性质和现象的认识，例如天然物质、自然现象及其变化过程、特性和规律等。一般来说，科学发现不是对产品、方法及其改进所提出的新的技术方案，因而不能被授予专利权。但是如果将发现付诸应用，制造出一种产品，开发出一种方法，或者提供一种用途，则构成了一项发明，可以被授予专利权。

发明是通过人的智力劳动创造出前所未有的东西来，是先前不存在的东西；而科学发现是原本就存在于自然界的东西，如万有引力定律本来就是存在自然界的规律，这样的发现是不能获得专利权的。科学发现与发明虽有本质的不同，但科学发现常常可以导致发明，很多发明是建立在科学发现的基础之上的。要想在不能授予专利权的科学发现与能够授予专利权的发明之间划分一条清楚的界限是一件十分困难的事情。从各国专利制度的发展状况来看，对科学发现和发明的区分目前有逐渐淡化的趋势。

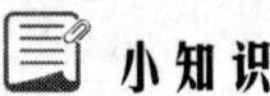

“医药用途发明”能否授予专利权的争论

按照传统的理论，仅仅发现某种已知物质（包括天然物质或者人工合成的物质）具有某种过去未被人们认识的特性。一般被认为属于发现，而不是发明。然而在医药工业中，许多有价值的科研成果就是发现某些过去从未被用于治疗疾病的已知物质具有治疗某种疾病的效果（被称为第一次医药用途发明），或者发现过去用于治疗某种疾病的某种已知物质具有治疗另一种疾病的效果（被称为第二次医药用途发明）。这些发现直接导致产生新的药品，或者为已知药品开发了新的用途，常常具有显著的经济价值和社会价值，而且其开发者为之也要付出相当可观的人力、物力代价，因此医药工业界强烈希望为之提供专利保护。为了适应工业发展和社会的需要，许多国家在20世纪80年代调整了各自专利法的规定或者专利审查标准，为这两种医药用途发明提供了专利保护。

2. 智力活动的规则和方法

智力活动的规则和方法是指人们进行推理、分析、判断、运算、处理、记忆等思维活动的规则和方法。其作用对象是人，即直接作用于人的思维，而与产业上的技术活动不发生直接关系。它们通常是一些人为的规则，竞赛规则、管理规则、统计方法、分类方法、计算方法等，具有抽象思维的特点，所以不能被授予专利权。专利法为专利权人提供的权利是禁止未经专利权人许可而进行制造、使用、销售之类的生产经营活动，而不是用专利权来禁锢人的思想。

智力活动的规则方法涉及的是在人的头脑中进行的活动，试图将这样的活动置于专利独占权的范围之内是不合理也是不现实的。虽然智力活动的规则和方法本身不被授予专利权，但进行智力活动的设备、装置或者根据智力活动的规则和方法而设计制造的仪器、用具等都可以获得专利法的保护。

3. 疾病的诊断和治疗方法

该方法以活的人或者动物为实施对象，并以防病治病为目的，是医护人员的经验体现，而且被诊断和治疗的对象不同有所区别，不能在工业上应用，不具有实用性。对这类不授予专利的原因在于它以人体为研究对象，不能构成工业上的反复生产，同时也出于人道主义的考虑，医生对于使用哪种治疗方法有权根据具体情况来选择。疾病的诊断方法是指为发现、识别、研究和确定疾病的状况、原因而采取的各种措施，例如诊脉法、X 光诊断法、超声诊断法等都是常用的诊断法。疾病的治疗方法是指为消除病态、恢复健康而采取的各种措施，例如电疗、磁疗、针灸、气功、催眠等各种疗法，以及进行外科手术、打针、服药等方法。外科手术不能被授予专利权，并不只限于为治疗疾病目的而进行的手术，为美容而进行手术的方法也不能被授予专利权。

疾病的诊断和治疗方法不能被授予专利权，是指以活的人体或者动物体为实施对象而言，在已经死亡的人体或者动物体上进行的测试、保存或者处理方法，例如，防腐、制作标本等方法，可以被授予专利权。对已经脱离了活的人体、动物体的组织或者流体进行处理或者检测的方法，例如，血液的处理或者分析方法，可以被授予专利权。对疾病的诊断和治疗方法不授予专利权是指这些方法本身，为疾病的诊断和治疗而使用的物质、组合物，以及仪器、设备和器械等产品可以获得专利权。制造假肢、假牙、假眼，以及制造牙齿模型的方法也可以获得专利权。

4. 动物和植物品种

动植物品种可分为天然生长和人工培养两种。自然界天然生长的动植物不是人类智力活动的发明创造，因此不能被授予专利权。而人工培养的动植物品种，虽然是人类智力活动的成果，但任何一种动植物品种的培养都必须经过较长的时间，并必须经过好几代人的筛选才能使该品种有显著性、稳定性和一致性。因此，我国专利法目前没有给动植物品种授予专利权。我国有专门的动物和植物新品种保护条例，动物植物新品种可以获得该条例的保护，但是不能获得专利权。

但专利法也同时规定，生产动、植物品种的方法可以获得专利法的保护。这里所说的动植物品种的生产方法是指非生物学的方法，不包括主要是生物学的方法在内。一种方法是不是主要是生物学的方法，取决于人的技术在该方法中的介入程度。如果人的技术的介入对该方法所要达到的目的或者效果起了控制的作用或者决定的作用，那么这种方法不属于“主要是生物学的方法”。例如，利用修剪树枝的方法改善树的特性或者产量，或者促进或者阻遏树的成长。由于发明的主要点在于人为的技术，因此，这种方法不属于主要是生物学的方法，就可以授予专利权。

动物和植物品种的法律保护

我国是农业大国，在植物品种特别是农、林作物品种的开发研究方面具有一定的优势，取得了许多成就。因此，对植物新品种提供法律保护有利于鼓励这方面的发明创造，有利于保护我国的利益。在这种情况下，我国采取了对植物新品种的保护单独立法的做法。国务院1997年3月20日发布了《植物新品种保护条例》，自1997年10月1日起施行。根据该条例的规定，国务院农业和林业行政部门按照其职责分工负责植物新品种权申请的受理和审查，并对符合条例规定的植物新品种授予植物新品种权。完成育种的单位或者个人对其授权品种，享有排他独占权，任何单位或者个人未经品种权所有人许可，不得为商业目的生产或者销售该授权品种的繁殖材料，不得为商业目的将授权品种的繁殖材料重复使用于生产另一品种的繁殖材料。

5. 用原子核变换方法获得的物质

用原子核变换方法获得的物质关系到国防、科研和原子能工业的重大利益，不宜为他人所垄断。这里主要是出于国家利益、公共利益和国防安全的角度来考虑的，一般个人也很难使用原子核变化方法。原子核变换方法是指使一个或者几个原子核经分裂或者聚合形成一个或者几个新原子核的过程。用原子核变换方法所获得的物质，主要是指用加速器、反应堆，以及其他核反应装置制造的各种放射性同位素。这些同位素不能被授予专利权，但是这些同位素的用途，以及使用的仪器、设备可以被授予专利权。

6. 对平面印刷品的图案、色彩或者二者的结合做出的主要起标识作用的设计

目前，在我国受理的外观设计专利申请中，存在相当数量的瓶贴、标贴或者平面包装袋等外观设计，这些外观设计创新水平不高，而且常常涉及外观设计专利权与商标权、著作权之间的权利交叉与冲突。为了进一步提高我国外观设计的

创新性，新专利法增加了上述条款。如果一件外观设计专利申请同时满足以下三个条件，则认为所述申请属于本条规定的不授予专利权的情形。一是该使用外观设计的产品属于平面印刷品。平面印刷品主要是指平面包装袋、瓶贴、标贴等用于装入被销售的商品或者用于附着于其产品之上、不单独向消费者出售的二维印刷品，也可以包含用于标示某种服务的二维印刷品。审查员应当根据申请的图片或者照片以及简要说明，判断使用外观设计的产品是否属于平面印刷品。二是该外观设计是针对图案、色彩或者二者的结合而做出的。也就是说，产品的形状要素不予考虑，所以任何二维产品的外观设计均可认为是针对图案、色彩或者二者的结合而做出的。三是该外观设计主要起标识作用。主要起标识作用是指二维印刷品的图案、色彩或者二者的结合主要是用于让消费者识别被装入的商品或者被附着的产品的来源或者生产者，或者所涉及的服务的来源等。

在具体的审查中，对于外观设计专利申请不满足上述条件之一的，不能认定为外观设计属于“主要起标识作用的平面印刷品”。例如，壁纸、纺织品由于其外观设计并非主要是用于让消费者识别其所涉及的产品或者服务的来源，因此，其不属于“主要起标识作用的平面印刷品”。再如，冰箱贴等产品的外观设计，其主要用于装饰产品，使得产品更“富有美感”从而吸引消费者，从而不属于“主要起标识作用的平面印刷品”。还如，某展会的宣传海报，其主要用于让消费者识别其产品或者服务的来源，即使其采用了非常别致的形状和设计，但由于形状因素不予考虑，其满足前述的三个条件，属于“主要起标识作用的平面印刷品”，不能被授予外观设计专利权。

8.3　授予专利权的条件

8.3.1　发明和实用新型授予专利权的条件

授予专利权的发明和实用新型，应当具备新颖性、创造性和实用性三个条件。

1. 新颖性

新颖性是指该发明或者实用新型不属于现有技术；也没有任何单位或者个人就同样的发明或者实用新型在申请日以前向国务院专利行政部门提出过申请，并记载在申请日以后公布的专利申请文件或者公告的专利文件中。新颖性是授予专利权最基本的条件之一，其核心在于一个“新”字，即申请专利的技术不能与现有技术中的内容相同。现有技术是指在某一特定时间之前，在特定领域内已公开的已有技术和知识的总和。一项发明或实用新型如果是现有技术中所没有的，就符合新颖性的要求。

（1）现有技术。专利法所说的现有技术，是指申请日以前在国内外为公众所知的技术。现有技术是一个相对概念，具有严格的时间性，今天公开的技术是以后技术的现有技术，但不是以前技术的现有技术。判断申请专利的发明或者实用新型是否为现有技术，应当以某个时间点为标准。我国以申请日作为判断新颖性的时间标准。也就是说，申请日以前公开的技术都是现有技术，没有被公开的技术就具备新颖性，申请日当日公开的技术不算在现有技术之内。

（2）技术的公开形式。技术公开的方式有书面公开、使用公开和口头等其他方式公开。书面公开主要是指专利文献和其他技术资料，图书、杂志、文献、光盘等都可以成为公开的资料。仅限于少数人知道的内部资料一般不视为公开，且少数范围内的人也负有保密的义务；使用公开比较好理解，只要使用过的技术都可以视为公开；其他方式如口头公开、讲演公开等都视为公开的方式。使用行为可以导致技术内容的公开，包括在公开场合使用一项技术，例如，可供公众参观的建筑物等。

（3）公开的地域标准。在什么范围内公开就是公开的地域性标准，即新颖性的地域性标准。国际上一般有三种公开标准，一是绝对的国际新颖性标准，即在全世界范围内上面所说的三种方式都没有公开。二是绝对的本国新颖性标准，即在本国没有公开就视为现有技术。三是相对标准，即书面公开的国际标准，其他公开的国内标准。根据我国2008年新修订的专利法，我国对新颖性的标准采用的是第一种标准，即绝对的国际新颖性标准，也叫新颖性的绝对标准。这一修订可以提高我国专利的质量，激励自主创新，促进国外已有技术在我国的应用。

世界各国的绝对新颖性标准

目前，德国、法国、英国等国家的专利法均已完全采用绝对新颖性标准。从理论上讲，绝对新颖性更为合理。但操作起来难度较大，仅就出版物检索一项，需要对世界各国多年所出版的各种出版物全面检索。其最低检索文献量按《专利合作条约》要求，包括7个国家（美国、德国、英国、法国、日本、俄罗斯和瑞士）和两个国际组织（《欧洲专利条约》和《专利合作条约》）自1920年以来的全部专利文献以及最近5年以来的169种期刊。在“出版物公开”

方式上采用绝对标准，尽管工作量大，但尚可以实现；而在“使用公开”方式上采用绝对标准，十分困难。在操作上，只要没有相反的证明，就推定其满足绝对标准的要求。正因为新颖性的检索可能会有漏检，所以各国专利法都规定异议制度，规定请求撤销或请求宣告无效的程序，以补充新颖性审查制度。

（4）公开的时间性标准。关于时间的判断世界各国采用两个标准，一个是发明日制度；另一个是申请日制度。世界上大部分国家包括我国在内采用的是申请日标准，而只有美国和菲律宾现在仍然采用发明日制度。采用申请日标准是比较符合实际情况的，发明是一个事实，往往很难用证据来证明到底是哪一天完成的发明，而申请则是法律规定，只要发明人申请了专利，专利管理部门就会有日期记录，因此很容易证明。有的国家的专利法，例如日本特许法，不仅规定以申请日为准，还进一步规定要以同一日中的具体时间为准。这种做法过于具体，会带来实际操作上的困难，我国没有采用这种做法。

（5）抵触申请。在新颖性的定义中还有这么一个条件：“也没有同样的专利申请在申请日以前由他人向专利局提出过申请，并记载在申请日以后公布的专利申请文件中”，对于这个条件的理解比较困难。我们知道作为专利文件，在一定的时间内一定要公开，但是在申请的时候不是马上就能公开。举个例子：甲在 2009 年 1 月 1 日向专利局递交了关于 A 专利的申请文件，该申请文件在 2009 年 10 月 1 日由专利局公开，在此之间乙于 2009 年 3 月 1 日也就 A 专利向专利局递交专利申请文件，这样乙的专利申请就不符合条件“也没有同样的专利申请在申请日以前由他人向专利局提出过申请，并记载在申请日以后公布的专利申请文件中”，这时甲的专利申请也叫做乙专利申请的抵触申请。如果在上述例子中，甲的专利申请由于某种原因不符合法律的规定而驳回，其申请文件也一直没有被公开，这时甲的专利申请就不构成乙专利申请的抵触申请。

（6）丧失新颖性的例外。申请专利的发明或者实用新型只要在申请日以前被公开，其公开行为不论是申请人自己所为还是他人所为，该申请就会丧失新颖性。但是，这一规定并不是绝对的，即在某些特殊条件下，尽管申请专利的发明或者实用新型在申请日前公开，但在一定的期限内提出申请的，则不丧失新颖性。这种例外情况几乎是所有国家的专利法都有规定的，它是对专利申请人的一种临时保护。我国《专利法》规定，申请专利的发明创造在申请日以前 6 个月内，有下列情形之一的，专利不丧失新颖性：第一，在中国政府主办或者承认的国际展览会上首次展出的；第二，在规定的学术会议或者技术会议上首次发表的；第三，他人未经申请人同意而泄露其内容的。泄露发明创造内容的人获知一项发明创造的内容的方式有可能是合法的，也有可能是非法的。合法的情况包括：发明人或者设计人自己违反单位的规定公开了发明创造的内容，或者由发明人、设计人以及经他们告知而获悉发明创造内容的任何其他人，出于技术转让、寻求技术试验等目的，将发明创造内容告知了第三人，该第三人不遵守明示的或者默示的保密信约而将该内容发表出来。非法的情况包括：第三人用欺骗或者间谍手段从发明人、设计人或者经他们告知而获得发明创造内容的任何其他人那里得到该内容，进而将其发表出来。上述情况所导致的公开都违背了申请人的意愿，而且在实际中也是难以完全避免的。为了不影响申请人获得专利权的正当权利，有必要在专利法中给出一定的例外规定。

2. 创造性

（1）创造性的含义。创造性，是指与现有技术相比，该发明具有突出的实质性特点和显著的进步，该实用新型具有实质性特点和进步，是发明或者实用新型获得专利权的又一实质条件，美国称为“非显而易见性”，也有国家称为“先进性”或者“进步性”。这个标准是衡量发明或者实用新型能否取得专利权的重要条件，它能从质的方面反映出发明或实用新型的特征。

所谓“发明有突出的实质性特点”，是与现有技术相比，申请专利的发明具有与其明显不同的技术特征，这是发明内在的质的标志。凡是发明所属技术领域的“普通技术人员”不能直接从现有技术中得出构成该发明必要的全部技术特征的，都被认为具有突出的实质性特点。

在判断发明是否具有创造性时，专利法引入了“所属技术领域的普通技术人员”的概念。“所属技术领域的普通技术人员”同审查员不同，他是一种拟制的人，并不是真实存在的，具有中等技术水平，通晓所属技术领域中的所有技术，并且规定他的技术水平随着技术领域和完成发明时间的不同而变化。

（2）审查原则。如何对创造性进行审查呢？第一个是客观标准，所谓客观标准是以现有技术为基础的，发明和实用新型有着不同的客观标准，对发明来说比实用新型多出了“突出的”和“显著的”的要求，因此相应的客观标准上发明要高于实用新型。第二个标准就是判断的主观标准，这里的主观标准不是一般人的主观标准，而是指在理想化的条件下以一个专业的普通的技术人员为标准，该技术人员知晓申请专利领域内的所有的一般知识，但是不具有创造性，各国都通行这种做法。第三个是时间标准，我国采用的是申请日标准。

为了使创造性的标准尽可能客观，许多国家采用了如下的判断模式：第一，确定一份与发明或者实用新型最为接近的现有技术，以此作为判断创造性的基础，分析一项权利要求所要求保护的技术方案与该最为接近的现有技术之

间的区别。第二，确定是否存在其他现有技术，它们与上述最为接近的现有技术相结合，能够形成与权利要求所要求保护的技术方案相同的技术方案。第三，判断将所述其他现有技术与最为接近的现有技术相结合，对于所述领域的技术人员来说是否显而易见。上述三个步骤中，前两个步骤取决于检索、对比的结果，工作量较大，但是其判断是比较客观的，受主观因素的影响很小。判断的难点在于第三个步骤。现有技术的组合应当考虑对发明所属技术领域的普通技术人员来说，是否有令人信服的理由想到将这些对比文件的内容结合在一起以及组合的难易程度。需要考虑的其他因素包括：被组合的现有技术是来自相邻的技术领域，还是来自较远的技术领域；被组合的现有技术的相关程度；需要组合的现有技术的数量是少还是多，等等。创造性的判断不可避免地会有主观判断的因素，上述判断模式的好处在于能够将主观因素限制到一个最小的范围。

3. 实用性

（1）实用性的含义。根据我国《专利法》规定，是指该发明或者实用新型能够制造或者使用，并且能够产生积极效果。依此规定，申请专利的发明或者实用新型是一种产品的，该产品必须能够在产业上制造；申请专利的发明或者实用新型是一种方法，该方法必须能够在产业上使用。专利法所指的“产业”，包括工业、农业、林业、水产业、畜牧业、交通运输业以及文化、体育和医疗器械行业等。实用性要求发明或者实用新型必须能够产生积极效果。即发明或实用新型专利在提出申请时，其产生的经济、技术和社会效果是所属技术领域的技术人员可以预料的。同现有技术相比，申请专利的发明或实用新型有更高的经济或社会效益。这种效益通常表现为产品质量的改善、产品产量或劳动生产率的提高；也可以表现为资源使用效率的提高及产品成本的降低；还可以表现为生产环境、劳动条件的改善等。若发明或实用新型不具有积极效果，或者有碍经济、社会发展，即使其具备实用性特征，也不符合专利法的实用性要求，不能授予专利权。

（2）不具有实用性的情况。下面几种情况不具有实用性：第一，无法重复制造再现的。发明或者实用新型的再现性，是指申请专利的发明或者实用新型所属技术领域的技术人员能够根据专利申请文件所公开的技术内容重复实施专利申请中为达到其目的所采用的技术方案。这种重复实施不得依赖任何随机的因素，并且实施的结果都是相同的。第二，现有技术手段无法实现的。申请专利的发明或者实用新型应当是一项已经完成的技术方案，才能具有实用性。缺乏技术手段的发明或者实用新型专利申请是未完成的技术方案，不具有实用性。《专利法》规定，申请专利的发明或者实用新型应当在说明书中做出清楚完整的说明，以使所属技术领域的技术人员能够实现为准。如果原始申请的说明书、附图和权利要求书所公开的内容缺少全部或者部分实施该发明或者实用新型的必要技术手段，则该项申请就是未完成的技术方案，不具有实用性。第三，违背自然规律的。具有实用性的专利申请应当符合自然规律，违背自然规律的技术方案不能在工业上应用，因此不具有实用性。第四，利用了独一无二的自然条件实现的。利用特定的自然条件建造的自始至终都是不可能移动的产品，不具有实用性。例如，针对特定的港湾提出的港口设计方案，针对特定河段做出的桥梁设计方案，是与特定的自然条件联系在一起的，不可能直接适用于其他不同的地方，因而不具备实用性。应当注意，有些产品本身是可以移动的，但将它构造成其他产品时被固定为不可移动，这种结果不影响该产品本身具有的实用性。第五，不能产生积极效果的。即实施这样的技术方案可能造成环境污染、能源或者资源的严重浪费、损害人体健康的，不具有实用性。

8.3.2 外观设计授予专利权的条件

外观设计虽然也是我国专利法的保护对象，但它与发明和实用新型不同。发明和实用新型都是一种新的技术方案，是技术成果，而外观设计是一种“富有美感并适于工业应用的新设计”。因此，外观设计获得专利的条件与发明和实用新型不同。

根据2008年修订的专利法，授予专利权的外观设计应当不属于现有设计，也没有任何单位或者个人就同样的外观设计在申请日以前向国务院专利行政部门提出过申请，并记载在申请日以后公告的专利文件中。授予专利权的外观设计与现有设计或者现有设计特征的组合相比，应当具有明显区别。授予专利权的外观设计不得与他人在申请日以前已经取得的合法权利相冲突。据此，外观设计授予专利权的条件就是新颖性、创新性、非标识性、合法性。

1. 新颖性

首先，授予专利权的外观设计不属于现有设计。专利法所说的现有设计是指申请日以前在国内外为公众所知的设计。这一规定排除了与现有设计相比整体视觉效果上实质相同的外观设计，包括与该现有设计完全相同的外观设计，也包括仅在非设计要点上与现有设计相比有局部细小区别的外观设计。

其次，外观设计的公开形式有书面公开和使用公开两种方式。

再次，公开的地域标准，根据我国2008年新修订的专利法，我国对新颖性的标准采用的是绝对的国际新颖性标准，也叫新颖性的绝对标准。

最后，公开的时间性标准，我国采用的是申请日标准。

在新颖性的标准中，也要求不存在抵触申请的情形。即没有任何单位或者

个人就同样的外观设计在申请日以前向国务院专利行政部门提出过申请，并记载在申请日以后公告的专利文件中。

2. 创新性

外观设计不要求像发明和实用新型那样要求创造性，但是应当是同其他的外观设计不相同或者不相近似，要具有独创性。要求授予专利权的外观设计与现有设计或者现有设计特征的组合相比，应当具有明显区别。

这一规定包含两层含义：一是授予专利权的外观设计与每一项现有设计单独相比，不仅不应当在整体视觉效果上实质相同，还应当具有明显区别。这一标准排除了简单的商业性转用类设计，如对自然物的简单模仿，采用众所周知的外观设计特征等，也排除与现有设计不相同但对产品的整体视觉效果不具有显著影响的外观设计。二是允许将两项或者两项以上现有设计的特征组合起来，判断申请获得专利权的外观设计与之相比是否具有明显区别。这一标准排除将惯常设计特征、知名产品的设计特征组合而成的设计，也排除对多项现有设计的特征进行简单组合而成的设计。

3. 非标识性

为了鼓励设计人将其主要精力放在产品本身外观的创新上，防止与商标专用权发生的交叉与重叠，2008 年修订专利法时对平面印刷品的图案、色彩或者二者的结合做出的主要起标识作用的设计不授予外观设计专利权。我国每年受理的外观设计专利申请量已经位居世界第一，但在受理的外观设计申请和授予的外观设计专利中，有相当数量涉及的是瓶贴、平面包装袋等的主要起标识作用的平面图案设计。这既不利于提高我国对产品本身外观的创新水平，促进我国品牌产品的形成，提高我国产品的国际竞争力，也会增大外观设计专利权与商标专用权、著作权之间的交叉与冲突。为了鼓励设计人将其创新能力更多地集中到产品本身外观的创新上，本次修改将“对平面印刷品的图案、色彩或者二者的结合做出的主要起标识作用的设计”排除在授予外观设计专利权的客体之外。

4. 合法性

外观设计不得与他人合法取得的在先权利相冲突。这里的在先权利一般指著作权、商标专用权、商号权等，外观设计在申请专利的时候不得侵犯他人在先已经取得的合法权利。现实中，常有将他人已经注册为商标或者享有著作权的作品中的图案或者造型申请并获得外观设计专利权的现象发生，导致不同人对同样的客体享有不同类型的知识产权，在行使这些知识产权时会产生不同权利相互冲突的问题。例如，商标注册人或者著作权人控告他人侵犯其商标专用权或者著作权，而被控侵权人以享有外观设计专利权为理由进行“抗辩”，使行政机关或者法院难以做出判断。针对这一问题，2000 年第二次修改《专利法》时在本条中增加了授予专利权的外观设计“不得与他人在先取得的合法权利相冲突”的规定。2001 年第二次修改的《商标法》第 9 条也增加了相同的规定。

复习思考题

1. 发明授予专利权的条件有哪些？
2. 实用新型授予专利权的条件有哪些？
3. 外观设计授予专利权的条件有哪些？
4. 哪些发明创造不能授予专利权？

第9章　专利权的取得程序

学习目标

掌握了解专利权取得的程序。重点掌握专利申请的原则，熟悉了解专利申请审查制度。简单掌握了解专利的复审制度。

关键名词

国际优先权　本国优先权　专利申请原则　初步审查　迟延审查制　实质审查　专利复审

9.1　专利申请

9.1.1　专利申请的原则

1. 书面原则

专利申请人在办理专利申请事务中应采用书面的形式，并且专利申请人或者代理人提交的书面文件必须使用国务院专利行政部门指定的格式，有利于审查工作的进行，也有利于专利申请的管理。《专利法》规定，申请发明或者实用新型专利的，应当提交请求书、说明书及其摘要和权利要求书等文件。申请外观设计专利的，应当提交请求书、该外观设计的图片或者照片以及对该外观设计的简要说明等文件。

专利的申请是一项复杂的工作，不仅涉及一定领域的技术知识，还涉及法律问题，是专利权产生的前提，同时又具有排斥在后同一类申请的效力。专利申请中的每个具有法律意义的步骤，都必须以书面方式进行，要有严格记录以备查询。目前，世界各国都要求以书面形式办理专利申请手续。

2. 先申请原则

同样内容的发明创造，只授予一项专利权，这是各国专利法共同遵循的原则。我国《专利法》规定，两个以上的人就同样的发明创造申请专利的，专利权授给最先申请人，这就是先申请原则。先申请原则的优点是有利于鼓励发明人早日提出专利申请，使发明创造早日公开，同时也简化专利机关的审查程序。世界上大多数国家均采取先申请原则。

对同一发明创造，两个以上的申请人同一天向专利机关提出申请，专利权应授予谁？对于这一问题，有的国家以时刻为判断申请先后的标准，如法国。有的国家则以日为标准，如日本、德国。以时刻为标准无疑是非常精确的，不过实行这种办法比较复杂，而且两个以上的申请人在同一时刻分别就同样的发明创造申请专利的情况毕竟很少，因此，我国专利法以日为标准来确定申请的先后。《专利法实施细则》规定，当两个或者两个以上的专利申请人在同一日就同样的发明创造申请专利的，应当自行协商确定申请人。这一规定蕴涵了两层含义：第一，在不同日期申请专利的，以申请日作为判断申请先后的标准；第二，同日申请的，由申请人协商解决。

先发明原则

几个人就同一发明创造向专利机关申请专利，专利机关将专利权授予最先研究出该发明创造的人。主张这一原则的学者认为，专利法应保护真正的最初的发明人，只有这样才能与专利法保护发明创造的宗旨相一致。美国、加拿大、菲律宾等国的专利法均采用先发明原则。

3. 单一性原则

专利申请的单一性原则是指一份专利申请文件只能就一项发明创造提出专利申请，一件发明或者实用新型专利申请应当限于一项发明或者实用新型，一件外观设计专利申请应当限于一项外观设计。即“一申请一发明”原则。之所以这样规定，一个原因是便于专利检索；另外一个原因是防止专利权人申请多项专利只交一项专利费。

但是也有例外，属于一个总的发明构思的两项以上的发明或者实用新型，可以作为一件申请提出。所谓“属于一个总的发明构思”，是指两项以上的发明或者实用新型在技术上相互关联，并共同包含一个或者多个相同或者相应的特定技术特征。例如，锁与钥匙、插头与插座、药品与其制造方法等。同一产品两项以上的相似外观设计，或者用于同一类别并且成套出售或者使用的产品的两项以上外观设计，可以作为一件申请提出。其中“同一类别”是指属于国际外观设计分类表中的同一小类，“成套出售或者使用”是指各产品的设计构思相同，并且习惯上同时出售、同时使用。例如，茶壶与茶杯、桌布与餐巾等。

4. 优先权原则

专利申请人就其发明创造自第一次提出专利申请后，在一个法定期限内，又就相同主题的发明创造提出专利申请的，根据有关法律规定，其在后申请以第一次申请的日期作为申请日。专利申请人依法享有的这种权利，就是优先权。优先权源于《保护工业产权巴黎公约》，按照该公约的规定，在申请专利或商标等工业产权时，各缔约国要互相承认对方国家国民的优先权。申请人在某缔约国第一次提出专利申请后，在一定期限内又以相同的发明创造向其他缔约国提出申请的，则该申请人有权要求其他缔约国以申请人第一次向某缔约国提出专利申请的申请日为申请日，也就是优先权日。

（1）国际优先权。国际优先权是指申请人自发明或者实用新型在外国第一次提出专利申请之日起12个月内，外观设计自在外国第一次提出专利申请之日起6个月内，又在中国就相同的主题提出专利申请的，根据申请人国籍国或者居住地国同中国共同加入的国际条约或者签署的双边协定或者根据互相承认优先权的原则，享有优先权。

对于国际优先权有这样几点需要理解：第一，应当在法定期限内提出。不同的专利有不同的法定期限，发明和实用新型的法定期限是12个月，外观设计的法定期限是6个月，均自第一次申请日起计算。第二，两次申请的国家的要求。

第一次申请在外国，第二次在中国。这里的“外国”并不是指中国之外的任何一个国家都可以，必须是该外国同中国共同加入了规定专利优先权的国际条约或者有双边协议或者根据互惠原则相互承认优先权的国家。第三，两次的申请必须是相同主题。“相同主题”一词是享受优先权在发明创造内容方面的要求。这一要求是理所当然的。如果在后专利申请的内容与首次申请的内容不同，就不能享受优先权，否则就明显损害了其他申请人和公众的利益。第四，其法律效果是申请人在外国第一次提出申请之日视为在中国的申请日。

（2）本国优先权。本国优先权是指申请人就其发明或者实用新型在中国第一次提出专利申请后的12个月内，就相同主题的发明或者实用新型又向国务院专利行政部门提出后一申请的，依法享有优先权。本国优先权与外国优先权一样，可以为申请人带来如下便利：第一，在符合单一性要求的条件下，申请人可以通过要求本国优先权，将若干在先申请合并在一份在后申请中，从而减少以后需要缴纳的专利年费，达到节约开支的目的。第二，申请人可以在优

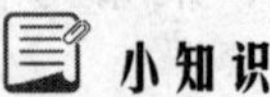

小知识

优先权的转让

优先权是独立的权利，虽然是根据第一次申请产生并依附于第一次申请，但并不是与第一次申请不可分离。在某一个缔约国提出的第一次申请可以作为向所有其他缔约国提出专利申请的优先权基础。由专利权的地域性所决定，向其他不同缔约国提出专利申请并要求优先权的权利可以转让给不同的人或者不同国家的人，但前提条件是转让人在进行转让时应当是第一次申请的合法权利人。

先权期限内实现发明和实用新型专利申请的互相转换。第三，申请人可以利用本国优先权制度延长保护期限。即便没有上述需要，申请人也可以在首次申请后，在优先权期限行将届满前，重新提出一个与首次申请完全一致的申请，要求首次申请的优先权，从而实际上起到将其专利权的保护期限延长 1 年的作用。

对于本国优先权有这样几点需要理解：第一，本国优先权的客体，只能是发明或者实用新型专利申请，而不包括外观设计专利申请。第二，在先申请和要求优先权的在后申请没有要求过外国优先权或者本国优先权，并且国务院专利行政部门尚未发出过授予专利的通知。第三，要求优先权的后一申请是自在先申请的申请日起的 12 个月内提出的。

9.1.2 专利申请日的确定

专利申请日对专利申请人能否获得专利权既具有实体意义，又具有程序上的意义。专利申请日不但是申请程序的开始时间，还是判断新颖性、创造性、实用性的时间界限，因此确定专利申请日就显得十分重要。

（1）专利申请日是指国务院专利行政机关收到专利申请文件的日期，这一般是专利文件由申请人或者代理人直接送达的情形。

（2）如果专利申请文件是通过邮局邮寄的，则以寄出的邮戳日期为申请日，不能以国务院专利行政部门收到专利的日期为申请日，也不能以专利申请文件到达国务院专利行政部门的邮戳日期为申请日。

（3）专利申请人享有优先权的，以优先权日为申请日。

无论是面交还是邮寄，要想确定申请日，申请文件都应当符合专利法的有

关要求。更具体地说：对发明或实用新型专利申请而言，申请文件必须包括请求书、说明书（实用新型必须包括附图）和权利要求书；对外观设计专利申请而言，申请文件必须包括请求书和该外观设计的图片或者照片。只要国务院专利行政部门收到了上述文件，便可以明确申请日。缺少上述任何一项，便不能构成符合要求的专利申请文件，因而也就不能确定申请日。至于申请人没有使用规定的格式、发明或者实用新型专利申请缺少摘要、请求书上没有申请人的签字或者盖章等缺陷，可以以后补正，不影响申请日的确定。

9.1.3　专利申请文件

1. 发明和实用新型专利申请文件

我国《专利法》规定，申请发明或者实用新型专利的，应当提交请求书、说明书及其摘要和权利要求书等文件。

（1）请求书是指专利申请人向国务院专利行政部门提交的请求授予其发明或者实用新型专利的一种书面文件。申请人在提交请求书时要按照国务院专利行政部门要求的格式进行填写，并使用中文。请求书应当写明发明或者实用新型的名称，发明人的姓名，申请人姓名或者名称、地址以及其他事项。

（2）说明书是指发明或者实用新型专利申请人对发明或者实用新型的技术内容进行具体说明的陈述性书面文件，也是在申请专利时必须提交的文件。说明书应当对发明或者实用新型做出清楚、完整的说明，以所属技术领域的技术人员能够实现为准；必要的时候，应当有附图。摘要应当简要说明发明或者实用新型的技术要点。

（3）权利要求书是指专利申请人向国务院专利行政部门提交的、用以确定专利保护范围的书面文件。它对于判定他人是否侵犯专利权具有直接的法律效力。权利要求书应当以说明书为依据，清楚、简要地限定要求专利保护的范围。

（4）依赖遗传资源完成的发明创造，申请人应当在专利申请文件中说明该遗传资源的直接来源和原始来源；申请人无法说明原始来源的，应当陈述理由。专利法规定遗传资源的来源披露要求，目的在于通过使专利制度与获取和利用遗传资源的管理制度相适应，更好地保护我国的遗传资源，落实《生物多样性公约》的原则规定。

2. 外观设计专利申请文件

申请外观设计专利的，申请人应当提交请求书、该外观设计的图片或者照片以及对该外观设计的简要说明等文件。请求书是申请人向国务院专利行政部门表示请求授予外观设计专利的愿望的文件。申请外观设计专利填写请求书时应当使用统一印制的标准表格，其中应当写明的内容绝大部分与申请发明或者实用新型专利的请求书相同。

申请人提交的有关图片或者照片应当清楚地显示要求专利保护的产品的外观设计。外观设计很难用文字说明，所以本条规定申请外观设计专利应当提交图片或者照片。关于这种图片或者照片，《专利法实施细则》作了一些补充规定：第一，申请人应当针对使用外观设计的产品所需保护的内容提交有关视图或者照片，以清楚显示请求保护的对象。第二，申请人提交的图片或者照片不得小于3厘米×8厘米，也不得大于15厘米×22厘米，而且图形应当清楚。第三，申请人同时请求保护其外观设计产品的色彩的，应当提交彩色图片或者照片一式两份。

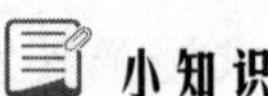

外观设计的产品样品或者模型

申请外观设计专利，如果国务院专利行政部门认为有必要可以要求外观设计专利申请人提交使用外观设计的产品样品或者模型。样品或者模型的体积不得超过30厘米×30厘米×30厘米，重量不得超过15公斤。一般来说，从申请人提交的图片或者照片中已经可以看清外观设计的全貌的，就没有再看样品、模型的必要。如果从图片或者照片中看不清外观设计的全貌，特别是使用外观设计的产品的状态是可以变动的，因而外观设计也有不同的变化状态，图片或者照片无法全面表示这一点，在这种情况下，就有可能要求申请人提交使用该外观设计的产品样品或者模型。

9.1.4 专利的国际申请

专利权同其他知识产权一样具有地域性，因此，我国的单位或者个人想要使自己的发明创造在其他国家或者地区得到专利法的保护，就必须通过合法途径向相应的国家或者地区提出申请。同样，其他国家的申请人要想使自己的专利在我国得到专利法的保护，也可以向我国的专利行政部门提出专利申请。

我国已于1985年正式加入《保护工业产权巴黎公约》，又于1994年加入了《专利合作条约》。中国单位或者个人可以根据有关国际条约提出专利国际申请。但是，专利法同时规定，任何单位或者个人将在中国完成的发明或者实用新型向外国申请专利的，应当事先报经国务院专利行政部门进行保密审查。

保密审查的程序、期限等按照国务院的规定执行。对没有按照规定进行保密审查，向外国申请专利的发明或者实用新型，在中国申请专利的，不授予专利权。

在中国没有经常居所或者营业所的外国人、外国企业或者外国其他组织在中国申请专利的，依照其所属国同中国签订的协议或者共同参加的国际条约，或者依照互惠原则，根据我国的专利法办理。在中国没有经常居所或者营业所的外国人、外国企业或者外国其他组织在中国申请专利和办理其他专利事务的，应当委托依法设立的专利代理机构办理。

国务院专利行政部门依照中华人民共和国参加的有关国际条约以及专利法和国务院有关规定处理专利国际申请。

9.2 专利审批

9.2.1 专利申请审查制度概述

关于专利审查世界各国采用不同的方法，一般有审查制度和不审查制度两大体系。不审查制度又称形式审查制度，它仅仅审查申请案的文件是否齐备、表格是否符合标准、手续是否完备、发明是否属于法律规定的保护对象；而审查制度却要求在初步审查的基础上，对专利申请再进行实质审查，看其是否具备新颖性、创造性和实用性等专利条件。

不审查制度，手续简便，花费又少，授权迅速，节约时间，但是不能保证质量；审查制度虽然所花费的时间长了一些，但却能在一定程度上保证专利质量。审查制度的缺点是造成大量申请案的积压。为了摆脱这种困境，荷兰于1963年创立了“早期公开，延迟审查”制度。专利局对公开了的专利申请是否进行审查，视专利申请人是否提出实质审查请求而定。申请人如果在规定的时间内，不提出实质审查请求，其申请就按自动撤回处理，临时保护措施也随之消失。

我国对实用新型和外观设计专利的审批采用登记制，对发明专利审批采用审查制，即必须经过初步审查、早期公开和实质审查，才能授予专利权。

9.2.2 发明专利申请的审批

1. 初步审查

初步审查是指国务院专利行政部门受理发明专利申请后、公布申请以前的一个必要程序。其审查的任务主要是：第一，审查申请人提交的申请文件是否符合《专利法》及实施细则的规定。第二，审查申请人在提出专利申请的同时或者随后提交的与专利申请有关的其他文件是否符合《专利法》及实施细则的规定。

国务院专利行政部门对发明专利申请进行初步审查，发现申请文件中有不符合要求的，应当通知申请人在指定的期限内补正，申请人无正当理由不补正的，其申请视为撤回。补正后仍不符合专利要求的，应当予以驳回。申请人不服，可以请求专利复审委员会复审。

2. 早期公开

早期公开是指经过初步审查，将符合形式条件的发明专利申请，公之于众。《专利法》规定："国务院专利行政部门收到发明专利申请后，经初步审查认为符合本法要求的，自申请日起满 18 个月，即行公布。国务院专利行政部门可以根据申请人的请求早日公开其申请。"根据该条的规定，发明专利申请公开的时间是自申请日起满 18 个月；公开的方式和内容是利用《发明专利公报》登载发明专利申请请求书和说明书摘要，并出版发明说明书和权利要求书的全文单行本；公开的目的是使公众可以及时自由阅读和索取有关文献，既有利于公众对专利申请审批进行监督和协助，也有利于最新技术的迅速传播。

专利申请一旦公开，就会产生三个相应的后果：

（1）可能构成对他人在后申请的抵触申请。根据专利法的规定，未公开的在先申请人对他人的在后申请不构成抵触申请。在先申请人在其申请公开以前便撤回的，该在先申请不影响在后申请的新颖性。但是在先申请一旦公布，该项专利申请不论是否被授予专利权，均成为现有技术或者构成对在后申请的抵触申请。

（2）使申请专利的发明成为先有技术。根据专利法规定，在专利申请公布或者公告前，国务院专利行政部门的工作人员及有关人员对其内容负有保密责任。也就是说，申请专利的发明在公布或者公开以前仍为保密技术。在此之前，申请人将其申请撤回的，该项技术仍然可能具有新颖性。

（3）专利申请被公布后，专利申请便产生了临时保护权。因为发明专利申请公布后，任何第三人都可以在公共场合通过合法形式获知说明书的内容，并能够根据说明书实施该项发明。对此实施行为，专利申请人尚无权行使停止实施请求权，其原因是专利申请人此时还没有独占权。临时保护权可以为将来行使权利提供依据，即当专利申请被批准后，专利权人可以请求国务院专利行政部门进行调处，也可以向人民法院起诉，请求在临时保护期内的使用人支付适当的使用费。专利申请公布后被撤回、驳回、视为撤回或放弃的，申请人的这种临时保护权也随之消失。

就外国人的发明专利申请而言，外国人的发明专利申请，以其优先权日为申请日，该专利申请自优先权日起满18个月公布。

3. **实质审查**

实质审查是国务院专利行政部门对申请专利的发明的新颖性、创造性和实用性依法进行审查的法定程序。审查的办法首先是进行文献检索，然后与现有技术进行对比、分析，最终做出判断。一般情况下都是由专利申请人提出实质审查请求启动实质审查程序；只有在特殊情况下，才可以由国务院专利行政部门自行启动。自申请日以后3年内，专利申请人可以随时提出实质审查请求；无正当理由逾期不提出实质审查请求的，其申请被视为撤回。国务院专利行政部门在其认为必要的时候，可以自行对发明专利申请进行实质审查。

发明专利的申请人请求实质审查的时候，应当提交在申请日前与其发明有关的参考资料。发明专利已经在外国提出过申请的，国务院专利行政部门可以要求申请人在指定期限内提交该国为审查其申请进行检索的资料或者审查结果的资料；无正当理由逾期不提交的，该申请即被视为撤回。

4. **核准授权**

国务院专利行政部门认为专利申请不符合规定的，应当通知申请人，要求其在指定的期限内陈述意见，或者对其申请进行修改。无正当理由逾期不答复的，该申请即被视为撤回。经申请人陈述意见或进行修改后，国务院专利行政部门认为仍不符合规定的，应当予以驳回。实质审查没有发现驳回理由的，由国务院专利行政部门做出授予发明专利权的决定，发给发明专利证书，同时予以登记和公告。发明专利权自公告之日起生效。

核准授权过程主要是由国务院专利行政部门进行一系列的行为，如做出决定、登记、公告及颁发证书等，但是需注意的是：授权程序并不只是国务院专利行政部门单方面的行为，仍需要申请人的参与和配合。根据《专利法实施细则》的有关规定，国务院专利行政部门发出授予发明专利权的通知后，申请人应当在规定的时间期限内办理登记手续。申请人按期办理登记手续的，国务院专利行政部门应当授予专利权，颁发专利证书，并予以公告；期满未办理登记手续的，视为放弃取得专利权的权利。

9.2.3　实用新型和外观设计专利申请的审批

我国对实用新型和外观设计专利申请实行的是初步审查制，也就是只对申请文件是否完备、申请文件是否符合要求、是否存在明显的实质性缺陷进行审核。只要这些条件符合要求，就可以授予专利权。对实用新型申请专利的主题是否具有新颖性、创造性以及对外观设计专利申请的设计方案是否具有新颖性等授予专利权的实质性条件，则不进行审查。这种制度的好处是十分明显的，即审批迅速、收费低廉，使申请人能够尽快地获得专利保护。

《专利法》规定：“实用新型和外观设计专利申请经初步审查没有发现驳回理由的，由国务院专利行政部门做出授予实用新型专利权或者外观设计专利权的决定，发给相应的专利证书，同时予以登记和公告。”由此可知，对实用新型和外观设计专利申请只进行初步审查，不进行实质审查。

9.3 专利复审

9.3.1 专利复审概述

专利复审是专利复审委员会对当事人不服专利局做出的有关处理决定而提出申请所做的审查。国务院专利行政部门设立专利复审委员会进行专利复审工作。专利复审委员会的任务主要有两项：第一，负责对国务院专利行政部门驳回专利申请不服而提出的复审请求的审查工作；第二，负责对任何人提出的宣告专利权无效的请求的审查工作。根据专利法的规定，国务院专利行政部门对其受理的专利申请应当进行初步审查或者实质审查。对不符合规定的申请，应当通知申请人，要求其在指定的期限内陈述意见，或者对专利申请进行补正或修改。在充分考虑专利申请人陈述的意见和做出的修改后，再决定是授予专利权，还是做出驳回该专利申请的决定。专利法及其实施细则规定这些程序的目的在于为申请人依法获得专利权创造更为有利的条件，使国务院专利行政部门做出的处理决定合法、适当。但是，即使经过这些程序，国务院专利行政部门做出的驳回专利申请的决定仍然可能存在不符合专利法规定的情况。因此，有必要设立专利复审委员会，再给专利申请人以申诉的机会。

专利复审委员会由国务院专利行政部门指定的技术专家和法律专家组成，主任委员由国务院专利行政部门负责人兼任。专利复审委员会依据事实和法律，对当事人的专利复审申请进行全面审查，依据相关程序做出决定。其意义在于维护真正权利人的利益，使专利和专利法真正起到促进科技进步和社会发展的作用。

9.3.2 专利复审的情形

对于专利局做出的下列决定，当事人可以申请复审：

1. 对驳回专利申请决定不服的复审申请

在专利申请审批程序中，发明、实用新型、外观设计专利申请，在专利行

政部门做出形式审查后，会对于不符合条件的申请予以驳回，发明专利申请在实质审查后，会对于不符合条件的发明专利申请予以驳回，对此，申请人均可以在收到专利行政部门的驳回通知之日起3个月内向专利复审委员会申请复审。向专利复审委员会提出复审请求的，应当按照专利法实施细则的规定，提交复审请求书，说明理由，必要时附具有关证据。复审请求必须是针对专利申请的驳回决定而提出的，如果是针对国务院专利行政部门的其他决定，例如，视为撤回专利申请的通知，则专利复审委员会不予受理。复审请求书不符合规定格式的，复审请求人应当在专利复审委员会指定的期限内补正；未在该期限内补正的，该复审请求被视为撤回。

2. 对专利无效决定不服的复审申请

自国务院专利行政部门公告授予专利权之日起，任何单位或者个人认为该专利权的授予不符合本法有关规定的，可以请求专利复审委员会宣告该专利权无效。从专利被授予之日起，申请人就可以提出，而该申请没有终止时间的限制，当然专利终止该权利自然就终止。任何单位或者个人均可以提出无效宣告请求。其中所述“单位”包括法人单位和非法人单位。无效宣告请求人不限于中国单位和个人，但在中国没有经常居所或者营业所的外国人、外国企业或者外国其他组织请求宣告专利权无效的应当委托国务院专利行政部门指定的涉外专利代理机构办理。

利害关系人是否可以提出无效宣告请求？被控侵权人可以提出无效宣告请求是毋庸置疑的。事实上，侵权诉讼的被告往往以原告的专利权无效作为抗辩理由，专利复审委员会受理的无效宣告请求中有相当比例是侵权诉讼的被告提出的。此外，被授予专利权的发明创造的发明人、设计人以及专利许可合同的被许可方同样可以对专利权的有效性提出质疑。专利权终止后仍然可以请求宣告专利权无效，这一点与专利权被宣告无效具有追溯效力是紧密联系在一起的。《专利法》第47条规定，被宣告无效的专利权视为自始不存在。由于专利权的无效宣告决定能够对专利权终止前的某些事项产生影响，例如，尚未支付的专利使用费可以不再支付，侵权纠纷中侵权人尚未履行的判决和裁定也可以不必履行。因此，应当允许在专利权终止后提出无效宣告请求。

9.3.3　专利复审的效力

专利申请人对专利复审委员会的复审决定不服的，可以自收到通知之日起3个月内向人民法院起诉。对专利复审委员会宣告专利权无效或者维持专利权的决定不服的，可以自收到通知之日起3个月内向人民法院起诉。人民法院应当通知无效宣告请求程序的对方当事人作为第三人参加诉讼。

关于行政终局决定的司法救济问题，《TRIPs 协议》第 62 条第 5 款明确规定，在知识产权的获得与维持以及有关当事人之间的程序中做出的终局行政决定应当受司法机关或者准司法机关的复审。为了与《TRIPs 协议》的规定保持一致，适应我国加入世界贸易组织的需要，也有必要调整专利法的规定。基于上述考虑，专利法进行了相应的修改，为所有的申请人提供了获得司法救济的机会。

复习思考题

1. 专利申请的原则有哪些？
2. 优先权原则包括哪些方面？
3. 发明专利申请的审批分为几个步骤？
4. 专利复审的情形有哪些？
5. 对驳回专利申请决定不服的复审程序是什么？

第10章　专利权的期限、终止和无效宣告

学习目标

重点掌握我国各种专利权的保护期限。掌握导致专利权终止的各种法律事实。了解掌握专利无效宣告的前提和理由。简单了解专利无效宣告的法律救济。

关键名词

专利权的期限　专利权的终止　专利无效宣告

10.1　专利权的期限

10.1.1　专利权期限的意义

专利权的期限就是某发明创造作为专利受法律保护的期限，超出保护期限，法律就不再对其进行保护。专利权是法律赋予专利权人的独占的权利，但是这项权利是有限制的，首先就是时间上的限制。为什么要对专利权进行时间上的限制呢？首先，为了维护公共利益，实现专利权人的独占权与社会公共利益的公平。其次，就专利保护对象发明创造来说，本身就存在一定的生命周期，随着科技的发展，发明创造的生命周期会越来越短，不断会有新技术替代原有的发明创造，使得权利人的独占权没有意义。与商标权、著作权相比，法律对专利权规定的保护期限相对较短。超出保护期限，任何人使用该专利就不用再经过专利权人的同意，也不需要支付报酬了，换句话说这项发明创造进入了公共领域，成为公共财富。

10.1.2　专利权期限的规定

根据我国《专利法》的规定，发明专利权的期限为20年，实用新型专利权和外观设计专利权的期限为10年，均自申请日起计算。

1. **保护期限**

专利权保护期限的长与短，是利益的平衡问题。专利保护期限过长，对社会公众利益是一个限制；专利保护期限过短，会使权利人的投入未及时收回，对专利权人的保护不利。我国《专利法》规定了发明专利20年，实用新型和外观设计专利10年的时间保护期限，是比较符合实际需要的。

另外，我国专利法对专利保护期限没有续展的规定，也就是说到期专利权终止。同时也没有延期的制度，世界上有些国家对一些特殊的专利规定了延期保护的制度，我国规定所有的专利都必须统一遵守专利法关于保护期限的规定。

2. **起算日**

保护期限的起算历来有两种不同的做法，一是自申请日起计算；二是自授权日起计算。发明创造从申请日到授权日要经历很长的时间，如果从授权日开始计算保护期限会带来很多问题，比如，在申请文件公开后至授权前这段时间内的临时保护措施，如果权利不是从申请日起计算而是从授权日计算，那么临时保护措施就没有了法律依据。我国现行《专利法》规定在保护期限届满后专利权不再续展。

绝大多数国家规定专利权保护期限自申请日起计算，只有少数国家（如美国）的专利权期限自授权之日起计算。在TRIPs协议生效后，各国为满足协议的要求，均将专利权期限规定为自申请之日起计算。但是，需要指出的是，“自申请日起计算”只是表明专利权期限的计算起点，它丝毫不表明专利权的效力从申请日就开始了。根据专利法规定，三种专利权均自授权公告之日起生效。对于发明专利申请来说，申请人在国家知识产权局公布申请到公告授予专利权之间的期间内可以获得“临时保护”。但是，临时保护与真正的专利权保护相比还是不同的。

10.2 专利权的终止

10.2.1 专利权的终止概述

专利权的终止是指专利权因某种法律事实的发生而导致其效力消灭的情形。专利权的终止有广义、狭义之分。狭义上的专利权终止是指一项有效专利权因某种法律事实的发生而导致其效力消灭的情形，不包括专利权因无效宣告而导致其被视为自始不存在的情形，也不包括专利权因无效宣告而导致原专利权人丧失专利权的情形。

10.2.2　导致专利权终止的法律事实

1. 专利权因期限届满而终止

一般而言，专利权的保护期限届满，专利权就会终止其效力。但是在某些特殊情况下，专利权在其保护期限届满时可能并不立即终止其效力。例如，我国原来旧的《专利法》第45条第2款规定："实用新型和外观设计专利的期限为5年，自申请日起计算，期满前专利权人可以申请续展3年。"根据该规定，如果实用新型或者外观设计专利权人，在其专利权保护期限届满前，向当时的国家专利局提出专利权续展申请并被批准，那么其专利权就不会在其保护期限届满时终止，而是再续存3年。然而，现行专利法没有了专利权续展制度，所以，专利权保护期限一旦届满，该专利权就立即终止。

2. 专利权人书面声明放弃专利权

专利权是一种私权，法律允许专利权人依其意志对专利权进行处分。具体而言，在专利权保护期限内，专利权人可以书面形式向国务院专利行政部门声明放弃专利权。专利权人放弃专利权时，只能声明放弃一件专利权的全部，不能声明只放弃部分专利权。专利权由两个以上专利权人共有的，放弃专利权的声明应当由全体专利权人同意。部分专利权人声明放弃专利权的，并不能导致该项专利权的终止，只能导致放弃声明人所享有的部分权利，只需要变更著录项目即可。

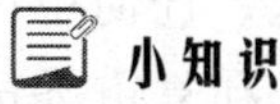

小知识

专利年费的数额

专利年费的数额与发明创造本身的价值大小无关，而与专利种类有关，也与缴纳年费的年度有关。在三种专利中，发明专利的年费较高，实用新型和外观设计专利较低。对同一类别的专利权来说，应当缴纳的年费数额相同，年费的数额随保护时间的延续而递增，实行递进制。

3. 专利权人没有按照法律规定缴纳年费

专利权被授予后，专利权人若想维持其专利权的有效地位，需要依照法律的规定按时足额地缴纳专利维持费，也称专利年费。《专利法》第43条规定，专利权人应当自被授予专利权的当年开始缴纳年费。因此，在专利权的保护期内，专利权人没有按照法律的规定缴纳年费，其专利权就将在下一个年度到来时终止。要求专利权人按时缴纳年费，一方面是因为国家知识产权局在授权后仍旧为专利权人提供服务，专利权人应当支付相关的费用；另一方面可以将年费作为经济杠杆，促使专利权人放弃没有经济价值的专利权，将其供社会公众自由使用。

10.3 专利的无效宣告程序

10.3.1 专利无效宣告概述

1. 专利无效宣告的概念

专利无效宣告是指对已经授予专利权的专利，因其不符合专利法的规定，由专利复审委员会宣告其不具有法律约束力。规定专利权无效宣告制度，目的在于及时纠正专利授权中的失误，有利于社会对专利授权行为进行监督以确保所授专利权的质量。国务院专利行政部门按照《专利法》规定的程序授予的专利权被推定为有效，但是，由于各方面的原因，有可能对不该授予专利权的发明创造授予了专利权。这种现象在任何一个实施专利行政制度的国家都是不可避免的。这种缺陷专利权的存在，不仅使专利权人获得了他本不应该获得的权利，而且使公众受到了不应有的约束。因此，有必要设立专利权的无效宣告程序，追溯取消这种有缺陷的专利权。我国《专利法》规定了专利权的无效宣告程序，并且明确规定专利无效宣告请求由专利复审委员会受理。《专利法》第45条规定："自国务院专利行政部门公告授予专利权之日起，任何单位或者个人认为该专利权的授予不符合本法有关规定的，可以请求专利复审委员会宣告该专利权无效。"

小知识

专利无效宣告与专利权撤销制度

与专利无效宣告制度功能相近的另一制度是专利权撤销制度。专利权的撤销是指专利权授予后的一定期限内，根据申请人的申请，依法撤销该专利权的行为。我国《专利法》在1992年修改时曾把1984年《专利法》中的授权前的异议程序取消，改其为授权后的撤销程序，目的在于通过撤销程序及时纠正专利授权中的失误。经过几年的实践，撤销程序的作用完全可以通过无效程序

来实现，两种程序在结果上并无二致。而且实践中已发生撤销程序被恶意利用的实际案例。为简化流程，提高效率，2000 年第二次修改后的专利法又取消了专利撤销程序，并对专利权无效制度作了必要的修改，即取消了原 48 条中对提出无效宣告请求的时间限定。

2. 专利无效宣告的意义

专利法设立无效宣告程序，是为了纠正国务院专利行政部门对不符合专利法规定条件的发明创造授予专利权的现象，让公众或者利害关系人通过这个程序来请求专利复审委员会宣告其无效，从而维护社会公众的合法利益。专利权的排他性决定了一旦该专利权被授予，则剥夺了他人以同样的内容取得该项财产的权利，并对他人的实施行为加以约束。但是，如果该项财产权利不符合法律的规定而同样受到法律的保护，那么这就是对公众利益的侵犯。由于专利法律制度的特点及某些程序上的不完备，决定了这种不符合专利法的规定却被授予专利权的现象的大量出现。而专利权无效宣告程序的作用即在于对上述错误的授权行为予以纠正。

10.3.2　专利无效宣告程序的提起

1. 提起的主体——任何单位和个人

根据《专利法》的规定，任何单位或者个人均可以提出无效宣告请求。其中所述“单位”包括法人单位和其他组织。无效宣告请求人不限于中国单位和个人，但在中国没有经常居所或者营业所的外国人、外国企业或者外国其他组织请求宣告专利权无效的应当委托国家知识产权局指定的涉外专利代理机构办理。

利害关系人是否可以提出无效宣告请求？专利侵权诉讼中的被告可以提出无效宣告请求是毋庸置疑的。事实上，侵权诉讼的被告往往以原告的专利权无效作为抗辩理由，专利复审委员会受理的无效宣告请求中有相当比例是侵权诉讼的被告提出的。此外，被授予专利权的发明创造的发明人、设计人以及专利许可合同的被许可方同样可以对专利权的有效性提出质疑。

2. 提起的时间——起算时间是授权后，没有终止时间

国务院专利行政部门公告授予专利权之后，并且该专利权已经届满，那么该专利权就会终止，不再受到专利法的保护。但是，如果任何单位或者个人认为该专利权之前的授予不符合本法有关规定的，可以请求专利复审委员会宣告该专利权无效。因为，专利权被宣告无效在法律规定的范围内具有追溯力。例如，如果专利权被宣告无效的话，那么尚未支付的专利使用费可以不再支付，侵权纠纷中侵权人尚未履行的判决和裁定也可以不必履行，因此，应当允许在专利权终止后提出无效宣告请求。

3. 专利无效宣告的受理机关——专利复审委员会

无效宣告程序均应基于请求人提出的请求而启动，而不能由专利复审委员会自行启动。专利复审委员会通常仅就当事人提出无效宣告请求的范围、理由和证据进行审查，不承担全面审查专利有效性的义务。专利复审委员会应当对无效宣告的申请做出公正的判断，在做出审查决定之前，合议组成员不得私自将自己、合议组其他成员、审批人对该案件的观点明示或者暗示给任何一方当事人。

10.3.3 专利无效宣告的前提和理由

1. 提出宣告专利权无效的前提

《专利法》第45条规定，任何单位或者个人认为发明创造专利权的授予不符合专利法有关规定的，可以请求专利复审委员会宣告该专利权无效。因此，请求宣告专利权无效的理由，即是专利行政部门授予的专利权不符合专利法的有关规定。请求宣告专利权无效或者部分无效的，应当向专利复审委员会提交专利权无效宣告请求书和必要的证据一式两份。无效宣告请求书应当结合提交的所有证据，具体说明无效宣告请求的理由，并指明每项理由所依据的证据。

2. 提出宣告专利权无效的理由

（1）申请专利的发明创造的主题不合格。

（2）违反了向外国申请专利保密审查的规定。

（3）申请发明创造专利的条件不符合法律规定。

（4）申请专利提交的相关申请文件材料等不合格。

（5）申请的修改或者分案申请超过了原说明书的范围。

（6）申请专利的相关文件在记载上出现了明显的错误。

（7）违法、损害社会公共利益或不属于专利法保护对象。

（8）违反了专利申请的禁止重复授权原则和先申请原则。

10.3.4 专利复审委员会对无效宣告请求的审理

1. 审查宣告专利无效的申请条件

在申请人提出无效宣告请求之后，专利复审委员会首先要确定是否受理该请求。此时，需要考虑的条件包括：

（1）依照《专利法实施细则》的规定，请求宣告专利权无效或者部分无效的，应当向专利复审委员会提交专利权无效宣告请求书和必要的证据一式两份。无效宣告程序是应请求人的请求而启动的，请求人对其主张负有举证责任。无效宣告请求书应当结合提交的所有证据具体说明无效宣告请求的理由，并指明每项理由所依据的证据。不符合上述要求的，专利复审委员会不予受理。

（2）请求无效的理由必须在法定的无效理由范围之内。对此，专利法已经做了详细的说明。请求无效的理由不属于上述范围的，专利复审委员会不予受理。

（3）在专利复审委员会就无效宣告请求做出决定之后，又以同样的理由和证据请求无效宣告的，专利复审委员会不予受理。

（4）当请求人以授予专利权的外观设计与他人在先取得的合法权利为理由而提出无效宣告请求时，应当提交人民法院或者有关行政机关做出并已生效的证明存在权利冲突的判决或者处理决定，否则专利复审委员会不予受理。

（5）专利复审委员会受理无效宣告请求后，先对其进行形式审查。不符合规定格式的，专利复审委员会会通知请求人在指定的期限内补正。期满未补正或者经补正仍然不符合规定格式的，该专利无效宣告请求视为未提出。

2. 对专利宣告无效审理的过程

专利无效宣告请求被受理，并符合格式要求之后，专利复审委员会将请求人提交的有关文件转交给专利权人，要求专利权人在指定期限内答复。专利权人期满未答复的，不影响专利复审委员会进行审理。在无效宣告请求的审查过程中，专利权人仍有权利对其专利文件进行修改。

专利复审委员会可以根据当事人的请求或者根据案情需要决定对无效宣告请求进行口头审理。专利复审委员会决定对无效宣告请求进行口头审理的，应当向当事人发出口头审理通知书，告知举行口头审理的日期和地点。当事人应当在通知书指定的期限内做出答复。无效宣告请求人对专利复审委员会发出的口头审理通知书在指定的期限内未作答复，并且不参加口头审理的，其无效宣告请求可以按视为撤回处理；专利权人不参加口头审理的，可以缺席审理。

在专利申请的审查程序中，申请人有正当理由而需要延长国务院专利行政部门指定的有关期限的，只要在期限届满前提出请求，一般允许延长。在专利复审委员会对无效宣告请求做出决定之前，无效宣告请求人可以撤回其请求。此时，专利复审委员会将终止无效宣告请求的审查程序。

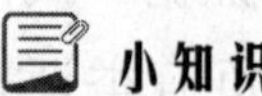

被申请宣告无效的专利修改的限制

第一，发明或者实用新型专利的专利权人不得修改专利说明书和附图，外观设计专利的专利权人不得修改图片、照片和简要说明；第二，允许修改发明或者实用新型专利的权利要求书，但是不得扩大专利权的保护范围；第三，在修改权利要求书时，不能将说明书和附图中记载的技术特征补充到权利要求书中，只能在原有权利要求书记载内容的基础上进行组合或者合并，例如将原有几项权利要求的内容组合成为一项新的权利要求。

10.3.5 专利无效宣告的法律后果

1. 专利复审委员会的决定结论

专利复审委员会经过审查，对无效宣告的请求可以做出以下几种情况的决定结论：第一，专利复审委员会认为专利无效宣告请求的理由不成立的，驳回无效宣告请求人的请求；第二，专利复审委员会认为专利无效宣告请求的理由成立的，宣告该专利权无效。《专利法》规定，专利复审委员会对宣告专利权无效的请求应当及时审查和做出决定，并通知请求人和专利权人。宣告专利权无效的决定，由国务院专利行政部门登记和公告。

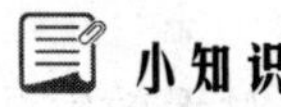

无效宣告请求的审查与专利侵权纠纷的审理

专利复审委员会能否及时做出无效宣告请求的审查决定，直接关系到能否为专利权人提供充分有效的法律保护。我国建立专利制度的时间还不长，公众对专利保护的运用水平还不高，其体现之一就是专利权的申请与专利产品投放市场常常是同步进行的，而且对国内申请人大量申请的实用新型和外观设计专利权来说，其能够占领市场的时间一般不长，有的甚至只有几个月。如果无效程序的时间过长，即使其结果是维持专利权有效，对许多专利权人来说也失去了意义。在专利法的修改过程中，社会各界强烈希望国家知识产权局加快审查和处理的速度，其中尤其以对无效宣告请求审查程序的呼声最为突出。修改后的《专利法》规定“国务院专利行政部门及其专利复审委员会应当按照客观、

公正、准确、及时的要求，依法处理有关专利的申请和请求”“专利复审委员会对宣告专利权无效的请求应当及时审查和做出决定”。这充分反映了公众的呼声，对国家知识产权局及其专利复审委员会的工作提出了更高的要求。

2. 专利无效宣告的法律效力

被宣告无效的专利权在法律上应当视为自始不存在，但宣告专利权无效的决定，对在宣告专利权无效前人民法院做出并已经执行的专利侵权的判决、调解书，已经履行或者强制执行的专利侵权纠纷处理决定，以及已经履行的专利实施许可合同和专利权转让合同，不具有溯及力。但是因为专利权人的恶意给他人造成损失的，应当给予赔偿。如果专利权人不返还专利侵权赔偿金、专利使用费、专利权转让费，明显违反公平原则的，应当全部或者部分返还。

（1）一般情况下宣告专利权无效的决定不具有溯及力。由于专利权无效宣告请求可以在授权后的任何时间提起，甚至在专利权期限届满终止后仍可以提出，因此有可能在侵权纠纷的判决或者处理决定执行完毕很长时间以后，专利权才被宣告无效。如果规定宣告专利权无效的决定对侵权纠纷的判决和处理决定有追溯力，被告需再次提起诉讼以撤销原来做出的认定侵权成立的判决或者决定，要求原来的专利权人退还已获得的损害赔偿金，这不仅给双方当事人增加了诉累，也增加了人民法院和专利管理机关的工作难度，会影响经济秩序的稳定性。因此，《专利法》明确规定，宣告专利权无效的决定对已经执行的法院侵权判决和专利管理机关侵权调解处理决定不具有追溯力。

（2）因专利权人的恶意给他人造成的损失应当给予赔偿。但是如果原专利权人的行为有恶意，则规定宣告专利权无效的决定不具有追溯力，不必赔偿因其专利被宣告无效给他人造成的损失，又是不尽合理的。例如，有人抄袭专利文献上公开的技术方案，提出实用新型或外观设计专利申请，利用专利法对这两种专利申请不进行实质审查的规定获得专利权，在明知其专利是无效专利的情况下，与他人订立专利权转让合同或者许可合同，或者提起侵权诉讼，以牟取非法利益，就是一种典型的恶意行为，具有滥用专利权的性质。这样的行为给他人造成损失的，理应在宣告其专利权无效之后，承担赔偿责任。因此，《专利法》规定，因专利权人的恶意给他人造成的损失，应当给予赔偿。

（3）明显违反公平原则的，应当全部或者部分返还。明显违反公平原则，是指由于客观事实而非专利权人主观恶意原因造成的情况。例如，被许可人或者专利权受让人支付专利使用费或者专利权转让费后，尚未实施该专利或者只实施了很短的时间，该专利权就被宣告无效，被许可人或者专利权受让人没有因专利权的保护而受益或者受益很少，这与他们支付的专利使用费、专利转让费以及为实施专利技术而付出的费用相比，明显不相当也不合理。在这种情况下，根据公平原则，专利权人或者专利权转让人应当向被许可人或者专利权受让人返还全部或者部分专利使用费或者专利权转让费。由于专利权人并无恶意，因此只需根据公平原则，返还已收取的部分或全部专利使用费或专利权转让费，而无须赔偿损失。

3. 专利无效宣告的法律救济

《专利法》第46条规定，对专利复审委员会宣告专利权无效或者维持专利权的决定不服的，可以自收到通知之日起3个月内向人民法院起诉。人民法院应当通知无效宣告请求程序的对方当事人作为第三人参加诉讼。

对专利复审委员会宣告专利权无效或者维持专利权有效的决定不服，向人民法院提起的诉讼是专利行政诉讼，应以专利复审委员会为被告。《行政诉讼法》第39条规定，公民、法人或者其他组织直接向人民法院提起诉讼的，应当在知道做出具体行政行为之日起3个月内提出。因此，专利权人或无效宣告请求人不服专利复审委员会的审查决定的，应当在收到专利复审委员会的通知之日起3个月内起诉。根据行政诉讼法对案件管辖的规定，此类案件由北京市第一中级人民法院受理、审判。

复习思考题

1. 我国各种专利权的保护期限是如何规定的？
2. 导致专利权终止的各种法律事实有哪些？
3. 申请人提出宣告专利权无效的理由有哪些？
4. 专利无效宣告的法律效力是什么？

第 11 章　专利权人的权利与限制

学习目标

熟悉掌握专利申请权的概念、特征、种类。了解掌握专利申请人的概念、类型。掌握了解专利权的归属，重点掌握职务发明的判断标准。重点掌握专利权人的权利和义务。理解掌握专利权人限制制度所包含的内容。掌握了解不视为侵犯专利权的各种情形。

关键名词

专利申请权　专利申请人　专利权人　职务发明　非职务发明　委托发明创造　实施许可权　强制实施许可　专利权穷竭

11.1　专利权人

11.1.1　专利申请人与专利权人

1. 专利申请人的专利申请权

（1）专利申请权的概念。专利申请权是指公民、法人或者其他组织依照法律的规定或者合同的约定，就发明创造向国务院专利行政部门提出专利申请的权利。专利申请权在一定意义上是很重要的，只有享有专利申请权的人在最后才可能取得专利权，因此专利申请权是专利申请人获得专利权的基础。

专利申请权可以转让，一般来说专利申请权是在授予专利权之前进行，如果在授予专利权以后转让则不是专利申请权的转让而是专利权的转让。专利申请权是一项民事权利，是一项独立的财产权，对于其转让法律一般不做限制性的规定，但是在特殊情况下，如中国的单位或者个人向外国人、外国企业或其他组织、转让专利申请权的，应当依照有关法律规定办理相应的手续。我国相关法律之所以做出这样的规定是出于国家安全和社会公共利益的考虑，以防止那些对国家安全和公共利益有重要影响的专利流失。同时，专利申请权还可以按照继承法的规定进行继承。

（2）专利申请权的特征。专利申请权具有相对性、暂时性和相关性这样三个特征。首先，专利申请权作为相对性并不是绝对的，不是说一个人有，另外一个人就没有。特定主体就某项发明创造享有的专利申请权，不能排斥他人就同样主题的发明创造向国务院专利行政部门提出专利申请。具体来说，专利申请权没有排他性或者独占性，是一种相对权利。其次，专利申请权具有暂时性。我们知道专利权是绝对的，但是专利申请权则不然，专利申请权具有暂时性。当专利权人取得专利权或者专利申请被驳回后其专利申请权就消失了，所以，专利申请权具有暂时性。最后，专利申请权具有相关性。相关性是指专利申请权同发明创造具有密切的联系，离开了发明创造也就没有了专利申请权。专利申请权实质上是一种请求权，即请求国务院专利行政部门依法确认其独占特定发明创造的权利。有了专利申请权，才有可能获得原始专利权。因此，专利申请权和专利权是相关的。在专利申请权存在时，专利权尚不存在；专利权一旦产生，专利申请权就随之终止。

（3）专利申请人的概念和类型。专利申请人，是指对某项发明创造依照法律规定或者合同约定，享有专利申请权的自然人、法人或者其他组织；或者说，专利申请人就是享有专利申请权的自然人、法人或者其他组织。由此可见，专利申请人可以是自然人、法人，也可以是其他组织，如个人独资企业、合伙企业、个体工商户等。专利申请人应当具备两个条件，即具有相应的国籍和有符合专利法规定的发明创造，并且拥有相应的专利申请权。从理论上说，专利申请权的产生依据共有两种：由法律直接规定和依合同约定。具体而言，不同的发明创造专利申请权又有不同的专利申请人。

第一，《专利法》规定，非职务发明创造，申请专利的权利属于发明人或者设计人；申请被批准后，该发明人或者设计人为专利权人。因此，非职务发明创造的专利申请人是完成发明创造的发明人或者设计人本人。

第二，《专利法》规定，职务发明创造申请专利的权利属于该单位；申请被批准后，该单位为专利权人。因此，职务发明创造的专利申请人是完成发明创造的发明人或者设计人的所在单位。另外，《专利法》规定，利用本单位的物质技术条件所完成的发明创造，单位与发明人或者设计人订有合同，对申请专利的权利和专利权的归属做出约定的，从其约定。

第三，《专利法》规定，两个以上单位或者个人合作完成的发明创造，除另有协议外，申请专利的权利属于完成或者共同完成的单位或者个人；申请被批准后，申请的单位或者个人为专利权人。因此，合作完成发明创造的专利申请人是共同完成该发明创造的发明人或者设计人或者他们所在的单位，如果双方另有约定的从其约定。

第四，《专利法》规定，一个单位或者个人接受其他单位或者个人委托所完成的发明创造，除另有协议外，申请专利的权利属于完成或者共同完成的单位或者个人；申请被批准后，申请的单位或者个人为专利权人。因此，委托完成发明创造的专利申请人是完成发明创造的发明人或者设计人，或者他们所在的单位，即委托合同中的受托人，但双方另有约定的从其约定。

第五，继承、受让取得专利申请权的，也是专利申请人。《专利法》规定，专利申请权可以转让。中国单位或者个人向外国人、外国企业或者其他组织转让专利申请权的，应当依照有关法律、行政法规的规定办理手续。转让专利申请权的，当事人应当订立书面合同，并向国务院专利行政部门登记，由国务院专利行政部门予以公告。专利申请权的转让自登记之日起生效。

2. 专利权人的概念和分类

专利权人是指依照专利法的规定，取得专利权，享有专利法规定的各项权利并承担义务的自然人、法人或者其他组织。

对专利权人可以从不同角度进行分类。依专利权人的自然属性，可分为自然人、法人和其他组织；依专利权人的国籍，可分为本国人和外国人；依专利权获取的途径，又可以分为原始主体和继受主体。专利权人表明的是专利权产生之后权利人的法律地位，而在专利权的申请阶段及发明创造产生的整个过程中，我们将其称为专利申请人及发明人或设计人。一般地，如果没有特别的说明，专利申请人在专利权授予后成为专利权人。

11.1.2　专利权的归属

1. 职务发明的专利权归属

（1）职务发明的概念。职务发明是指执行本单位的任务或者主要是利用本单位的物质技术条件所完成的发明创造。在现代化的生产条件下，随着科学技术的发展，发明创造日趋复杂，就个人力量来说越来越难完成，发明创造越来越需要依据单位物质技术的力量，经过多人的合作来完成，越来越需要公司、企业、研究机构组织众多人员在其履行职务时完成。于是，出现了“职务发明”的概念，并被各国所接受。职务发明在世界上也是很普遍的，在美国叫做雇员发明，我国采用职务发明的说法。在司法实践中，职务发明和非职务发明的界限有时是很难区别的，因为他们的区别决定着权利的归属，因此法律做出了区别职务发明和非职务发明的界限，即职务发明的条件，只有符合条件的才归属于职务发明。

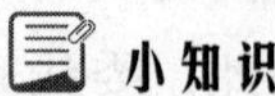

各国关于职务发明的不同规定

关于职务发明概念的界定，各国立法不一。《日本专利法》第55条第1项规定，职务发明是指“其性质属于单位业务范围，且完成发明的行为属于该单位管辖下的工作人员现在或过去的职务范围内的发明”。《英国专利法》第39条第1款规定，职务发明是指“该雇员正常工作过程中或虽在其正常工作之外，但为特别分派给他的工作做出的发明”。我国新《专利法》第6条规定，执行本单位的任务或者主要是利用本单位的物质技术条件所完成的发明创造为职务发明。

（2）职务发明的判断标准。根据我国专利法的规定，职务发明包括两种情形：一是执行本单位的任务完成的发明创造；二是主要利用本单位的物质技术条件完成的发明创造。

其中，执行本单位的任务完成的发明创造又包括三种情形：一是属于本职工作范围以内、在本职工作中做出的发明创造。本职工作的范围可以参考劳动合同、职务责任范围以及工作目标等。这是根据发明人或设计人所从事的工作性质和业务范围确定职务发明创造的基本依据。如果发明人或设计人的发明创造不属于本职工作范围以内，则不能认定是职务发明。例如，单位司机完成的汽车节油装置的发明创造就不应当属于职务发明。二是履行本单位的交付的本职工作之外的任务所做出的发明创造。这一般是单位临时或者短期下发的工作任务。例如，派员合作开发、项目攻关组等。工作人员的本职工作虽然不是研究、设计和开发工作，但是经单位分配参加短期或临时性的研究、设计和开发工作，从而做出发明创造的，也应认定是职务发明创造。但是，这种短期、临时性的任务要有明确的、具体的根据。三是退休、调离原单位后或者劳动、人事关系终止后1年内做出的，与其在原单位承担的本职工作或者原单位分配的任务有关的发明创造。这种情况规定必须具备时间和任务两个条件：第一，发明创造的完成是在退休、调离原单位后或者劳动、人事关系终止后1年内做出的；第二，该发明创造必须与其在原单位承担的本职工作或者原单位分配的任务有关。

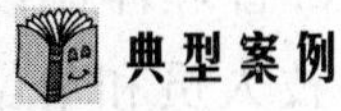

典型案例

“风味烤鸡”专利权的归属纠纷

原告北京市平谷宫廷风味烤鸡厂因与被告唐国兴发生确认专利申请权纠纷，向北京市中级人民法院提起诉讼。原告诉称：被告唐国兴在受聘任原告的技术副厂长职务期间，利用原告为其提供的一切物质条件，发展、完善了“一种宫廷风味烤鸡的制作方法”。该方法应为职务发明创造，专利申请权依法应属于原告，但是，被告却利用伪造的证据到专利治理机关申请了非职务发明创造，请求法院确认原告为“一种宫廷风味烤鸡的制作方法”的专利申请人。被告辩称：被告在祖传秘方的基础上加以完善的“一种宫廷风味烤鸡的制作方法”，是非职务发明创造，专利申请权理应归被告，且该方法的专利申请权已由专利管理机关正式确认给被告，故请法院驳回原告的诉讼请求。法院经审理认为：被告在到原告厂之前，已经完成了宫廷风味烤鸡的制作方法这一发明创造。原告所诉为发展、完善制作方法提供了一切物质条件，应属职务发明一节，查无实据，不能认定。因此，“一种宫廷风味烤鸡的制作方法”是被告独立完成的非职务发明创造，专利申请权应归属于被告。

资料来源：http://www.chinaue.com/html/2004－4/2005124225553921.htm。

另外，主要是利用本单位的物质技术条件完成的发明创造也属于职务发明。这是从发明人或设计人与单位在发明创造过程中建立的物质关系来判断职务发明创造。这里的“物质技术条件”一般是指单位资金、设备、零部件原材料和不对外公开的技术资料，包括技术档案、设计图纸、新技术信息、采取了保密措施的商业秘密等，单位图书馆或资料室对外公开的情报或资料不包括在内。这里的“主要”是指发明人或者设计人离开该单位提供的物质技术条件就无法完成该发明创造，这些物质技术条件是完成发明创造的不可缺少的条件。当然，还需要结合具体情况来看，如果只是少量利用了单位的物质条件，对完成发明创造不起主要作用，则完成的发明创造不应认为是职务发明。

（3）职务发明的专利权归属。根据我国《专利法》的规定，职务发明创造的专利申请权属于该单位；申请被批准后，该单位为专利权人。

但是，利用单位物质技术条件完成的发明创造，单位与发明人或者设计人订有合同，对专利申请权和专利权的归属做出约定的，从其约定。也就是说，如果主要是利用了单位的物质技术条件完成的属于职务发明，双方可以约定专利权归发明人或者设计人本人。这主要是为了适应科技计划项目管理体制改革，特别是适应课题制的实施需要。引入合同优先原则，允许科技人员和单位通过合同约定发明创造的归属。这表明修改后的专利法对主要利用单位的物质条件完成的发明创造，发明人按照事先约定向单位返还资金或交纳使用费的，可不作为职务发明，这样就有利于进一步调动科研人员的积极性，面向市场、自筹资金，按照市场需求确立课题，并有利于使单位闲置的设备等物质条件得到充分利用。

对于职务发明，授予单位专利权后，单位应当给予发明人或者设计人奖励；专利实施或者转让后，根据其推广和应用范围，应当给予发明人或者设计人合理的报酬。

2. 非职务发明

非职务发明，是指在本职工作或者单位交付的工作之外，完全依靠自己的物质技术条件完成的发明创造。

非职务发明，专利的申请权归发明人或者设计人本人，专利被批准后，专利权归发明人或者设计人本人。

这里的发明人设计人本人包括中国的自然人，也包括在中国没有经常居所的外国人，但是应当委托依法设立的专利代理机构办理专利申请。

3. 合作发明

两个以上的单位或者是个人共同完成的发明创造为合作发明。成为共同发明人或者设计人必须对该发明创造都投入了创造性的劳动，离开其中哪一方的劳动都不能完成发明创造。合同没有约定或者约定不明的根据发明的规定专利权归双方共同享有。

合作发明的专利权归共同发明人或者设计人共有，当然也允许当事人对专利权的归属在合同中做出约定。

在权利的行使上，一般地，行使共有的专利申请权或者专利权应当取得全体共有人的同意。如果专利申请权或者专利权的共有人对权利的行使有约定的，从其约定。没有约定的，共有人可以单独实施或者以普通许可方式许可他人实施该专利；许可他人实施该专利的，收取的使用费应当在共有人之间分配。

4. 委托发明

委托发明是一方接受另一方的委托完成的发明创造，即受托人接受委托人的委托完成的发明创造。

委托发明一般都会在合同中约定专利权的归属，如果合同中没有约定或者约定不明的，专利申请权和专利权归完成发明创造的一方享有，也就是合同中

的受托方。

11.2　专利权人的权利与义务

11.2.1　专利权人的权利

我国专利法并没有从积极的方面准确指明专利权人的权利，而是从消极的方面对权利进行诠释。我们知道权利一般分为积极的权利和消极的权利，一个是积极行使的权利，一个是禁止他人行使的权利。一般认为权利是禁行合一的，有多大积极的权利，原则上就有多大消极的权利。比如，有进口的权利，就有禁止他人未经同意进口的权利，反之亦然。

根据我国《专利法》的规定，专利权人享有独占实施权、转让权、实施许可权和标记权等。

1. 独占实施权

根据我国《专利法》的规定，发明和实用新型专利权被授予后，除本法另有规定的以外，任何单位或者个人未经专利权人许可，都不得实施其专利，即不得为生产经营目的制造、使用、许诺销售、销售、进口其专利产品，或者使用其专利方法以及使用、许诺销售、销售、进口依照该专利方法直接获得的产品。外观设计专利权被授予后，任何单位或者个人未经专利权人许可，都不得实施其专利，即不得为生产经营目的制造、许诺销售、销售、进口其外观设计专利产品。这是独占实施权的全部含义。

独占实施权是专利权人的最主要的权利。独占实施权是一项十分复杂、内容多样的一项权利。其内容包括制造、使用、许诺销售、销售等。这里的“生产经营目的”，并不同于“营利目的”，因为一些非营利的事业单位，例如环境保护、气象预报等，也属于生产经营目的，不能未经许可实施专利权人的专利。

（1）制造权。制造权是指专利权人为生产经营目的生产、制造专利说明书中所描述的发明、实用新型或外观设计产品的独占权。制造权是专利权人主张和行使其他权利的前提，居专利权各项权利之首。制造的产品可能是独立的产品，也可能是构成其他产品的一个部件。制造专利产品是专利权人拥有的排他性的权利，除法律另有规定外，任何人未经专利权人许可不得擅自制造专利产品，否则即构成对专利权的侵犯。

专利权人有权制造专利产品，他人未经专利权人许可不得制造与专利产品相同的产品，无论数量多少，制造方法如何，只要产品相同，均构成侵权。至于产品相似，是否构成侵权，要从技术上衡量产品是否与权利要求书划定的保护范围一致，如果一致就构成侵权。

（2）使用权。使用权是指专利权人为生产经营目的应用发明、实用新型或外观设计产品的专有权。使用专利产品的方式取决于该专利产品的技术性能。使用权包括对产品的使用和方法的使用。其他人未经许可对产品的使用，无论使用方法、使用目的如何，均不影响侵权行为的构成，但是法律明确规定允许的情形除外。

专利权人可以自己使用专利方法，可以阻止他人使用该专利方法。但是，由于方法的使用往往是权利人无法发现的，带来专利权人很难证明他人使用了其专利方法，这样的话，法律对方法专利的保护有时会显得力不从心。因此，专利法规定对专利方法的保护延及使用该方法获得的产品上。

（3）许诺销售权。许诺销售权是指专利权人自己或者授权他人以做广告、在商品货架上或者展销会等方式做出销售商品意思表示的权利。专利法也禁止他人未经专利权人同意，以做广告、在商店货架或者在展销会上做出销售商品的意思表示。这项权利是遵守《与贸易有关的知识产权协定》的规定，对专利权人的保护是非常必要的，对于及早制止侵权行为，防止侵权产品的扩散也是十分有效的。

许诺销售权的立法背景

该权利是2000年修改《专利法》增加的内容，增加许诺销售权的直接依据是《与贸易有关的知识产权协议》（TRIPs）。根据TRIPs，专利分产品专利和方法专利。产品专利的专利权人有权禁止他人制造、使用、许诺销售、进口该产品；方法专利权人有权禁止别人使用该方法直接制造的产品。我国专利法在这方面与TRIPs的唯一差别是没有许诺销售的规定。为使专利法与TRIPs相一致，强化专利权保护，把专利侵权行为消除在萌芽状态，特增加此项权利。

（4）销售权。销售权是专利权人有权自己销售或者许可他人销售专利产品的权利。他人未经专利权人同意不得销售专利产品。其销售的专利产品既可以是由专利权人制造的，也可以是经专利权人许可制造的。但是，这里的销售是指第一次销售的合法性，在第一次售出专利产品合法后，专利权人则不得再

干预专利产品的流通环节了。

在销售过程中，专利产品的销售方只能是专利权人或经专利权人许可的其他人，除法律另有规定外，任何人未经专利权人许可都不得首先销售其专利产品。专利产品一旦投入市场，专利权人独占销售权即用尽，即“专利权用尽原则”，又称专利权穷竭原则，就是指在专利权人制造或经专利权人许可制造的专利产品售出后，该产品再销售和使用不再受专利权人的控制。

（5）进口权。进口权是指专利权人现有自己进口或者许可他人进口专利产品的权利，也有权禁止他人未经专利权人的同意，为生产经营目的进口专利产品或者依照专利方法直接获得产品。进口权包含三方面内容：一是专利权人可以自己进口专利产品，特别是在法律规定专利权人必须实施专利的情况下，专利权人可以通过进口专利产品履行其在本国实施专利的义务；二是专利权人有权禁止他人未经许可，为生产经营目的进口专利产品；三是进口权具有一定的限定性，即在法律另有规定的情况下，专利权人无权禁止他人进口专利产品，如依照强制许可进口，为科学研究目的或个人消费性使用进口不构成侵权。该项权利是 1992 年修改专利法时新增加的内容，目的在于与《巴黎公约》和 TRIPs 的有关内容相协调。增加进口权，可以强化对专利权的保护，符合国际惯例，并有利于消除贸易壁垒，促进国际交流。

2. 转让权

转让权是指专利权人享有的将自己的专利权依法转让给他人的权利。专利权是具有财产属性的知识产权，依据我国《专利法》，专利权可以转让。专利权转让的标的是专利权中的财产权，其结果是专利所有权的转移。专利的转让权包括专利申请权的转让和专利权的转让。专利权人在取得专利权后，可以将专利权让与他人，这是权利主体的变化，原专利权人不再享有专利权。

专利权的转让可以合同转让的形式，例如，通过买卖、赠与、入股等形式转让；还可以通过继承转让的形式。专利权转让合同属于技术转让合同，专利权人行使转让权必须遵循合同法的有关规定，并按专利法规定订立书面合同，该合同具有以下特征：

（1）专利权转让合同的客体是专利权。这一特点使其与专利申请权转让合同相区别。专利申请权转让合同的标的是对发明创造申请专利的权利。申请人未必当然取得专利权。此特点还把专利权转让与专利产品的销售区别开来。在专利产品的销售中，当事人交易的对象是专利产品而非专利权。

（2）专利权转让是专利的所有权转让。专利权转让合同一旦成立，原专利权人即丧失对专利的所有权，受让方成为新的专利权人。这是专利权转让与专利实施许可合同的主要区别，专利实施许可通过合同转让的是专利的实施权，专利权人并不丧失对专利的所有权。

(3) 专利权转让必须履行法定手续。专利权转让必须经国家专利主管机关登记和公告后方能生效，未经国家专利主管机关登记和公告的专利权转让合同是无效合同。我国《专利法》规定，中国单位或者个人向外国人、外国企业或者外国其他组织转让专利权的，应当依照有关法律、行政法规的规定办理手续。转让专利权的，当事人应当订立书面合同，并向国务院专利行政部门登记，由国务院专利行政部门予以公告。专利权的转让自登记之日起生效。

3. 实施许可权

实施许可权是指专利权人通过签订合同的方式允许他人在一定条件下使用其取得专利权的技术的权利。在许多情况下，专利权人在取得专利权后，自己不愿意或者不能实施专利，就会发生转让或者许可其他人实施专利，以取得收益的行为。专利实施许可权不同于专利转让权，专利权人许可他人实施专利权后，自己仍然拥有该专利权，其取得的是专利的使用费。而转让专利权后专利权人便不再拥有专利权了，其取得的是一次性的专利转让费。

专利的实施许可依据的事实是许可合同。专利实施许可合同应当详细地规定专利实施的期间、实施的地域范围、实施的方式等相关内容，以免日后发生争议。专利实施许可依据被许可人行使专利的不同可以分为独占实施许可、独家实施许可、普通实施许可、分实施许可、交叉许可、专利池许可等形式。

(1) 独占实施许可，也称“完全独占性许可”，是指被许可方在合同约定的时间和地域范围内，独占性拥有许可方专利使用权，排斥包括许可方在内的一切人使用专利技术的一种许可。在独占性专利实施许可合同的有效期内，被许可方是该专利合法使用者。许可方和任何第三人均不得在合同约定范围内使用该专利。

(2) 独家实施许可，也称为“排他实施许可”或“部分独占性许可”，是指许可人允许被许可人在约定的范围内独家实施其专利，不再许可任何第三方在该范围内使用该专利，但许可方仍保留自己在该范围内实施该专利的权利。

(3) 普通实施许可，又称“一般实施许可”或“非独占性许可”，是指被许可人在约定的条件和范围内实施专利技术并取得利益，专利权人自己也有使用其专利的权利。专利权人还可以向第三方发放许可证，将专利的使用权再许可给他人。这是最常见的许可合同形式，许可方保留较多的权利，但获得的使用费较低。

(4) 分实施许可，也称“分售许可”，是指专利实施许可的被许可人依据合同规定，除自己取得在规定的范围内使用许可方的专利外，还可以许可第三方部分或全部实施专利。这种许可合同相对于原许可合同而言，在原许可合同

的基础上产生，故称之为分实施许可合同。

（5）交叉实施许可，也称“相互许可”，即许可方和被许可方相互许可对方实施自己所拥有的专利技术而形成的实施许可。交叉实施许可的许可方和被许可方分别是两项不同专利技术的拥有人，实践中常表现为从属专利权人和原专利权人之间的许可贸易。如被许可人在合同有效期内，以许可人的技术为基础搞出革新、改进发明并取得专利，则必须依法将新专利的使用权许可给原许可人。如原许可人改革该专利的有关技术，也必须依法将新专利继续许可给被许可人。许可与被许可双方相互利用技术发明专利的合同条款为“反馈条款”。

（6）专利池许可，也称“联合许可”。专利池（patent pool）是一种由专利权人组成的专利许可交易平台，平台上专利权人之间进行横向许可，有时也以统一许可条件向第三方开放进行横向和纵向许可，许可费率是由专利权人决定的。平台上的各个专利权人之间依然有专利许可问题。专利池的初衷是加快专利授权，促进技术应用。专利池的管理就是标准的定价，是产业联盟的关键环节，不仅关系到联盟成员的利益，而且还影响最终用户，直接决定了标准的发展。专利池管理机构由经核心专利持有人共同任命，负责专利池的管理任务，核心专利持有人保留对专利池之外的自身专利的许可权利。

实施许可除了要缴纳许可费之外，还要按照专利法的规定办理相应的手续。我国《专利法》规定，任何单位或者个人实施他人专利的，应当与专利权人订立实施许可合同，向专利权人支付专利使用费。被许可人无权允许合同规定以外的任何单位或者个人实施该专利。

小知识

专利池许可的渊源

早在 1856 年，美国出现了第一个专利池——缝纫机联盟，该专利池几乎囊括了美国当时所有缝纫机专利的持有人。1908 年，Armat、Biograph、Edison 和 Vitagraph 四家公司达成协议组建专利池，将早期动画工业的所有专利集中管理，被许可人例如电影放映商，要向专利池缴纳指定的专利使用费。1917 年，当时正值美国参加第一次世界大战，急需大批飞机，然而，有关飞机制造的主要专利掌握在 Wright 公司和 Curtiss 公司手中，它们有效地限制了飞机生产。于是，美国官方出面促成各飞机生产厂商组成专利池，以减少专利阻碍，扩大飞机生产。

4. 标记权

标记权是指专利权人有权在专利产品上、产品包装上、容器上、说明书上或者产品的广告宣传上标明专利标记和专利号的权利。《专利法》规定，专利权人有权在其专利产品或者该产品的包装上标明专利标识。标记权是专利权人的一项权利，可以起到宣传和警示的作用，但它不是专利权人的一项义务。当然，这种标记权也仅仅在专利权有效期内享有。

对于专利标记的形式，法律尚无统一要求，实践中经常使用“中国专利”、“专利”或“专利产品”作为专利标记，专利号是专利权人申请专利时由国务院专利行政部门编制的号码，在授予专利权后，成为专利号。标记权在我国是专利权人的一项权利，专利权人行使与否，取决于当事人的意愿，法律对此不强制干预。然而在有些国家，标记权是专利权人的一项义务，不履行该义务，将会被罚款或不能要求对侵权人采取法律措施，如加拿大、荷兰等。

11.2.2 专利权人的义务

因为我国专利法对专利权人权利的限制规定得比较多，所以在单独规定专利权人的义务的条款上就比较少。根据世界各国以及我国《专利法》的规定，专利权人的义务主要有以下几项：

1. 缴纳年费的义务

年费又称为专利维持费，是专利权人为了维护专利权的有效性而逐年向专利行政部门缴纳的费用。专利权人通过缴纳专利年费来维持专利权的有效性，专利年费的制度是专利制度中的一项重要的内容，也是实现专利法作用的一个杠杆。只有通过缴纳专利年费才能维持专利权的有效性，不交年费专利权就会自动终止，相应的专利也就成为公共财富。专利年费的数额是逐年递增的，越往后年费越高。为什么这样规定呢？最主要的一个原因就是使专利尽快地进入公共领域，尽快地成为公共财富，以此来促进科学技术的发展。我国各种年限专利费见表 11－1。

表 11－1　我国各项专利的年费　　单位：元

发明专利		实用新型、外观设计专利		
年度	金额	年度	实用新型	外观设计
第 1 年～第 3 年每年	900	第 1 年～第 3 年每年	600	600
第 4 年～第 6 年每年	1200	第 4 年～第 5 年每年	900	900
第 7 年～第 9 年每年	2000	第 6 年～第 8 年每年	1200	1200

续表

发明专利		实用新型、外观设计专利		
年度	金额	年度	实用新型	外观设计
第 10 年 ~ 第 12 年每年	4000	第 9 年 ~ 第 10 年每年	2000	2000
第 13 年 ~ 第 15 年每年	6000			
第 16 年 ~ 第 20 年每年	8000			

2. 推广应用专利技术

《专利法》规定，国有企业事业单位的发明专利，对国家利益或者公共利益具有重大意义的，国务院有关主管部门和省、自治区、直辖市人民政府报经国务院批准，可以决定在批准的范围内推广应用，允许指定的单位实施，由实施单位按照国家规定向专利权人支付使用费。这表明此项义务是针对具有我国国籍的专利权人而言，外国人不具有在中国推广应用专利的义务。推广用专利技术的义务在专利法修改前作为计划许可制度，其存在的根据是国家计划。修改后的专利法，将“根据国家计划”的内容删除，更符合我国市场经济的发展需要。

3. 对发明创造人给予奖励、报酬

《专利法》规定，被授予专利权的单位应当对职务发明创造的发明人或者设计人给予奖励；发明创造专利实施后，根据其推广应用的范围和取得的经济效益，对发明人或者设计人给予合理的报酬。这是对职务发明专利权人所规定的一项义务。接受奖励和报酬的一方也只能是职务发明的发明人或设计人。这也充分体现了专利法鼓励发明创造、促进科技进步和创新的立法精神。

11.3 专利权的限制

专利权是一项独占的权利，但它不是绝对的，其要受到种种限制，比如，时间上的限制、地域上的限制等。我们这里说的限制，是专利法明确规定的，在专利权行使时的限制。《专利法》规定，除法律另有规定外，任何人未经专利权人同意，不得以生产经营目的实施其专利。这里的“法律规定”就是我们所要介绍的专利权的限制制度。通过法律的明文规定，限制专利权人的独占权。限制的原因既有为公共利益的考虑，也有为第三方合法权益的照顾，更有对专利权人滥用权利的禁止，以实现专利制度的鼓励发明创造，推动发明创造的应用，提高创新能力，促进科学技术进步和经济社会发展的立法目的。

按照我国《专利法》的规定，专利权的限制制度包括：专利权的强制实施许可制度、国家计划许可制度、不视为侵犯专利权的情形等。

11.3.1 专利权的强制实施许可制度

我国法律规定了专利权人有权许可或者不许可他人实施其专利，但是在专利权人滥用专利权或者为了公共利益的需要，同样规定了强制专利权人许可他人实施专利权人的专利的制度。强制实施许可也叫非自愿实施许可，是指专利行政部门不需要经过专利权人的同意就授权他人实施专利权人的专利的制度。强制许可是对专利权的又一种限制措施，其目的在于促使获得专利的发明创造的推广和应用，防止专利权人滥用专利权，维护国家利益和社会公共利益。因发生强制许可的原因不同，所以强制许可的种类也有不同。

1. 专利权滥用的强制许可

根据《专利法》的规定，专利权滥用的强制实施许可包括两种情形：一是未实施或者未充分实施的强制许可；二是垄断行为引发的强制许可。

（1）未实施或者未充分实施的强制许可。专利权人在法定的期限内，无正当理由未实施或者未充分实施其专利的，根据具备实施条件的单位或者个人的申请，国务院专利行政部门给予申请者以实施发明专利或者实用新型专利的强制许可。授予专利权后，专利权人没有正当理由应当实施专利，以促进社会技术进步，在没有正当理由拒不实施其专利，又不允许具备条件的他人实施专利时，专利权人构成滥用专利权，应当予以限制。这种强制实施许可的条件比较严格，一般包括几个方面：①由申请人提出，专利行政部门不能主动提出该种强制许可。②申请人必须具备实施该专利的条件，也就是具备生产制造该专利产品的条件，比如，医疗器械制造厂商可提出某种新型医疗设备专利的强制实施许可。③专利权人未实施或者未充分实施没有正当理由。④提出申请的时间是自专利权被授予之日起满3年，且自提出专利申请之日起满4年以后才能提出这种强制实施许可的申请。⑤申请强制许可的单位或者个人应当提供证据，证明其以合理的条件请求专利权人许可其实施专利，但未能在合理的时间内获得许可。

（2）垄断行为引发的强制许可。如果专利权人行使专利权的行为通过行政程序或者司法程序被依法认定为垄断行为，那么为消除或者减少该行为对竞争产生的不利影响，根据具备实施条件的单位或者个人的申请，国务院专利行政部门可以给予申请者以实施发明专利或者实用新型专利的强制许可。当专利权人利用专利的独占性而实施了垄断行为时，专利权人也构成专利权的滥用行为，对此，专利法明确予以限制和禁止。

这种强制实施许可的条件也比较严格，一般包括几个方面：第一，由申请

人提出，专利行政部门不主动提出该种强制许可。第二，申请人必须具备实施该专利的条件，也就是具备生产、制造该专利产品的条件。第三，专利权人行使专利权的行为被依法认定为垄断行为。垄断行为的构成和认定，应当严格依照我国反垄断法的规定的内容和程序进行。一般地说，应当是存在在先的判决或者裁定对垄断行为予以认定，同时还要能够证明会继续构成对竞争的不利影响。如果专利权人滥用知识产权的行为被反垄断机构认定为构成反垄断法规定的经营者达成垄断协议、经营者滥用市场支配地位以及具有或者可能具有排除、限制竞争效果的经营者集中这三种垄断行为之一的，应当按照反垄断法的规定，承担停止违法行为、没收违法所得、缴纳罚款等行政违法责任以及赔偿损失的民事责任。第四，专利权人行使专利权的垄断行为，对竞争产生了不利影响。正是由于该行为产生了不利影响，因此通过强制许可来消除影响，挽回受损害方的经济利益损失。专利法为了实现与反垄断法配套和衔接，增加了对利用专利权形成垄断的行为提供必要救济措施的规定，即在专利权人行使其专利权的行为被依法认定为垄断行为的情况下，可以给予强制许可。一旦反垄断执法机构或者法院做出的认定专利权人行使专利权的行为构成垄断的行政决定或者司法判决生效后，国务院专利行政部门就可根据具备实施条件的单位或者个人的申请，给予实施专利的强制许可，以消除或者减少垄断行为对竞争产生的不利影响。

2. 紧急状态或为公共利益目的的强制许可

《专利法》第49条规定，在国家出现紧急状态或者非常情况时，或者为了公共利益的目的，国务院专利行政部门可以给予实施发明专利或者实用新型专利的强制许可。这是一种较为特殊的强制实施许可，由国家相关部门予以判断强制实施许可目的的存在，并且没有时间和其他条件的限制。

因此，国务院专利行政部门依职权授予强制许可的情况有两种：一是在国家出现紧急状态或者非常情况时，例如，战争或危及国家安全的紧急状态，或者出现自然灾害或疾病流行的非常情况；二是为了公共利益的目的，这主要是指为了国民经济以及公共卫生、人民健康等情况需要授予强制许可，例如，某项专利技术对治理某种类型的环境污染具有重要意义，而这种污染在我国较为严重，直接危害到人民的身体健康，则可以依据本条授予实施该项专利的强制许可。

3. 为公共健康目的对药品的强制实施许可

为了公共健康目的，对取得专利权的药品，国务院专利行政部门可以给予制造并将其出口到符合中华人民共和国参加的有关国际条约规定的国家或者地区的强制许可。其中规定的“符合中华人民共和国参加的有关国际条约规定的国家或者地区”，既包括按照议定书的明文规定有权作为进口方的世界贸易组织的成员（包括所有最不发达成员以及缺乏有关药品的制造能力或者能力不足并依照TRIPs协议规定已履行了相关手续的发展中或者发达成员），也包括目前还不是世界贸易组织成员的最不发达国家。

这是我国履行国际公约义务享有相应权利的体现。对于发展中成员国或者最不发达成员国因艾滋病、疟疾、肺结核及其他流行疾病而发生公共健康危机时，可在未经权利人许可的情况下，在其内部通过强制实施许可的制度，生产、使用和销售有关治疗导致公共健康危机疾病的专利药品。我国面对不容乐观的公共健康危机，规定了该种强制实施许可。

4. 依存专利的强制实施许可

一项在后获得专利权的发明或者实用新型比在前已获得专利权的发明或者实用新型具有显著经济意义的重大技术进步，其实施又有赖于在前已获得专利权的发明或者实用新型的，国务院专利行政部门根据后一专利权人的申请，给予其实施在前发明或者实用新型的强制许可。此后，国务院专利行政部门根据前一专利权人的申请，给予其实施在后发明或者实用新型的强制许可。

这种强制实施许可的条件比较严格，一般包括以下几个方面：

（1）前后两个发明创造均已经取得发明或者实用新型专利权；

（2）后获得专利权的发明或者实用新型比在前已获得专利权的发明或者实用新型具有显著经济意义的重大技术进步，其实施又有赖于在前已获得专利权的发明或者实用新型的实施的；

（3）由申请人提出，专利行政部门不主动提出该种强制许可；

（4）申请人必须具备实施该专利的条件，也就是具备生产、制造该专利产品的条件；

（5）申请强制许可的单位或者个人应当提供证据，证明其以合理的条件请求专利权人许可其实施专利，但未能在合理的时间内获得许可。

另外，在前专利的专利权人也可能希望能够实施在后专利的技术。考虑到在前专利的专利权人的利益，基于公平的原则，在给予依存专利的实施强制许可情形下，国务院专利行政部门根据前一专利权人的申请，也可以给予实施后一发明或者实用新型的强制许可，这是为了保持前后两个专利权人利益平衡所必需的。

5. 专利强制实施许可的效力

（1）我国专利实施强制许可的对象，只能是发明专利和实用新型专利，不包括外观设计专利。

（2）我国专利实施强制许可的授权者。专利法规定的是国务院专利行政

部门，目前体制之下是中华人民共和国国家知识产权局。

（3）我国专利实施强制许可的地域。除了因公共健康而引发的药品的强制许可和因已被依法认定为垄断行为引发的强制许可这两种情形外，其他强制许可的专利实施应当主要为了国内市场。

（4）我国专利实施强制许可的类型。专利实施强制许可只是无再许可授权的普通实施许可，取得实施强制许可者既不享有独占的实施权，并且也无权再允许他人实施。

（5）我国专利实施强制许可的费用。除法律另有特别规定和我国参加的有关国际条约另有使用费处理规定外，取得实施强制许可者应当付给专利权人合理的使用费，其数额由双方协商；双方不能达成协议的，由国务院专利行政部门裁决。

（6）我国专利实施强制许可的终止。国务院专利行政部门给予实施强制许可决定的，应当根据强制许可的理由规定实施的范围和时间。强制许可的理由消除并不再发生时，国务院专利行政部门应当根据专利权人的请求，经审查后做出终止实施强制许可的决定。

（7）我国专利实施强制许可的救济。专利权人对国务院专利行政部门关于实施强制许可的决定不服的，可以自收到通知之日起 3 个月内向人民法院起诉。专利权人和取得实施强制许可的单位或者个人对国务院专利行政部门关于实施强制许可的使用费的裁决不服的，可以自收到通知之日起 3 个月内向人民法院起诉。

11.3.2　专利的指定实施制度

在我国专利法上，除了强制许可制度以外，还有一种专利的指定实施，是指国家行政机构在全面考虑国家利益的需要，可以决定满足法定条件的专利技术在指定单位实施。

根据我国专利法的规定，国有企业事业单位的发明专利，对国家利益或者公共利益具有重大意义的，国务院有关主管部门和省、自治区、直辖市人民政府报经国务院批准，可以决定在批准的范围内推广应用，允许指定的单位实施，由实施单位按照国家规定向专利权人支付使用费。

11.3.3　不视为侵犯专利权的情形

专利权在行使方面也受到诸多限制。依据我国专利法的规定，某些行为从行为表现上看是侵犯专利权的行为，但是专利法明确予以免除行为人的侵权责任。这便是对专利权的又一个限制，不被视为侵犯专利权的行为表现。

1. 专利权穷竭

(1) 专利权穷竭的含义。专利权穷竭是指专利产品或者依照专利方法直接获得的产品，由专利权人或者经其许可的单位、个人售出后，使用、许诺销售、销售、进口该产品的行为不被视为侵犯专利权的行为，专利权人也无权阻止他人行使上述权利。这种限制又叫“专利权用尽”原则，也有的人称此为权利耗尽或者用尽。在这种情况下，专利权人对这些特定产品不再享有任何意义上的支配权，即他人（购买者）对这些产品再销售、许诺销售或者使用都与专利权人无关。

专利权穷竭的前提是首次销售合法，即该专利产品或者依照专利方法直接获得的产品经专利权人授权首次销售后，专利权人即丧失了对该专利产品的独占权，导致专利权人丧失对该产品的再销售、使用、进口的支配权和控制权。因此，专利权原则穷竭又被称为首次销售原则。

同时，对于首次销售后的行为也仅限于使用、许诺销售、销售和进口，不包括生产制造。也就是说，如果某人购买专利产品的目的是仿制，即使购买行为是合法的，专利权也不能因此而穷竭。

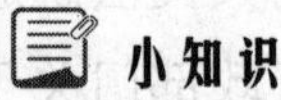
小知识

专利权穷竭的立法渊源

专利权穷竭原则是专利制度的一个重要原则，为世界各国所普遍采用，但各国的理论和实践又有差异。归纳起来，有两种主要的理论。第一种是专利权用尽理论，被认为起源于德国。1902 年，德国原帝国最高法院在一份判决中指出，专利权人在享有独占权的条件下将其专利产品投放市场，该专利权人已经从其专利权获利，其权利随之被用尽。德国的理论对大陆法系国家有较大影响。美国采用的是“首次售出”理论，与德国的权利用尽理论比较相近，认为专利产品首次合法售出后，就脱离了专利权的控制，如果专利权人再对之进行控制，就是对专利权的滥用。第二种是默认许可理论，被认为起源于英国。英国在理论上并不认为专利权人享有的权利在专利产品首次出售以后即已用尽，但是认为如果专利权人在专利产品首次合法出售时没有明确提出限制条件，即可推定购买者获得了可以随意处置所购买产品的默认许可，专利权人不能再对售出的产品行使控制。英国的理论主要对英联邦国家有较大影响。

(2) 专利权穷竭的意义。首先，维护正常的交易秩序。保护专利权人的

合法权益是专利法的立法宗旨，但不能因此损害正常的流通和消费者的利益。如果每一次销售使用环节都需要经过专利权人的认可的话，既不现实，又会阻碍正常的商品自由流通，最终还是损害专利权人的利益的。专利权穷竭是针对每一个合法投放市场的具体专利产品而言，并不会导致该项专利权本身的效力终止。其次，禁止专利权人的双重获益。专利权人在首次销售时，已经获得了专利的利益，专利产品的买受人在正常使用该产品时亦支付了相应对价，无须再取得同意并支付报酬，专利权人不能双重获益。最后，专利产品在合法予以制造、进口并予以售出之后，如果权利人还可以对该产品行使权利，则不利于专利产品的流通和利用，而且在实践中要对已经售出的专利产品再施行控制也是困难的。

2. 先用权人的实施

（1）先用权人的实施的含义。先用权人是指在专利申请日前已经制造相同产品、使用相同方法或者已经做好制造、使用的必要准备的自然人、法人或其他组织。在专利权被授予后，先用权人取得的仅在原有范围内继续制造、使用的权利被称为先用权人的实施权。先用权人的实施不视为侵犯专利权的行为。这样规定的原因在于申请并获得专利权的人不一定是首先做出发明创造的人，也不一定是首先实施该发明创造的人。在专利申请以前实施或者准备实施专利技术的行为被称为在先使用。在先使用产生先用权，可以对抗专利权。

（2）先用权人实施权的意义。在专利权人提出其专利申请之前，可能有人已经研究开发出同样的发明创造，并且已经实施或者准备实施，这样的人被称为先用权人。在这种情况下，如果在授予专利权后禁止先用者继续实施其发明创造，显然有失公平，而且会造成社会资源的浪费。因此，有必要对专利权人的权利进行限制。

赋予先用权人在专利权授予后的实施权是公平原则的体现，尊重其他非专利权人在专利申请前已经付出脑力劳动和体力劳动，有利于科技进步和经济发展。同时允许先用权人的实施权存在，也能够在一定程度上消除先申请原则的弊端，真正体现效率与公平兼顾的立法理念。

（3）先用权人实施权的合法性判断。毕竟，先用权人在专利权授予后的实施行为是对专利权的公开挑战，也是侵权诉讼的有效抗辩，因此，应当严格先用权人实施权的合法判定标准。

第一，行为标准。先用权人在专利申请日前已经制造相同产品、使用相同方法或者已经做好制造、使用的必要准备。这里的“制造”是指工厂内制造，这里的“必要准备”必须是有效的、物质的，不应当仅仅是在构思阶段，准备应当是看得见的客观存在。在先使用人必须已经开始制造相同的产品、使用相同的方法；或者为制造相同的产品、使用相同的方法做好了必要的准备。这里所说的实施行为只能是制造相同的产品或者使用相同的方法的行为，不包括进口、许诺销售、销售、使用相同的产品或者依照相同方法直接获得的产品的行为。相同的产品和相同的方法是指与已经申请并获得专利权的专利产品、专利方法相同的产品、方法。做了必要的准备是一个相对比较模糊的概念，一般可以从两方面判断：一方面是指先用者进行了相当的投资，已经形成或者初步形成了生产能力；另一方面指先用者的投资与实施专利技术之间有着密切的联系，形成的生产能力只能用于或者主要用于生产专利产品、使用专利方法。

第二，时间标准。先用权人的实施行为必须发生在专利申请日之前。既不是专利申请案公开之后，又不是授予专利权之后，只有这样才有可能推定先用权人的主观善意的存在。另外，不仅要求先用权人在先使用行为开始于申请日之前，而且还要求这种行为一直持续到申请日。换句话说，先用权人的实施行为在专利申请日以前不能处于已经停止的状态，除非这种停止是不可抗力所造成的。如果某人在申请日以前已开始其生产制造行为，但中途却停止了，直到另一人申请专利之后才恢复其生产，在这样的情况下就不能享受先用权。

第三，合法标准。即先用权人实施的发明创造，是合法取得的技术，或者是先用权人自己研发的，或者是通过合法的方式受让取得的，绝不是以不正当手段从专利申请人或其他主体处取得的。例如，申请人在申请专利之前的6个月的期限之内在中国政府承认的国际展览会上展出其发明创造，根据《专利法》的规定，展出行为不影响其随后提出的专利申请的新颖性。在展出到随后提出专利申请之间的时间内，如果有人根据展出的发明创造，制造相同的产品或者使用相同的方法，或者为之做好了必要的准备，则是完全合法的行为，即使展出者随后提出了专利申请也继续是合法的。因此在这种情况下，先用权是成立的。如果第三人的制造、使用行为是违背与申请人之间的信任关系或者侵犯其权利的结果，例如，通过贿赂申请人的雇员而获得信息，则第三人的制造、使用行为是违法的，不能享受先用权。

第四，实施权的限制标准。在专利权授予后，合法的先用权人应当在原有范围内继续制造使用，例如，原有的规模、数量、方法、地域范围等，超出原有范围就构成对专利权人权利的侵害。先用权人获得保护的范围，是在原有的范围内继续制造、使用。在原有的范围内，一般是指维持原来的产量，如果原来的产量并未达到生产设计能力，那么在原有设备生产能力下达到的产量，也应当被认为是在原有规模内。另外，先用权人的实施权不能转让，除非连同企业一并转让。先用权的移转（包括转让、继承等）是受到限制的，它只能随同制造相同产品、使用相同方法的企业或者企业中制造相同产品、使用相同方

法的一部分，或者随同原先准备制造、使用的企业或者企业的一部分一起移转。先用权也不能将权利投资以及进行其他交易行为。

3. **临时过境**

临时通过中国领陆、领水、领空的外国运输工具，依照其所属国同中国签订的协议或者共同参加的国际条约，或者依照互惠原则，为运输工具自身需要而在其装置和设备中使用有关专利的，不视为侵犯专利权。这样规定的原因是，交通运输工具处于不断运动的过程中，对运输工具自身使用的专利技术要求专利保护，可能会限制运输工具进入某些地区，影响国际交通运输自由；同时，由于运输工具进入某些地域的时间非常短暂，对其使用的专利技术提供专利保护，在实际操作上也有困难。

4. **专为科学研究和实验目的的使用**

为科学研究和实验使用有关专利的，又称为“合理使用”，可以不用经过专利权人的同意，并不视为侵犯专利权的行为。这里主要是强调使用的目的，仅仅是专为科学研究和实验，不能做扩大解释，同时，也不应当是大规模的使用。这种规定的原因是，科技创新总是需要在原有的技术基础上进行，如果为科学研究和实验的目的而使用有关专利都需要征得专利权人的许可，可能会妨碍他人进行研究开发，不利于科学技术的进步，从而有悖于专利法的立法宗旨。

专为科学研究和实验而使用有关专利，这其中所说的“科学研究和实验”，是指专门针对专利技术本身进行的科学研究和实验，目的在于考察专利技术本身的技术特性或者技术效果，或者对该专利技术本身做进一步的改进，而不是泛指一般的科学研究和实验；所说的“使用有关专利”，指为上述目的按照公布的专利文件，制造专利产品或者使用专利方法，对专利技术进行分析、考察，而不是利用专利技术作为手段进行其他的科学研究和实验项目。

小知识

科学研究和实验使用专利的单位性质

是否专为科学研究和实验而使用有关专利，与一个单位的性质无关。即使是一个典型的生产经营单位，例如公司或者企业，如果它所进行的行为仅仅是对某项专利技术本身进行研究和实验，则属于专利法规定的合法范围，可以不视为侵犯专利权；即使是一个纯粹的科研单位，例如中国科学院的某个研究所，如果它所进行的行为是利用某项专利技术作为手段来进行其他的科研项目，则不属于专利法规定的范围，构成了侵犯专利权的行为。

5. 医药研发相关的例外规定

为提供行政审批所需要的信息，制造、使用、进口专利药品或者专利医疗器械的，以及专门为其制造、进口专利药品或者专利医疗器械的行为均不属侵权行为。这是借鉴了国际上通行的“医药和医疗器械实验例外”的规则，因为产品未进入流通领域，故这种行为并未直接冲击专利权人的市场。

6. 善意第三人的使用和销售行为

我国专利法规定的原则是作为侵权行为的认定，但在赔偿责任的承担上应予以具体考虑。我国《专利法》规定：“为生产经营目的使用、许诺销售或者销售不知道是未经专利权人许可而制造并售出的专利侵权产品，能证明其产品合法来源的，不承担赔偿责任。”在不知情的情况下销售或者使用了侵犯他人专利权的产品的行为，属于侵犯专利权的行为，应当承担停止侵权等民事责任。但如果第三人能够证明自己的善意存在，并且能证明产品的合法来源的，可以不承担民事赔偿责任。

专利侵权中善意第三人“不知道”的判断标准

“不知道”应当被理解为“得知”的反义词，包括不可能知道和应当得知而实际并不知道两种情况。根据侵权行为法的基本原则，如果行为人明知其行为将侵犯他人权利，仍然进行该行为，则行为人是故意侵权，无疑应当承担侵权责任；如果行为人应当知道其行为将侵犯他人权利，然而由于疏忽大意而没有知道，则行为人有过失，也应当承担侵权责任。专利权是国家授予的权利，有专门的专利公报予以公示，任何公众都可以查阅。从理论上说，每一个使用者、销售者都应当事先核实其使用、销售的产品是否为未经专利权人许可而制造的侵权产品，否则就有“过失”。

复习思考题

1. 专利申请人的类型有哪些？
2. 职务发明的判断标准是什么？
3. 专利权人的权利有哪些？

4. 专利权人的义务有哪些?
5. 专利权的限制制度包括哪些方面?
6. 不视为侵犯专利权的情形有哪些?

第 12 章 专利权的法律保护

学习目标

熟悉掌握专利权的保护范围。了解掌握专利侵权行为的构成要件、专利侵权行为的种类。掌握专利侵权行为的判定标准。简单了解专利的行政执法以及人民法院对专利侵权的处理。

关键名词

专利侵权行为　间接侵权　全面覆盖原则　禁止反悔原则　诉前禁令

12.1 专利权的保护范围

12.1.1 专利权的保护范围概述

专利权的保护范围是指发明创造专利权的法律效力所及的范围。专利权作为一项知识产权，其客体具有无形性的特征，带来对专利权保护与一般有形财产权的保护制度上的不同。作为专利权客体的发明创造是一种无形财产，首先就是依法确定专利权的保护范围，这既有利于专利权人有效地行使其权利，也有利于保护一般公众的利益。专利权的独占权和专有权只限于专利法所确定的专利权的保护范围。由于三种专利的表现形式不尽相同，因此保护范围各有不同。发明或者实用新型的保护范围限于专利权所保护的技术特征，外观设计的保护范围限于专利权所保护的新设计。

12.1.2 发明或者实用新型专利权的保护范围

我国《专利法》规定，发明或者实用新型专利权的保护范围以其权利要求的内容为准，说明书及附图可以用于解释权利要求的内容。

在专利申请中需要提交书面文件，这些文件包括申请书、说明书、权利要求书以及附图等，而在这些文件中具有法律意义的文件就是权利要求书。因为该项专利所要依法保护的技术特征需要在权利要求书中记载，而且，如果在说明书或者附图中有所体现，而该项技术特征在权利要求书中没有记载，则不属

于专利权的保护范围。说明书和附图尽管不能确定发明或者实用新型的保护范围，但可以解释技术特征，比如所具有的结构、性能等。当然，说明书中没有记载的技术特征，权利要求书也不能提及；即使提到了，也是无效的。

由于发明本身可以分为产品发明、方法发明及改进发明，在保护范围上每一类型的发明有所区别：（1）产品发明专利的保护范围一般应当包括具有同样特征、同样结构和同样性能的产品，而不论其产品的制作方法。（2）方法发明专利包括制造方法、操作方法以及工艺方法等，其保护范围一般应包括所有的具有相同特征、相同参数和相同效果的方法，并延及到依该制造方法直接所获得的产品。（3）改进发明可以分为专利产品或者专利方法的改进发明，以及非专利产品或者专利方法的改进发明。改进发明是以已知的专利产品或者方法作为前提的。其专利保护范围是有局限的，只保护权利要求书中所直接提到的用途。

12.1.3　外观设计专利权的保护范围

由于外观设计没有权利要求书和说明书，只有表明该外观设计的图片和照片，因此，我国专利法规定外观设计专利权的保护范围以表示在图片或者照片中的该产品的外观设计为准，简要说明可以用于解释图片或者照片所表示的该产品的外观设计。也就是说，外观设计专利权的保护范围是根据申请人在提交的外观设计图片或照片上记载的内容、模型、样品来确定，并且仅仅限于指定的商品类别上。所以，外观设计专利权的保护范围只能根据图片或者照片来确定。这里需要注意以下几点：（1）任何单位或个人不得仿制外观设计专利权人提交的图片或照片中的外观设计。（2）外观设计专利权的范围仅限于专利授权时指定的外观设计使用产品的范围。（3）外观设计专利权的保护范围不仅涉及相同的产品上使用相同的外观设计，也包括相同的产品上使用近似的外观设计。

不属于外观设计专利权保护的范围有：（1）不是为了销售目的而模仿一项外观设计。（2）将用于二维产品的外观设计用于三维的产品，或者相反的应用。（3）将一项外观设计的复制品编在一本著作中。

12.2　专利侵权行为

12.2.1　专利侵权行为的构成要件

专利侵权行为是指没有法律根据、未经专利权人同意，制造、使用、许诺销售、销售、进口专利产品，或者使用专利方法以及制造、使用、许诺销售、销售、进口以该方法直接获得的产品的行为。

构成专利侵权行为，应当具备以下要件：

1. 侵害的对象是合法有效的专利权

也就是说依照专利法规定的程序已经取得专利授权，并且仍然在专利权的有效期内，也没有被宣告专利无效或者放弃专利权的事实，证明此节事实需要权利人拿出相关的权利证明等证据。构成专利侵权须以有效存在的专利权为前提。专利权在法律规定的有效期内受保护，期限届满、已被宣告无效及被放弃的专利技术不受法律保护。

2. 有违法的侵权事实行为的存在

行为人在客观上未经专利权人许可也未经国务院专利行政部门的授权强制许可，而实施了专利技术，这种实施行为不具有法律依据，因而构成专利侵权。基于专利的种类不同，侵权行为的表现形式也各异。专利侵权行为的表现形式包括：一方面，存在未经专利权人的许可的实施行为；另一方面，不存在法定的免除责任的情由，比如不视为侵犯专利权的情况，专利权穷竭、临时过境的情况，等等。

3. 侵权行为人有生产经营的目的

这里的生产经营目的不等于营利目的，非生产经营目的的使用，不涉及专利权人的市场利益，不属于侵权行为。以生产经营为目的是划分专利侵权与专利合理使用的基本界限。《专利法》第 11 条明确规定，发明和实用新型专利权被授予后，除本法另有规定的以外，任何单位或者个人未经专利权人许可，都不得实施其专利，即不得为生产经营目的制造、使用、许诺销售、销售、进口其专利产品，或者使用其专利方法以及使用、许诺销售、销售、进口依照该专利方法直接获得的产品。外观设计专利权被授予后，任何单位或者个人未经专利权人许可，都不得实施其专利，即不得为生产经营目的制造、许诺销售、销售、进口其外观设计专利产品。

12.2.2 专利侵权行为的种类

从不同的角度可以对专利侵权行为做不同的分类，我国专利法依据的是专利侵权行为的表现。从理论上说，可以依据侵权行为是否是行为人本身的行为所造成的，将专利侵权行为分为直接侵权和间接侵权。

1. 直接侵权

直接侵权是侵权人本身实施了专利法禁止的侵权行为。根据我国专利法的规定，主要包括以下几种情形：

（1）制造专利产品的行为。无论使用的是哪种方法制造，只要是与他人的专利权利要求书载明的技术特征的产品一致，就视为专利侵权行为。

（2）使用专利产品。这里的使用不论恶意还是善意都构成侵权。这里的前提是存在着未经专利权人同意制造的专利产品之后，若他人明知却仍然为生产经营目的而使用，则构成恶意侵权，承担停止侵权，赔偿损失的责任；若他人不知而为生产经营目的使用，也构成侵权，承担停止侵权的责任，但若能指明产品的合法来源的，可不承担损害赔偿责任。

（3）许诺销售、销售专利产品。这里的许诺销售、销售行为不论恶意还是善意都构成侵权。同样，这里的前提是存在着未经专利权人同意制造的专利产品之后，若他人明知却仍然为生产经营目的而许诺销售、销售的，则构成恶意侵权，承担停止侵权，赔偿损失的责任；若他人不知而为生产经营目的许诺销售、销售的，也构成侵权，承担停止侵权的责任，但若能指明产品的合法来源的，可不承担损害赔偿责任。

（4）进口专利产品的行为。未经专利权人同意，将专利产品从境外进口到我国境内的，构成专利侵权行为。

（5）使用专利方法或者使用、许诺销售、销售、进口依照该专利方法直接获得的产品，这是对专利方法的侵权行为，同样对专利方法的保护延及依照该方法直接获得的产品上。

（6）假冒他人专利的行为。在与他人专利产品相同或者相似的产品上或者其包装上加上专利权人的专利标记或者专利号，足以使公众将所涉及的技术或者设计误认为是专利权人的专利技术或者专利设计的行为。这种行为不但侵害了专利权人的专利权，还损害了消费者的权益，破坏了市场秩序。

（7）假冒专利行为。在未被授予专利权的产品或者其包装上标注专利标识，足以使公众将所涉及的技术或者设计误认为是专利技术或者专利设计的行为。这种行为并没有直接造成对某一个专利权人的损害，其主要是侵害了消费者的合法权益，扰乱了正常的市场竞争秩序，是依法应当禁止的行为。行为表现出了在非专利产品上标注专利标记之外，专利权被宣告无效后或者终止后继续在产品或者其包装上标注专利标识、在产品说明书等材料中将未被授予专利权的技术或者设计称为专利技术或者专利设计、将专利申请称为专利、伪造或者变造专利证书、专利文件或者专利申请文件，等等。

2. 间接侵权

间接侵权是指失职行为人本身的行为并不构成专利侵权行为，而是诱使、教唆或者为他人侵权提供便利的行为。间接侵权行为的主要特征在于：在主观上，行为人有诱导、怂恿、教唆他人侵犯专利权的故意；在客观上，间接侵权行为为直接侵权行为的发生提供了必要的条件；在法律后果上，发生了直接侵权行为，且间接侵权人从其行为获得了一定的不法利益。在现实中其常见的形态包括：未经专利权人许可为生产经营目的，制造、出售专门用于专利产品的关键部件或者专门用于实施专利方法的设备或材料等，还有就是未经专利权人授权或委托，擅自许可或者委托他人实施专利。

一般地，只有确定了直接侵权的行为存在成立后，才能确定间接侵权行为的存在和成立。目前我国专利法中尚无对间接侵权行为制裁的法律规定。间接侵权促使和导致了直接侵权行为的发生，行为人有过错，对专利权人造成了损害，与直接侵权构成共同侵权。由于间接侵权的成立以直接侵权为前提，所以，只有确定了直接侵权的事实后，才能确认间接侵权。

此外，还有所谓的善意侵权，它指为生产经营目的使用或者销售不知道是未经专利权人许可而制造并售出的专利产品或者依照专利方法直接获得的产品的行为。善意侵权，依照我国专利法的规定，若能证明其产品合法来源的，不承担赔偿责任。因此，又称其为“免除赔偿责任的侵权行为”。

12. 2. 3　专利侵权行为的判定标准

专利侵权行为是否成立，就是要考察被控侵权物或者方法侵权是否落入权利要求的范围。而对于权利要求的解释以及专利保护的价值取向，在司法实践中，除了首先判断专利有效、权利要求书内容等之外，还要遵守以下几个原则。

1. 全面覆盖原则

全面覆盖原则是专利侵权判定中的一个最基本原则。所谓全面覆盖原则，是指如果被控物或者方法侵权成立，那么该产品或者方法应该具备专利权利要求中所描述的每一项特征，缺一不可。在判定专利侵权时，最先适用的是全面覆盖原则。在下述几种情况下，视为被控物全面覆盖了专利的权利要求。

（1）字面侵权。即从字面上分析比较就可以认定被控物的技术特征与专利的必要特征相同。比如，一项专利的权利要求为：H 型强场磁化杯体，其特征在于此杯体的两侧各镶嵌一块永久磁铁。如果被控物的杯体两侧各镶嵌了一块永久磁铁，那么可以看到，被控物的结构与权利要求所描述的结构一模一样。

（2）被控侵权物采用了相应的下位概念。专利权利要求中使用的是上位概念，被控物公开的结构属于上位概念中的具体概念，此种情况下适用全面覆盖原则，被控物侵权。比如，一项专利的权利要求为一种新型机器人行走机构，其特征在于该电机接传动机构，传动机构的输出轴上装有驱动轮。被控物的结构为，电机经齿轮传动，输出轴上装有驱动轮。被控物采用齿轮传动，齿轮传动的结构属于传动机构的具体概念，因此，被控侵权物属于专利侵权。

（3）被控物的技术特征多于专利的必要技术特征。也就是说被控物的技术特征与权利要求相比，不仅包含了专利权利要求的全部特征，而且还增加了特征，此种情况仍属侵权，因为适用全面覆盖原则就是只要被控物具备专利权利要求的全部特征就算侵权，而不问被控物是否比权利要求得多。比如，一项专利，其权利要求为，一种电褥子，其特征在于具有绝缘性能好的电阻丝。被控物的结构具有绝缘好的电阻丝，而且还具备一个电阻丝短路保护装置，尽管被控物的特征多于专利权利要求，而且可能还具有一定的创造性，由于被控物的结构覆盖了权利要求的全部特征，所以被控物侵权。

2. 等同原则

等同原则是指在专利侵权诉讼中，法院对于涉嫌侵权的某项设计，经与已获专利的发明相比较，发现虽然该设计的技术特征表面上与已获专利的发明的技术特征不相同，但其实质上是该设计人以所属技术领域普通技术人员公知的实质上相同的方式和技术手段，替换专利独立要求部分的必要技术特征，产生实质上与专利技术相同的功能和效果，这时法院视该设计并未脱离专利权的保护范围并认定该设计对已获专利的发明构成侵权。等同原则是在适当考虑第三者利益的同时，将权利要求的记载一定程度地进行扩张解释，从而达到切实保护专利权人利益的目的。等同原则的出现是由法院根据实际需要而创立的，目的是保证法律的公正性，文字的局限性、技术的快速发展有其必然性和现实性的需要以及技术方案本身一般都具有专业技术复杂性、抽象性和可替代性等因素的原因，在专利侵权判定中引入等同原则更显得尤为重要。

我国的专利法从 1985 年开始实施，经历了漫长的发展过程，其中经过了两次重大的修改，但是仍然没有加入关于等同原则的规定。直到 2001 年 6 月 19 日，最高人民法院发布《关于审理专利纠纷案件适用法律问题的若干规定》明确了专利法是人民法院判定专利侵权时适用等同原则的法律依据，该规定第一次明文提出等同原则的适用问题。在我国，随着专利制度的发展，侵权人完全仿制专利技术的专利侵权行为已经很少见，多是采取改动替换技术特征的方法来逃避侵权责任，引入等同原则对于保护专利权人的合法利益，鼓励发明创造，促进科学技术的发展都具有必要的现实意义。

小知识

各国对于等同原则的确认

等同原则目前已经为世界各国法律所认可，美国早在1853年就通过衡平法创立了等同原则，直至今日，美国最高法院已经通过大量案例确立了等同原则的适用，并且明确了等同原则的适用要件。在日本，随着技术水准的大幅度提高，对专利发明的进一步重视与保护就越来越成为时代的要求，日本最高裁判所在1998年2月24日的判决中，正面肯定了等同原则，并详细地论述了等同原则的适用条件。因此，在日本，等同原则已得到了完全的确立。在欧洲，确定专利保护范围的法律是《欧洲专利公约》第69条。该条款的内容是，专利的保护范围由权利要求书内容决定，解释权利要求内容参考专利说明书和附图。自1978年《欧洲专利公约》生效以来，各成员国按照《欧洲专利公约》第69条和其他的有关条款调整了国内专利法，第69条为各成员国专利司法实践中适用等同原则提供了基础。对于等同原则的适用方面宽严的掌握各国差距较大，但是对于等同原则作为一种判定侵权的依据都给予了认可的态度。

3. **禁止反悔原则**

在专利侵权判定中，禁止反悔原则是一个极为重要的原则，在一定程度上对等同原则起着限制的作用。禁止反悔原则是指在专利审批、撤销或无效程序中，专利权人为确定其专利权具备新颖性和创造性，通过书面声明或者修改专利文件的形式，对专利权利要求的保护范围做了限制承诺或者部分地放弃了保护，并因此获得了专利权。而在专利侵权诉讼中，法院适用等同原则确定专利权的保护范围时，应当禁止专利权人将已被限制、排除或者已经放弃的内容重新纳入专利权的保护范围。当等同原则与禁止反悔原则发生冲突时，即原告主张适用等同原则判定被告侵犯其专利权，而被告主张适用禁止反悔原则判定自己不构成侵犯专利权的情况下，应当优先适用禁止反悔原则。

禁止反悔原则和专利申请有密切的关系。在我国，国务院专利行政部门的审查员在进行专利审查过程中，认为专利申请不符合专利的条件时，会向专利申请人发出审查意见通知书，要求专利申请人陈述意见。这时，专利申请人必须讲明发明和已知技术相比到底有什么不同。专利申请人也可以对权利要求做一些修改，根据现有技术对权利要求重新划界，更明确地把发明和已知技术相区别开来。专利申请人一旦对权利要求进行过修改或陈述意见，在以后的专利

侵权诉讼过程中，被控侵权人就可以根据专利申请文件里记载的有关内容，要求法院对专利权利要求做出前后一致的解释。因此，对于禁止反悔原则的一般理解就是：如果专利权人在专利申请过程中放弃了某些内容，在以后的专利侵权诉讼过程中，专利权人就不能够再把这些内容重新“捡回来”，并且用来对抗被控侵权人。

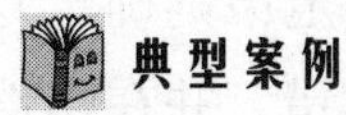

典型案例

禁止反悔原则

朱玉振诉宁波方太厨具有限公司、江苏五星电器有限公司专利侵权纠纷案。江苏省高级人民法院认为：朱玉振在专利申请阶段或专利复审阶段，向国务院专利行政部门所作的关于权利要求范围的陈述不得反悔，应当作为确定其权利保护范围的依据。由于朱玉振在专利复审阶段，对于其权利要求中关于“主风机室出风口开口于室外”进行过限定性解释，认为该技术特征从来没有被公开披露，实质上就排除了专利中含有被现有技术披露的“排风口开设在机壳顶板、通过排风管排除油烟”内容部分的保护，并且该解释被专利复审委采纳。因此朱玉振在专利复审阶段明确放弃的保护内容，不能在侵权诉讼中再纳入其保护范围内，否则有违禁止反悔原则，对社会公共利益造成损害，故此本院无须考虑等同原则的适用。朱玉振在上诉中认为其“出风口开于室外”的保护范围，应当包括通过排风口开设在机壳顶板、通过排风管排除油烟的理由，法院不予支持。法院最终驳回上诉人朱玉振的上诉请求，二被告不构成专利侵权。

资料来源：http：//www. 25wlxt. com/html/2007 -6/2007628142408. htm。

4. 多余指定原则

多余指定原则是指在专利侵权判定中，在解释专利独立权利要求和确定专利权保护范围时，将记载在专利独立权利要求中的明显附加技术特征（即多余特征）略去，仅以专利独立权利要求中的必要技术特征来确定专利权保护范围，判定被控侵权物是否覆盖专利权保护范围的原则。多余指定原则在我国司法实践中适用的情况主要是指专利权人在撰写专利申请文件时，把明显不是解决发明或实用新型技术问题的非必要技术特征写入了独立权利要求，该非必要技术特征成为限定独立权利要求保护范围的多余限定。

法院在适用多余指定原则判定是否构成专利侵权时，一般在把权利要求分解成技术特征后，并根据当事人的解释和说明，审查所有这些技术特征是不是都属于必要技术特征。如果法院在参考说明书里所记载的发明目的、技术效果方案以及申请人在专利审查过程中向专利局所做的陈述后，认为某一项技术特征属于非必要技术特征，那么法院在判定专利侵权是否成立时就会把这项技术特征省略掉。法院不应主动适用多余指定原则，而应当以原告提出请求和相应的证据为条件，对发明程度较低的实用新型，一般不适用多余指定原则确定专利权保护范围。适用多余指定原则时，应适当考虑专利权人的过错，并在赔偿损失时予以体现。

小知识

专利侵权案件不能轻率用“多余指定原则”

经过多年的审判实践，我国法院已经形成了一些既与国际接轨又具有我国特色的专利权利要求解释规则以及侵权对比判定原则和方法。要科学解释发明和实用新型专利的权利要求，准确界定专利保护范围，既不能简单地将专利保护范围限于权利要求严格的字面含义，也不能将权利要求作为一种可以随意发挥的技术指导。凡写入独立权利要求的技术特征，都是必要的技术特征，均应纳入技术特征对比之列，不能轻率地适用所谓的“多余指定原则”。

5. 公知技术抗辩原则

我国《专利法》的第三次修订，在立法上确定了公知技术抗辩的原则。其规定在专利侵权纠纷中，被控侵权人有证据证明其实施的技术或者设计属于现有技术或者现有设计的，不构成侵犯专利权。即被控侵权人有证据证明自己实施的技术属于现有技术，无须向专利复审委员会申请复审，人民法院可以直接判定被控侵权人行为不构成侵权。

所谓公知技术，就是已经成为人类共同的财富，大家都可以无偿使用，即使被专利权人取得专利权，落入权利要求书的范围，也不应当予以保护。用公知技术抗辩原则可以在一定程度上解决专利诉权的滥用，也可以使专利授权的行政授权程序与解决专利侵权纠纷的司法程序在一定程度上分开。但该原则解决的仅仅是侵权问题，并不直接解决专利权的效力问题。

专利法侵权中允许公知技术抗辩原则的适用，其理论基础主要在于民法上的公平原则。专利法明文规定专利技术与公知技术相比应当具备新颖性、创造性和实用性。如果专利权人的专利与公知技术相比本不具有可专利性，但仍通过了专利审查，那么专利权人获得的专利是有瑕疵的，公众本来就可以通过无效程序使其无效，显然公知技术不应当属于专利保护的范围。如果专利权人的专利与公知技术相比具有可专利性，那么必定是其技术方案与公知技术相比存在差异，并且差异构成区别技术特征。法院将公知技术从专利的禁止权范围中剔除只是还原了专利权本来的面目，把本不属于专利法保护范围的技术特征公平地还给公众而已，这也正是公平原则的体现。

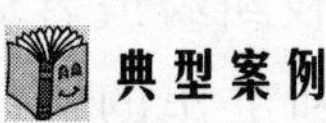 **典型案例**

王川与合肥继初贸易有限责任公司等专利侵权纠纷案

该案被告之一西安神电避雷器有限公司不服安徽省高级人民法院［1999］知终字第 3 号终审民事判决，向最高人民法院申请再审。在该案的审理中，一审法院对神电公司提出的两份公知技术抗辩证据没有做任何审查，二审法院未就该两份公知技术抗辩证据所披露的技术与神电公司技术进行对比，而仅仅是与王川专利进行对比得出两者不相同的结论。最高人民法院在该函中指出，不论神电公司技术与王川专利是否相同，在神电公司提出公知公用技术抗辩事由的情况下，只有在将神电公司技术与公知公用技术对比得出否定性结论以后，才能将神电公司技术与王川专利进行异同比较。由此可见，最高人民法院的意见是公知技术抗辩优先适用，只有在公知技术抗辩得出否定性结论以后，才按照常规进行被控侵权物与专利权利要求的比较。

资料来源：http://www. sipo. gov. on/sipo2008/zcfg/flfg/zl/sfis/200804/t20080415377920. html。

12.3　对专利侵权行为的处理

我国《专利法》规定，侵犯专利权引起纠纷的，由当事人协商解决；不愿协商或者协商不成的，专利权人或者利害关系人可以向人民法院起诉，也可以请求管理专利工作的部门处理。可见，我国对专利权的保护实行行政和司法两条途径协调运作的双轨制模式。这一做法不仅被实践证明符合我国国情，行之有效，而且也符合世界贸易组织的有关规定。新修改的专利法不仅继续保留了“双轨制”的特色，而且更强化了专利纠纷行政执法的力度。

12.3.1 专利侵权的行政执法管理

1. 专利侵权案件的行政主管机关

在我国，专利的行政执法机关即管理专利工作的部门，主要是专利局，有的是单独的专利局，有的是知识产权管理局。专利法实施细则规定，管理专利工作的部门，是指由省、自治区、直辖市人民政府以及专利管理工作量大又有实际处理能力的设区的市人民政府设立的管理专利工作的部门。国务院专利行政部门应当对管理专利工作的部门处理专利侵权纠纷、查处假冒专利行为、调解专利纠纷进行业务指导。当事人请求处理专利侵权纠纷或者调解专利纠纷的，由被请求人所在地或者侵权行为地的管理专利工作的部门管辖。

管理专利工作的部门具有执法和管理双重职能，这是我国专利制度的特色之一。其职责主要包括：（1）制订本地区本部门专利工作的规划和计划；（2）组织协调本部门的专利工作并进行业务指导；（3）处理本地区本部门的专利纠纷；（4）管理本部门本地区的专利许可证贸易和技术引进中有关专利的工作；（5）组织专利工作的宣传教育和干部培训；（6）领导本部门本地区的专利服务机构；（7）筹集管理和使用专利基金，扶植专利申请和专利技术的开发实施；（8）负责本地区本部门个人向外国人转让专利申请权和专利权的审核，并办理报批手续等。

2. 管理专利工作的部门对专利侵权的处理

管理专利工作的部门，在发生专利侵权行为后，可以依据当事人的请求对专利侵权纠纷进行处理。管理专利工作的部门处理时，认定侵权行为成立的，可以责令侵权人立即停止侵权行为，当事人不服的，可以自收到处理通知之日起 15 日内依照《行政诉讼法》向人民法院起诉；侵权人期满不起诉又不停止侵权行为的，管理专利工作的部门可以申请人民法院强制执行。进行处理的管理专利工作的部门应当事人的请求，可以就侵犯专利权的赔偿数额进行调解；调解不成的，当事人可以依照我国《民事诉讼法》的规定向人民法院起诉。

管理专利工作的部门根据已经取得的证据，对涉嫌假冒专利行为进行查处时，可以询问有关当事人，调查与涉嫌违法行为有关的情况；对当事人涉嫌违法行为的场所实施现场检查；查阅、复制与涉嫌违法行为有关的合同、发票、账簿以及其他有关资料；检查与涉嫌违法行为有关的产品，对有证据证明是假冒专利的产品，可以查封或者扣押。管理专利工作的部门依法行使前款规定的职权时，当事人应当予以协助、配合，不得拒绝、阻挠。

另外，管理专利工作的部门根据当事人的请求，可以对下列专利纠纷进行调解：(1) 专利申请权和专利权归属纠纷；(2) 发明人、设计人资格纠纷；(3) 职务发明创造的发明人、设计人的奖励和报酬纠纷；(4) 在发明专利申请公布后专利权授予前使用发明而未支付适当费用的纠纷；(5) 其他专利纠纷。

当事人请求处理专利侵权纠纷或者调解专利纠纷的，由被请求人所在地或者专利侵权行为地的管理专利工作的部门管辖。两个以上管理专利工作的部门都有管辖权的专利纠纷，当事人可以向其中一个管理专利工作的部门提出请求；当事人向两个以上有管辖权的管理专利工作的部门提出请求的，由最先受理的管理专利工作的部门管辖。管理专利工作的部门对管辖权发生争议的，由其共同的上级人民政府管理专利工作的部门指定管辖；无共同上级人民政府管理专利工作的部门，由国务院专利行政部门指定管辖。

12.3.2　人民法院对专利侵权的处理

当发生专利侵权纠纷时，当事人可以向有管辖权的人民法院提起诉讼，以司法程序解决专利纠纷。人民法院受理审判的专利纠纷案件包括两大类：一类为专利民事纠纷案件，如专利权权属纠纷案件、侵犯专利权纠纷案件等；另一类为专利行政案件，如不服维持驳回申请复审决定案件、不服专利权无效宣告请求决定案件等。我们这里所说的是第一种情形。

1. 级别管辖和地域管辖

(1) 关于人民法院的级别管辖。级别管辖，是指按照一定的标准，划分上下级法院之间受理第一审民事案件的分工和权限。专利纠纷案件的级别管辖有两种：一是由各省、自治区、直辖市人民政府所在地的中级人民法院作为一审法院；二是由最高人民法院指定的中级人民法院作为第一审法院予以受理。其他中级人民法院和基层人民法院无权审理专利纠纷的案件。据最高人民法院知识产权庭的统计，随着专利纠纷的日益增多，为方便当事人司法救济，近年来我国专利纠纷案件一审管辖法院陆续增加，除省、自治区和直辖市省会所在地的中级法院外，最高人民法院根据专利审判的需要陆续新指定了 25 个中级法院有权管辖专利纠纷一审案件。目前我国专利纠纷案件一审管辖法院增至 59 个中级法院。

小知识

世界各国的级别管辖原则

从国外看，民诉制度关于一审案件的管辖大致有两种类型：一种是将所有一审案件都划归基层法院受理，上级法院原则上不受理一审案件，如法国、俄罗斯、美国联邦法院等均属此种类型。这种类型实际上不存在级别管辖问题。另一种是将一审案件交给基层法院和其上一级法院审理，通过级别管辖在这两级法院之间确定各自的分工和权限，如德国、日本、匈牙利等属第二种类型。这种类型仅在两级法院之间对受理一审案件的权限做出分工，因而级别管辖问题相对来说较为简单。我国法院有四级，并且每一级都受理一审案件，因此需要运用级别管辖对四级法院受理一审案件的权限进行分工。相比较而言，我国的级别管辖比其他国家涉及的面宽，也更为复杂。

（2）关于人民法院的地域管辖。侵犯专利权案件的地域管辖适用民事诉讼法的一般规定，即由侵权行为地或者被告住所地人民法院管辖。这就是说，专利纠纷案件的当事人提起诉讼，要向侵权行为地或者被告住所地的享有专利纠纷案件管辖权的中级人民法院提起诉讼。侵权行为地包括：被控侵犯发明或者实用新型专利权的产品的制造、使用、许诺销售、销售、进口等行为的实施地；专利方法使用行为的实施地，依照该专利方法直接获得的产品的使用、许诺销售、销售、进口等行为的实施地；外观设计专利产品的制造、销售、进口等行为的实施地；假冒他人专利的行为实施地。上述侵权行为的侵权结果发生地。原告仅对侵权产品制造者提起诉讼，未起诉销售者，侵权产品制造地与销售地不一致的，制造地人民法院有管辖权；原告以制造者与销售者为共同被告起诉的，销售地人民法院有管辖权。在销售地只对外地的制造者提起侵权的诉讼，应当由制造地人民法院管辖。

2. 诉前禁令和证据保全

为了有效地保护专利权人的权利，我国专利法在专利侵权诉讼中，规定了诉前禁令和证据保全两项制度。

（1）诉前禁令。诉前禁令是指专利权人或者利害关系人有证据证明他人正在实施或者即将实施侵犯专利权的行为，如不及时制止将会使其合法权益受到难以弥补的损害的，可以在起诉前向人民法院申请采取责令停止有关行为的措施。法院是否对申请人的申请发布诉前禁令，不仅会对申请人的利益产生重

大影响，而且将对被申请人的利益产生重大影响。发布诉前禁令是为了保护权利人免受难以弥补的损失，然而发布错误的诉前禁令同样也会给被控侵权人造成难以弥补的损害。特别是诉前禁令是未经庭审程序，完全依据申请人的单方申请做出的，因此对其必须严格限制。这也是避免司法保护这种公共资源被当事人滥用的必然要求。在司法实践中，法院适用诉前禁令的规定应当注意以下几点：

首先，申请人提出诉前禁令申请时，应当提供担保；不提供担保的，驳回申请。法律规定申请人在提出申请时应一并提供担保，一方面是对错误的诉前禁令的事先补救措施；另一方面也起到防止申请人诉权滥用的作用。申请人提供担保是法律的刚性规定，司法实践中的难点在于如何确定担保的数额及担保的方式。法院在认定诉前禁令的担保数额时没有可以直接援引的计算标准，必须针对不同情况，酌定担保数额。司法实践中，应当酌定的几项考虑因素：第一，禁令实施后对被申请人可能造成的经济损失；第二，申请人在申请禁令的同时已基本确定的赔偿数额；第三，被申请人的抗辩意见。诉前禁令本身就存在给被申请人造成损失的可能性，担保的目的就是在错误诉前禁令发布之后能够全面赔偿被申请人的损失，因此，担保必须是充分而足额的。

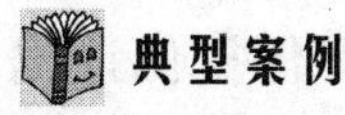

典型案例

宁波首个诉前禁令

根据日本岛野株式会社的申请，最近，浙江省宁波市中级人民法院首次发出诉前禁令，裁定浙江两家公司在所涉案件未结前，停止制造和销售可能侵犯日本公司专利权的自行车配件。日本公司为此提供了 50 万元担保。宁波中院同时还做出了证据保全的裁定，扣押了浙江两公司的涉案自行车配件、产品目录，并复制了相关的财务账册。

资料来源：http://fzb. ziol. com. cn/gb/node2/node802/…/userobiect15ai3107185. html。

其次，人民法院应当自接受诉前禁令申请之时起 48 小时内做出裁定；有特殊情况需要延长的，可以延长 48 小时。裁定责令停止有关行为的，应当立即执行。当事人对裁定不服的，可以申请复议一次；复议期间不停止裁定的执行。由于诉前禁令申请的审查范围较广，特别是申请人是否有证据证明被申请人正在实施或者即将实施侵犯知识产权的行为、不立即制止被申请人的行为是否会使申请人合法权益受到难以弥补的损害、担保手续是否合法、担保金额是否适当等问题，这些都要在48小时内做出明确判定，因此，其对法院的工作的效率要求较高。

再次，申请人自人民法院采取责令停止有关行为的措施之日起15日内不起诉的，人民法院应当解除该措施。这是由于法院适用诉前禁令的目的不是无期限的停止被申请人的有关行为，而是为了防止诉前禁令申请人其合法权益受到难以弥补的损害的发生而采取的临时强制措施，因此，必须有一定的期限限制。申请人必须在15日内到人民法院起诉，通过诉讼来保护自己的合法权益，这样才能使得自己的合法权益受到永久性和根本性的保护。

最后，申请有错误的，申请人应当赔偿被申请人因停止有关行为所遭受的损失。发布禁令是为了保护权利人免受难以弥补的损失，发布错误的禁令同样也会给被控侵权人造成难以弥补的损害。因此，如果诉前禁令的申请有错误的，申请人应当赔偿被申请人因停止有关行为所遭受的损失。在酌定其应当赔偿损失的数额时，不但应考虑到被申请人的直接损失，而且要考虑到其间接损失；不但应预见到有形财产的损失，还应预见到无形财产的损失。

（2）证据保全。为了制止专利侵权行为，在证据可能灭失或者以后难以取得的情况下，专利权人或者利害关系人可以在起诉前向人民法院申请保全证据。我国《民事诉讼法》规定，当事人对自己提出的主张，有责任提供证据。这一法律规定明确了在专利侵权诉讼中，专利权人作为原告应对被告有生产销售被控侵权产品的侵权行为和被告在侵权中获利多少的主张承担举证责任。但在证据可能灭失或者以后难以取得的情况下，由于许多原告当事人此前不懂得如何进行调查取证，也不知道如何向法院申请诉前证据保全，往往就会因为证据不足，而使本可以胜诉的案件败诉，本可以获得大额赔偿的却仅仅获得小额赔偿。可见，诉前证据保全在专利侵权诉讼中非常重要。人民法院在适用诉前证据保全时应当注意以下几点。

首先，人民法院采取保全措施，可以责令申请人提供担保；申请人不提供担保的，驳回申请。这一方面是对错误保全的事先补救措施；另一方面也起到防止申请人诉权滥用的作用。申请人提供担保是法律的原则性规定，如何确定担保的数额及担保的方式，法院在认定诉前证据保全的担保数额时没有可以直接援引的计算标准，必须针对不同情况，酌定担保数额。

其次，人民法院应当自接受申请之时起48小时内做出裁定；裁定采取保全措施的，应当立即执行。在法定的48小时审查时间内，法院要对申请人的理由是否合法充分、证据是否可能灭失或者以后难以取得、担保手续是否合法、担保金额是否适当等问题在 48 小时内做出明确判定。

最后，申请人自人民法院采取保全措施之日起 15 日内不起诉的，人民法院应当解除该措施。实施诉前证据保全是为了防止证据可能灭失或者以后难以取得的情况，为了保护权利人免受难以弥补的损失。但是，诉前证据保全措施不能一直无期限的存在，必须有一定的期限限制。因此，申请人自人民法院采取保全措施之日起 15 日内不起诉的，人民法院应当解除该措施。

 **小知识**

专利侵权的诉讼时效

诉讼时效是指民事权利受到侵害的权利人在法定的时效期间内不行使权利，当时效期间届满时，人民法院对权利人的权利不再进行保护的制度。在法律规定的诉讼时效期间内，权利人提出请求的，人民法院就强制义务人履行所承担的义务。而在法定的诉讼时效期间届满之后，权利人行使请求权的，人民法院就不再予以保护。值得注意的是，诉讼时效届满后，义务人虽可拒绝履行其义务，权利人请求权的行使仅发生障碍，权利人丧失了胜诉权，但是权利本身及请求权并不消灭。当事人超过诉讼时效后起诉的，人民法院受理后查明无中止、中断和延长事由的，判决驳回其诉讼请求。我国侵犯专利权的诉讼时效为 2 年。

3. 专利侵权诉讼中的举证责任

专利权人在提起侵权诉讼的时候，要按照民事诉讼法的有关规定承担举证责任，即“当事人对自己提出的主张，有责任提供证据”。但是，专利侵权纠纷涉及新产品制造方法的发明专利的，制造同样产品的单位或者个人应当提供其产品制造方法不同于专利方法的证明。在专利侵权纠纷中，提出指控的专利权人或者利害关系人应当首先承担举证责任，提供证据证明：（1）自己拥有什么样的专利权以及该专利权的权利状况；（2）被控侵权人何时何地进行了何种行为；（3）被控侵权人实施了其专利产品或者其专利方法，即实施行为的客体落入其专利权的保护范围之内。

12.4　专利侵权的法律责任

管理专利工作的部门和人民法院在专利侵权纠纷中，依据事实和法律，经过审查，确定专利侵权行为成立的，可以依法令侵权人承担相应的法律责任。根据专利法和其他相关法律的规定，承担专利侵权责任的种类包括民事责任、行政责任以及刑事责任。

12.4.1 民事责任

根据我国民法通则的规定，民事责任种类很多，涉及专利侵权主要是这样几种承担民事责任的方式：停止侵权、赔偿损失和消除影响。

1. 停止侵权

停止侵权，是指专利侵权行为人应当根据管理专利工作的部门的处理决定或者人民法院的生效判决，立即停止正在实施的专利侵权行为。为了有效地阻止专利侵权行为的继续进行，专利权人可以在起诉前申请诉前禁令，诉前禁令是指在起诉前专利权人向人民法院申请采取责令停止有关行为的措施。诉前禁令的申请应当向有专利侵权案件管辖权的人民法院提出，在提出诉前禁令时申请人应当提供担保，不能提供担保的，法院将会驳回申请。

2. 赔偿损失

赔偿损失是一种最普遍、最常用的救济措施。在确定了行为人的行为构成专利侵权后，侵权行为人是否应当向专利权人赔偿损失以及应当赔偿多少，即以什么标准来赔偿是一个很重要的问题。

根据我国专利法的规定，侵犯专利权的赔偿数额按照权利人因被侵权所受到的实际损失确定；实际损失难以确定的，可以按照侵权人因侵权所获得的利益确定。权利人的损失或者侵权人获得的利益难以确定的，参照该专利许可使用费的倍数合理确定。赔偿数额还应当包括权利人为制止侵权行为所支付的合理开支。

权利人的损失、侵权人获得的利益和专利许可使用费均难以确定的，人民法院可以根据专利权的类型、侵权行为的性质和情节等因素，确定给予1万元以上100万元以下的赔偿。

可见，我国法律规定了三种赔偿方法：（1）可以根据专利权人因被侵权所受到的损失来确定赔偿数额；（2）在专利权人的损失难以计算的情况下可以根据侵权人因侵犯专利权所获得利益为标准来计算赔偿的数额；（3）在专利权人的损失和侵权行为人的所得利益都难以计算的情况下，参照该专利许可使用费的合理倍数来确定赔偿数额。这三种数额都难以确定时，可以根据情况，确定给予1万元以上100万元以下的赔偿。

3. 消除影响

在侵权行为人实施侵权行为给专利产品在市场商誉造成损害，影响其专利

产品的销售、使用时，侵权行为人就应当承担消除影响的法律责任。比如，通过新闻媒体公开声明、道歉，达到消除对专利权不良影响的目的。在现实生活中，由于专利的发明人、设计人的资格纠纷涉及专利权利人的名誉或者“名誉感”受损，因此，享有专利权的自然人可以请求承担消除影响的责任。假冒他人专利纠纷因涉及专利权利人的商业信誉，故专利权利人应请求消除影响，具体可要求侵权人登报声明以消除不良影响。

典型案例

西农 8 号系某农林大学的两位教授培育的一代西瓜优良品种。因其为职务成果，1993 年 6 月由该大学以一代杂种的育种方法向国家专利局提出了方法发明专利申请，1996 年获得专利授权。该专利的权利要求为：一种西瓜一代杂种的育种方法，其特征是以 ww150 为母本，以 ww102 为父本，配置成杂种一代新品种西农 8 号。该品种有高产优质、抗病耐重差、适应性强等突出特点，曾先后获得全国超金钟冠农西瓜优良品种评比金瓜杯等多种奖项。1996 年又获国家科委等五部委授予的国家级新品种证书，1997 年荣获世界知识产权组织和中国专利局颁发的中国专利发明金奖。经在全国 20 多个省市自治区推广，新增经济效益 10 亿元以上，成为国内最走俏，经济效益最佳的西瓜品种之一。

1998 年以来，某农林大学发现某省种子公司在市场销售标有“西农 8 号”字样的西瓜种子，而该种子公司并未获得其授权。在经调查取得确凿证据后，遂向某中级人民法院起诉。该中级法院经过审理，认定专利侵权成立，责令被告赔偿原告方的经济损失，并登报声明，消除影响。

资料来源：http://wenku.baidu.com/view/fc4fc56a561252d380eb6ea3.html。

12.4.2　行政责任

由于我国存在着专利的行政保护制度，因此，管理专利工作的部门对专利纠纷的处理时，可以责令专利侵权人承担相应的行政责任。行政责任包括责令改正、没收违法所得、罚款等。

根据我国专利法的规定，对于假冒专利的，除依法承担民事责任外，由管理专利工作的部门责令改正并予公告，没收违法所得，可以并处违法所得 4 倍以下的罚款；没有违法所得的，可以处 20 万元以下的罚款；违反本法第 20 条规定向外国申请专利，泄露国家秘密的，由所在单位或者上级主管机关给予行政处分。

侵夺发明人或者设计人的非职务发明创造专利申请权和本法规定的其他权益的，由所在单位或者上级主管机关给予行政处分。

管理专利工作的部门规定的参与向社会推荐专利产品等经营活动，由其上级机关或者监察机关责令改正，消除影响，有违法收入的予以没收；情节严重的，对直接负责的主管人员和其他直接责任人员依法给予行政处分。

从事专利管理工作的国家机关工作人员以及其他有关国家机关工作人员玩忽职守、滥用职权、徇私舞弊，尚不构成犯罪的，依法给予行政处分。

12.4.3 刑事责任

对于侵犯专利权的行为，情节严重，构成犯罪的，应当依法追究刑事责任。

根据我国《刑法》第216条的规定，假冒他人专利，情节严重的，处3年以下有期徒刑或者拘役，并处或者单处罚金。

从事专利管理工作的国家机关工作人员以及其他有关国家机关工作人员玩忽职守、滥用职权、徇私舞弊构成犯罪的，比照《刑法》第399条的规定，追究相关工作人员的刑事责任。

违反专利法的相关规定，在向外国申请专利时，泄露国家秘密，构成犯罪的，依法追究刑事责任。依照《刑法》第398条的规定，国家机关工作人员违反保守国家秘密法的规定，故意或者过失泄露国家秘密，情节严重的，处3年以下有期徒刑或者拘役；情节特别严重的，处3年以上7年以下有期徒刑。

复习思考题

1. 专利权的保护范围有哪些？
2. 专利侵权行为的构成要件是什么？
3. 专利侵权行为的种类有哪些？
4. 专利侵权诉讼中的证据保全是什么？
5. 专利侵权应当承担哪些民事责任？

第四篇　著作权法

知识产权保护制度是随着科学技术的进步而不断发展和完善的，著作权的法律保护不仅仅能够促进社会主义文化事业的发展，同时版权产业也已经成为我国经济发展的主要动力。在这一篇里，我们学习的内容将涉及著作权的概念及特征、著作权的主体、客体和内容，以及著作权的行使和著作权的保护等问题。同时，还将学习与著作权相关的权利——邻接权的基本知识。

第四编　著作权法

[illegible]

第13章 著作权与著作权法

学习目标

我们将重点学习著作权的概念及特征。熟悉和掌握著作权法的概念和调整对象。了解国际著作权制度的起源和发展。掌握理解我国著作权法的历史发展及其基本原则。

关键名词

著作权　著作权法　著作权法的基本原则

13.1 著作权的概念及特征

13.1.1 著作权的概念

著作权，亦称版权，是指自然人、法人或者其他组织对文学、艺术和科学作品所享有的专有的人身权利和财产权利的总称。著作权的主体包括自然人、法人和其他组织，其客体的领域包括文学、艺术以及科学范畴。著作权的内容既包括财产权，也包括人身权的内容。

关于著作权的称谓，一直有不同的看法。主要体现在著作权与版权、作者权的关系方面。其实这三个称谓的内涵是基本一致的，只是在不同的时期，其外延有所差异，我们可以从著作权一词称谓上的演进看出这一点。在历史上，英美法系国家最早使用“版权”（copyright）描述作者所享有的权利，本意为禁止他人对附载作品的物质实体进行复制，以保护作者的经济权利；权利主体可以是自然人，也可以是法人或者其他组织。大陆法系国家中，首先是法国使用了“作者权”（author's right）这一称谓，认为作品是作者人格的一部分，与作者人身相连，作者只能是自然人，作者权不仅包括财产权利，还包括精神权利。

关于著作权的称谓，应当说是经历了一个很长的历史发展阶段。最早的著作权就是指翻印权、印刷权。各国学者都普遍认为，著作权是随着印刷术的采用而出现的，而最初的著作权更接近于版权的原意，即翻印权（copyright）。

原始版权的保护制度最早源于我国的宋代，随着印刷术的普及，欧洲的一些国家关注对印刷者的权利保护，如15世纪末的威尼斯共和国曾经授予印刷商冯·施贝叶为期5年的印刷出版专有权。在那个时期，似乎著作权的全部内容就是指翻印权，至于作者，谁是写作这个作品的人在所不问。因此，当时对于作者的权利也是漠视的。

而到了资产阶级革命的时期，资产阶级明确提出了“天赋人权”这样的理论。德国宗教改革的领袖马丁·路德就揭露某些书商盗用他的手稿的事实，指责这些行为与拦路抢劫的盗窃毫无二致。尤其是在英国，人们越来越发现随便翻印个人的手稿或者出版该手稿似乎和盗窃财物的性质是一样的，于是人们感觉不能再对作者的权利予以漠视了。英国的许多学者提出，如果没有作者写作作品，出版者哪里来的权利呢？所以作者的权利就被提升到了很高的地位。在这种历史背景下，英国于1709年通过了世界上第一部著作权法《为鼓励知识创作而授予作者及购买者就其已印刷成册的图书在一定时期内之权利法》，即《安娜女王法》。这部法律不仅是专门保护著作权的一部法律，而且一改过去仅仅保护翻印权的做法，以保护作者的权利为核心。从《安娜女王法》之后，著作权的立法便以保护作者的权利为核心了。因此，著作权的概念就发展到作者的权利，虽然我们现在称它著作权，但是，其核心内容仍然是作者的权利。

随着作品的传播以及各国历史文化的演进，人们逐渐开始把作者的权利称作著作权，而这个词最早是从日本翻译过来的。据史料记载，日本学者在翻译“版权”一词时，将其引入日本并开始采用“著作权”的称谓，并在20世纪初将其传入中国。我国最早于1910年在当时《大清著作权律》中使用“著作权”的概念。新中国成立之后，在国家颁布的法律文件中，“著作权”和“版权”的概念一直被通用。例如，1985年文化部颁布的《图书、期刊版权保护试行条例》和《图书、期刊版权保护试行条例实施细则》中，都使用了“版权”一词；而1985年颁布的继承法中则使用了“著作权”的称谓。这种现象曾引起我国法学理论界和司法界的广泛争论，一直持续到1986年我国《民法通则》的颁布，将版权和著作权作为同一概念对待，在立法上肯定了二者的可替代性，才使得上述的争论宣告结束。在1990年我国颁布的《著作权法》第57条明确指出：“本法所称的著作权即版权。”

因此，在我国，著作权与版权的含义完全相同，从我国的立法和法律传统来看，其实也是把著作权和版权等同对待，所以著作权等同于版权。

13.1.2 著作权的特征

著作权属于知识产权的一种，具有其他知识产权所应当具有的特征，比如

说无形性、专有性、时间性、地域性等。我们这里重点来研究著作权的专有特征，即主要研究它与其他的知识产权相对比，著作权的权利有哪些不同的体现。但是，这些特征并不排除著作权作为民事权利和知识产权所具有的共同的特征。

1. 内容上的双重性

著作权是财产权和人身权的集合，而且，著作权中人身权的属性比较明显。著作权的人身权包括发表权、署名权、修改权和保护作品完整权。这些权利与作者人身密不可分，具有人身依附性，不可整体转让和剥夺。在这一点上，著作权与商标权和专利权都有所不同，后两者其人身权的属性并不十分明显。

另外，著作权的人身权不同于民法概念上的人身权，这种权利是与作者人身密不可分的。从人身权的起源看，18 世纪末，在资产阶级的天赋人权思想的影响下，德国著名哲学家康德等人提出了作品是人格权、人身权的一种延伸权利的观点，这一观点被大陆法系的国家立法所采用，主张保护作者的人身权。纵观各国的立法，著作权的人身权大致包括：发表权、署名权、修改权、保护作品完整权、收回已发表的作品权等。对于著作权的人身权保护，大陆法系与英美法系的国家立法对其采取完全不同的立场。大陆法系的国家都主张承认和保护作者的人身权，例如德国版权法一开始便有保护作者人身权的条款，并规定人身权不得转让。英美法系的国家在早期都不承认作者的人身权，后来才将此内容列入相关立法。而我国采用大陆法系的做法，著作权包括人身权与财产权两部分。我国《继承法》第 3 条规定，著作权中的财产权属于继承的范围。也就是说，著作权分为人身权与财产权，财产权可以继承。我国《民法通则》第 94 条规定，公民、法人享有著作权，依法有署名、发表、出版、获得报酬等权利。其中“署名”“发表”的权利为人身权。

2. 权利期限的长期性

权利期限即是著作权的保护期期限，是指著作权受法律保护的时间限制，或者说是著作权的有效期限。在著作权保护期内，作品的著作权受法律的相应保护，除了法律另有规定之外，使用作品均需要征得著作权人的同意，并向其支付报酬。著作权保护期满之后，作品即进入“公有领域”，不再受法律的保护，任何人都可以在无须征得原著作权人同意、无须向原著作权人支付报酬的情况下使用作品。著作权保护期限的确立对于保障著作权人对作品享有的专有权利，确保著作权成为发展本国文化和科学事业的工具起了重要作用。

与专利权和商标权相比较，著作权的财产权和人身权的保护期限都相对较长。首先，其人身权除了发表权之外，是不受时间限制的，具有永久性。例如，经典的四大名著之一《三国演义》流传已经很久，但其署名权、修改权和保护作品完整权仍然要受到尊重。而就财产权而言，其保护期限为作者有生之年加死后50年，截至作者死亡第50年的12月31日。而专利权的保护期限一般不超过20年，商标权的保护期限为10年，但保护期满后可续展，且不受续展次数的限制。因此，与专利权和商标权相比，著作权的保护期限相对较长。

3. 相对较弱的独占性

著作权的独占性，是指自然人、法人或者其他组织依法取得的著作权是受法律保护的，除法律另有规定外，任何人不得在未经著作权人许可的情况下非法使用其作品。非法出版、复制、抄袭等这些侵犯著作权的行为是被法律所禁止的。著作权保护的是独创性，是思想内容的特定表达方式，不保护思想内容本身，也不保护表达形式本身。故在专有性上，著作权针对的是具体化的对象的专有性保护相对较弱一些。也就是说，著作权人不能禁止他人利用相同的内容，用相同的方式表达，只能阻止他人对其作品进行复制、抄袭、剽窃、翻译等。著作权人不能仅仅以自己的作品先创作出来、他人的后创作作品与其作品有相同或相似之处为理由，就无端指责他人的创作是抄袭或者剽窃了自己的作品。当然，如果著作权人有充分的证据证明他人的作品是对自己作品的抄袭或剽窃，就可以对他人提出侵权诉讼，不论他人是以合法方式或是违法方式实施，均是侵犯了著作权人的著作权。

因此，著作权与专利权和商标权相比，专利权和商标权的专有性更加抽象，独占性要求较高。比如，相同或者相似的作品可能会存在两个独立的著作权人，两个人可以就同一个题材创作话剧，只要不是抄袭等就可以各自享有著作权，而相同或者相似的发明创造不能授予两个独立的发明人各自享有独立的专利权。著作权的独占性之所以不同于专利权和商标权的独占性，是因为著作权法保护的是作品的表达，而不是作品所包含的思想或主题。这些思想或主题仅仅是著作权法上的“创作源”，是不可以被某个作者所垄断的。最高人民法院《关于审理著作权民事纠纷案件适用法律若干问题的解释》第15条明确规定：“由不同作者就同一题材创作的作品，作品的表达系独立完成并且有创作性的，应当认定作者各自享有独立著作权。”例如，甲、乙作家均可就雍正皇帝时期的史实编写小说，这些史实就是“创作源”。但由于甲、乙对这些史实的选用、编写和表达方式不同因而各自对其小说享有著作权。但有时因为巧合，这种表达也有可能相似或雷同的。但只要作者创作的作品是独立完成的并且具有创造性，即使与他人的作品相似或雷同，也被认为具有独创性，是著作权法意义上的作品。

典型案例

“上海律师在线”网站页面被侵权案

上海市居民吴某与他人于 2003 年联合创办了“上海律师在线”网站，经过一段时期的精心维护，该网站在业内具有了一定的知名度。2005 年 7 月，吴某发现一个名为“http：//shlawyer. 51. net”的网站与自己网站的一些网页页面基本相同，于是将“http：//shlawyer. 51. net”网站的开设人陈某诉至上海市一中院。

法院经审理后认为，原告吴某网站的网页页面构成著作权法意义上的作品，被告陈某网站上的频道名称、频道条的结构布局、部分频道的页头样式、文字内容及排列组合方式与原告吴某网站相应网页页面的表达方式基本相同，是对原告享有著作权的网页页面作品的复制，被告侵犯了原告的著作权，于 2006 年 3 月 14 日判令被告承担相应的民事责任。

资料来源：http//www. h203. com/idalontent. asp?id＝111。

4. 取得方式上的自动性

著作权自动取得制度，也叫自动保护制度和无手续取得制度，是指著作权因作品的创作完成也就是形成作品这一法律事实的存在而发生。著作权的自动取得在理论上又称为创作主义，源于“天赋人权说”，为法国资产阶级大革命时期的著作权法首次确认。今天，大多数国家都采取了这种制度，《伯尔尼公约》确立的版权取得制度亦是自动取得制度，我国的规定也是自动保护主义，著作权一般来说是自动取得的，创作完成作品便产生了著作权。在这一点上，著作权就与商标权、专利权等不同。专利权和商标权属于工业产权，不是自动取得权利，需要经过复杂的申请审批程序，得到明确的授权才能享有相应的权利。完成了创作活动就取得了著作权，当然所创作的作品要符合我国法律的规定。

需要指出的是，著作权的自动取得虽然不需要履行任何手续，但并不意味着获得著作权不需要具备任何条件。在采用自动取得著作权制度的各国，无一例外地均规定著作权取得的一个先决条件，即作品的作者必须是有权取得该国著作权的“合格人”，否则将不予以保护。“合格人”一般包括以下人员：一是本国公民，或者是在本国长期居住的外国人；二是作品第一次在本国出版的外国人；三是作品第一次在与本国签订有著作权保护双边协定的国家或者与本国参加了同一个国际著作权公约的国家出版的外国人。凡是未建立版权制度的国家或是虽然建立了版权制度但却没有参加任何国际公约也未与任何国家签订有版权保护的双边协定的国家的作者，要想自己的作品在其他国家获得著作权，就必须选择在合适的国家第一次出版自己的作品，否则在其他国家很难获得著作权。由此可见，外国人的版权的获得实际上并不完全取决于“作品的创作完成”，在一定的程度上还要依赖于“出版”，因为没有出版是很难来确定作品是何时完成的。还有少数国家，对于一般作品的版权的取得不要求任何形式，但是对于某些特殊的作品，则提出了形式上的特殊要求，如《匈牙利版权法》第51条规定，对于摄影作品、插图等，只有在注明了作者姓名以及首次发表后，才能受到版权的保护。

13.2 著作权法

13.2.1 著作权法概述

1. 著作权法的概念

著作权法是国家制定或者认可的、调整由文学、艺术和科学作品所产生的社会关系的法律规范的总称。包括对著作权的确认，著作权使用过程中发生的法律关系的调整以及著作权纠纷的解决等相关内容。著作权法有广义和狭义之分。广义上的著作权法是指所有调整著作权法律关系的法律规范，不仅包括我国现行的《著作权法》和《著作权法实施条例》，还包括相关的国际公约以及与著作权有关的法律规范，比如《知识产权协定》《民法通则》《计算机软件保护条例》《民事诉讼法》等，因此，我们又称广义著作权法为实质意义上的著作权法。而狭义的著作权法就是指现行的《中华人民共和国著作权法》。该法于1990年9月7日通过，自1991年6月1日起施行。在2001年10月27日经由第九届全国人民代表大会常务委员会第二十四次会议第一次修订，后又根据2010年2月26日第十一届全国人民代表大会常务委员会第十三次会议《关于修改〈中华人民共和国著作权法〉的决定》进行了第二次的修正，狭义的著作权法又称形式意义上的著作权法。

2. 著作权法的调整对象

著作权法属于知识产权法律体系中的一个组成部分，与民法关系密切，但其调整的社会关系的内容及法律原则，又与传统民法有所区别。著作权法的调整对象包括以下两个方面：

（1）因著作权的取得、行使和保护而产生的著作权人与作品使用者之间

的人身关系和财产关系。例如，确定著作权的归属（即著作权人）、著作权人行使著作权的方式（即著作人身权和著作财产权的范围）、著作权的保护等。

（2）与著作权有关的其他社会关系。具体来说，包括作品传播者在传播作品的过程中，因其付出创造性的劳动而形成的与著作权人及作品使用者之间的人身关系和财产关系（即邻接权），以及国家专门机构对著作权所涉及的各种行政管理关系等。

3. 著作权法的适用范围

著作权法适用范围是指著作权法的效力，即指著作权法在时间、地域、对象方面的效力。法的效力一般以属人主义或者是以属地主义为标准判定。我国著作权法采取了两种标准兼用的立法方式，吸取了国际著作权法适用的通行做法。主要体现为以下三个原则：

（1）国籍原则，也称对人的适用范围，即以著作权主体的国籍为标准确定对一部作品著作权是否保护。《著作权法》第 2 条第 1 款规定："中国公民、法人或者其他组织的作品，不论是否发表，依照本法享有著作权。"这就是说，凡属中国国籍的公民和在中华人民共和国境内依法成立的法人、其他组织创作的作品，不论是否发表，都依法享有著作权。

（2）地域原则，也称空间上的适用范围，即以著作权主体创作的作品首先发表地域为标准确定对一部作品著作权是否保护。《著作权法》第 2 条第 3 款规定："外国人、无国籍人的作品首先在中国境内出版的，依照本法享有著作权。"这就是说，外国的自然人、法人等主体及无国籍人创作的作品，只要首次出版在中国领域内，该作品的著作权就受到我国著作权法的承认和保护。

（3）条约互惠原则，也称对等原则，这是国籍原则和地域原则的例外。条约互惠原则是指以我国参加的国际著作权保护公约和我国与外国签订的有关著作权的双边协定为标准确定对一部作品著作权是否保护。《著作权法》第 2 条第 2 款规定："外国人、无国籍人的作品根据其作者所属国或者经常居住地国同中国签订的协议或者共同参加的国际条约享有的著作权，受本法保护。"这就是说，某外国人在境外发表的作品，只要我国与该外国人所属国共同参加或签订著作权保护国际公约或双边协定规定要相互保护著作权的，该外国人的作品应受到我国著作权法的保护。

13.2.2　中国著作权法的产生与发展

1. 新中国成立前的著作权法律制度

中国是印刷术的诞生地，所以可以说我国著作权法起源于宋代。北宋年间，毕昇发明活字印刷术使官方和民间印刷出版业得到发展。与此同时，翻版和窃版行为使采取保护民间出版的措施成为必要。据史书记载，公元 1086 年，为保护《九经》蓝本，朝廷曾下令禁止一般人擅自印刷。南宋中期，民间刻印的北宋历史著述《东都事略》上记有“已申上司不许复版”字样，这是目前发现的世界上最早的关于版权的声明。在当时，其全部内容就是对印刷术的保护，即对印刷者利益的保护，就是翻印权的内容，但是，中国古代一直没有保护作者权利的法律规定。

虽然我国从宋朝起即开始对著作权实施保护，但是始终未有相关立法。直至清朝末年，资本主义的文化开始传到我国，一些清政府的立法者受到资产阶级的影响，开始制定一些民商事的法律，在这些民商事法律中就有一些著作权法。在 1910 年清政府制定了《大清著作权律》，这部法规是我国第一部有关著作权的法律法规，也是我国第一部以著作权利为核心的法律法规。它包括通例、权利期限、呈报义务、权利限制、附例五章共 55 条。在立法上，对两大法系的著作权法兼收并蓄，受德国、日本影响较大，许多内容抄袭自日本著作权法。该法因次年清政府被推翻未能实施，但后被中华民国临时政府沿用至 1915 年，并对我国著作权法历史产生深远影响。它奠定了我国著作权法的基础，此后我国的历次著作权立法，无不受到这部法律的影响。其后，1915 年，北洋政府颁布《著作权法》；1928 年，国民党政府又颁布一部《著作权法》，该法于 1944 年、1949 年两度修改，现该法被数次修订后在我国台湾地区实施。

2. 新中国成立后的著作权法律制度

新中国成立后我们打破了旧的法律体系，在著作权法上也有所体现，比如 20 世纪 50 年代有一些专门保护发表、出版的规定。新中国成立初期，国家曾着手建立著作权保护制度。1950 年 9 月，在全国第一次出版工作会议上通过了《关于改进和发展出版工作的决议》，对保护著作权做出一些原则性规定。1953 年，国家出版总署制定《关于纠正任意翻印图书现象的规定》等文件，表明国家已承认著作权的存在，只是没把它当作一项民事权利规定在法律中加以保护。

对于现行的《著作权法》的制定，可以说是改革开放之后的事情，即党的十一届三中全会以后，对于无形的财产权越来越把它当作一项私权利来保护。在这种思想的指导下，许多专家学者开始探讨我们国家应该有自己的著作权法。一方面保护作者，尊重知识，尊重文化；另一方面，也是我国对外交往所要求的。1985 年，文化部颁布了《图书、期刊版权保护试行条例》，表明我国在改革开放后已经开始著作权立法的尝试。1986 年的《民法通则》第一次明确规定：“公民、法人享有著作权（版权），依法有署名、发表、出版、获得报酬等权利”（第 94 条）；“公民、法人的著作权（版权）……受到剽窃、

篡改、假冒等侵害的，有权要求停止侵害，消除影响，赔偿损失”（第118条）。民法通则第一次把知识产权列为民事权利的重要组成部分，明确规定公民和法人的著作权受法律保护，为我国著作权法的颁布奠定了坚实的法律基础。在这种情况下，我们国家就开始着手制定自己的著作权法，1990年9月7日，第七届全国人民代表大会常务委员会第十五次会议通过新中国第一部《著作权法》，并于1991年6月1日正式实施。可以说这部《著作权法》是我国知识产权立法上的一个里程碑，也是我国著作权法立法上的一个开始。1991年5月24日经国务院批准，1991年5月30日国家版权局发布了《著作权法实施条例》，该条例后来在2002年8月2日国务院令第359号重新修订和公布，自2002年9月15日起正式施行。从此，我国著作权保护制度步入了法律轨道。1992年10月，我国政府同时加入《伯尔尼公约》和《世界版权公约》，两公约已在我国生效。2006年12月，我国加入了《WIPO表演和录音制品条约》和《WIPO版权条约》。

小知识

我国参加的著作权、邻接权国际条约和双边的国际条约

1. 国际公约。我国参加的著作权、邻接权国际公约主要是：

（1）《伯尔尼保护文学和艺术作品公约》，简称《伯尔尼公约》。该公约于1886年9月签订，后经多次修订。最后见到的文本是于1979年10月2日修改本。

（2）《世界版权公约》。该公约于1952年签订，最后见到的文本于1979年7月24日在巴黎修订。

（3）《保护唱片制作者防止唱片被擅自复制公约》。该公约于1971年10月通过，1973年4月18日生效。

2. 双边国际条约。我国已先后与法国、美国等国家签订了有关著作权、邻接权保护的双边国际条约。

3. 著作权法的修订

（1）2001年第一次修订的主要内容。在20世纪90年代初我国就制定了著作权法，从立法的时间上看是比较早的。这部法律在实践中发挥了很大的作用。但是随着改革开放的深入，这部法律越来越显现出它的不合时宜之处，同时，经济的发展必然带动法律的发展和废、改、立，这是一个绝对的规律。就著作权法来说，经过了近10年的时间检验，尤其是我国改革开放20多年来所取得的突飞猛进的发展，1990年的著作权法有许多不合时宜之处，因此，对著作权法的修改就提到了立法者的议程上来。根据2001年10月27日第九届全国人民代表大会常务委员会第二十四次会议《关于修改〈中华人民共和国著作权法〉的决定》，对著作权法进行了第一次修正。

修改的内容主要体现在：首先，增加了一些条文，修改后是60条，比过去增加了。其次，从内容上来看，主要体现在九个方面。比如设立了著作权集体管理和保护制度，过去对像音乐这样的著作权保护法律没有规定由相应的机构来保护，由作者个人来对其进行保护有很大的难度，这次修订的著作权法就建立了著作权集体保护组织，专门对著作权保护过程中具有保护难度的权利实施保护，使著作权的保护落到实处；还明确了著作权可以转让，在1990年著作权法公布后，很多人围绕着著作权是否可以转让、怎样转让展开过很多争论，这次著作权法的修订就明确规定著作权可以转让。另外，还规定了国民待遇适用的问题，正像我们刚才说的，对于我国著作权人和成员国国民的著作权，我们采用国民待遇，这些规定都是国际公约的要求；增加了执法措施，加大了保护力度，这是2001年著作权法很重要的一项举措，对于保护措施增加了诉前保全、临时禁令等；还有其他方面的，比如对著作财产权和人身权规定得更为具体，进行了一一的列举，还明确规定财产权和人身权的含义；对合理适用也做出了科学的界定；对邻接权的规定也有新的内容；等等。

（2）2010年第二次修订的主要内容。根据2010年2月26日第十一届全国人民代表大会常务委员会第十三次会议《关于修改〈中华人民共和国著作权法〉的决定》，对我国著作权法进行了第二次修正。第一，将第4条修改为："著作权人行使著作权，不得违反宪法和法律，不得损害公共利益。国家对作品的出版、传播依法进行监督管理。"第二，增加一条，作为第26条："以著作权出质的，由出质人和质权人向国务院著作权行政管理部门办理出质登记。"

13.2.3 著作权法的基本原则

1. 充分保护作者权益的原则

我们知道没有作者就没有作品，要想保护著作权就必须保护作者的权利，也就是尊重作者的劳动。因此，著作权法应当以作者权利为核心，这一点在著作权法中体现的是自始至终的。在著作权的所有主体中，作者是最为重要的著作权人，所以，对著作权的保护，其核心是对作者权益的保护。为此，我国著作权法在调整作者与使用人乃至与公众的关系中，始终把维护作者的权益放在

首要和核心的地位。作者是从事创造性智力劳动的劳动者，是社会精神财富的创造者。他们的创造性智力劳动应当受到全社会的尊重和法律的保护。由于作者是作品赖以产生的源泉，没有作者，无从谈起作品的利用和传播，更不可能有整个社会的精神文明和文化科学的建设。所以维护作者的合法权益，就是保护创作的源泉。只有作者的权益得到充分有效的保护，才会激励人们的创造热情，也是社会获得生产精神财富的重要源泉。因此，著作权法在调整作者和使用人乃至公众利益的关系中，将维护作者的权益置于首要和核心的地位。维护作者权益在著作权法中主要体现在维护著作权人的人身权和财产权。对侵害著作权人合法权益的各种侵权行为给予制裁。

我国著作权法不仅规定著作权属于作者，而且对作者的著作人身权和著作财产权做了详细规定，为充分保护作者权益提供了法律保障。一方面，在著作人身权方面，《著作权法》规定了作者所享有的发表权、署名权、修改权和保护作品完整权等，这些权利在作者死后仍然受到法律保护，并且除发表权外，其他著作人身权的保护期不受限制。另一方面，在著作财产权方面，著作权法具体规定了作者享有的多项财产权利。著作权法对于作者如何认定、权利的取得、权利的保护、侵权行为的处罚等，无一不是围绕保护作者权利而展开的。所以，充分保护作者权益是著作权法首要的任务，可以说是我们制定著作权法的根本原因之所在，以维护作者的权益为核心是著作权法的重要原则之一。

2. 鼓励优秀作品传播的原则

作者创作出作品其意义在于广泛的流传，这样不但对作者有好处，可以实现作者的利益，同时为社会提供了丰富的精神食粮。广泛深入地传播作品，使之满足社会公众在精神上的需求，是文学艺术和科学作品创作的根本目的。作品的广泛传播离不开大众媒体和传播者的劳动。传播虽然不直接创作作品但也需要付出投资和一定程度的创造性劳动，才能使作品以一种恰当的形式表现出来为公众所接受和使用。传播媒体和传播者的投入及产生的合法权益不应被忽视。他们的劳动成果受到应有的保护是著作权制度不可缺少的内容。随着技术的发展，传播手段越来越先进、便捷，各种新的传播媒体层出不穷。从古代的活字印刷到现代的静电复印、激光照拍、电子扫描，从最初的文字传播、现场表演到现在的广播电视声像传播、录音录像制作及再现，以至于发展到通过国际互联网进行的文字图像声音的传播。著作权法律制度对各种传播媒体的合法权益给予积极保护，不仅是对作品的创作和传播的有力保证，同时也是著作权制度自身不断发展和完善，以适应新技术飞速发展，具有强大生命力的体现。

所以，我们说优秀作品的传播是著作权法所鼓励的。那么，怎么来体现这样的原则呢？我国著作权法调整广义的著作权关系，第 4 章专章规定了作品传播者的权利，包括表演者的权利、录音录像制作者的权利、广播电视组织，以及出版者的权利，从而体现了我国著作权法鼓励作品传播的立法原则。比如对于邻接权的保护，邻接权是作品传播者所取得的权利，那么这些邻接权人对作品的传播起着重要的作用。对于作者来说，其创作出作品后没有出版社出版就不可能传播，没有演唱者的演唱歌曲也不会广为流传，创作出的小品如果没有媒体播放也不会家喻户晓。因此，我们在保护作者权利的时候也应当保护作品传播者的利益，以实现优秀作品的广泛传播，体现我国著作权法鼓励优秀作品传播的基本原则。

3. 作者利益同公众利益协调一致的原则

文学艺术作品作为人类精神文化财富的一部分，具有较强的承袭性。任何作品都离不开对前人优秀文化成果的继承和借鉴。人类文学艺术本身就是在继承、创新、发展的基础上积累起来的。因此，作者对其创作成果充分享有人身权、财产权的同时，不能将权利的行使绝对化，以至于妨碍了社会文化艺术和科学事业的进步。任何人创作作品都不是空穴来风，比如写小说，如果没有看过任何前人的小说成果，作者是不可能完成小说作品的，再极端一点，如果没有先人对文字的发明，小说更是不可能完成。所以我们认为，任何作品都是在吸收前人文化遗产基础上完成的。尽管作品是作者创作的，但是作者的权利也不能无限制的扩大，也不能将作者的权利推至极致，在保护作者权利的同时也应该注意公众的利益。作者的作品既是一种个人财富，又是一种社会财富，作品是社会精神财富的重要组成部分。因此，从本质上说，对作者利益给予保护与对公众利益给予保护是一致的，通过保护作者的权益，能够促使作者创作出更多、更好的作品，从而能够使社会公众从中获取更大、更多的收益，进而推动整个社会文明的进步和科学文化的发展。因此，我国著作权法贯彻了作者利益与公众利益相协调一致的原则。

之所以要注意公众的利益，原因就在于作者作品的完成是从社会从大众那里汲取营养而来的。因此，我们既要保护作者的权利又要对作者的权利进行适当的限制，不能因为保护作者的权利而使大众不能享有利用优秀作品的权利。在著作权法中体现为对著作权人保护的同时增加了一些不视为侵犯著作权的行为，如合理使用、法定许可等。这些内容都体现着著作权法对于作者利益和公众利益进行平衡的机制，也体现着著作权法中作者利益同公众利益协调一致的基本原则。另外，从作品的传播和使用来看，作者、作品传播者与广大群众之间产生了权利义务关系，涉及各个主体的利益。著作权法不仅要鼓励优秀作品的创作与传播，而且要鼓励公众学习知识，了解信息，以提高全民族的科学文化水平。这就需要法律对公众利用文学艺术和科学作品提供便利条件。因此，著作权法在保护作者和作品传播者利益的同时，还要对他们的权利进行一些必要的限制，以平衡作者与社会公众之间的利益关系。这一原则在著作权立法中，通过作品的合理使用、法定许可等规定而得以体现。

4. 与国际法律制度发展保持一致的原则

我国加入了保护著作权的《伯尔尼公约》和《世界版权公约》，以及 TRIPs 协定，这些都要求我国著作权法同公约相一致，除了声明保留的条款外，公约规定的义务都要履行。加入公约后公约就成为我国的国内法，国内立法就不能同公约相悖。另外，在著作权保护方面国际上也形成了一些比较好的做法和经验，我们也应该予以汲取，就是使我国著作权立法融入国际知识产权保护的趋势中去。

随着现代科学技术的飞速发展，广播、电视、通讯卫星等传播媒介中新技术的出现和使用，作品的传播和使用越来越广泛和多样化，也由此促使了著作权国际保护的发展和日益完善，其突出表现是国际上已经制定了几个重要的著作权保护的国际公约，如《伯尔尼公约》和《世界版权公约》等，确立了著作权国际保护的一系列重要原则和准则。我国《著作权法》的制定和修改也正是体现了与著作权国际保护接轨，符合著作权国际保护基本准则的原则。

复习思考题

1. 著作权的特征有哪些？
2. 著作权法的调整对象是什么？
3. 著作权法的基本原则有哪些？
4. 著作权法第二次修订了哪些内容？

第 14 章　著作权的客体

学习目标

重点掌握著作权客体即作品的概念和条件，熟悉和重点掌握我国著作权法客体的具体种类。

了解和掌握著作权客体的排除领域，尤其领会著作权客体中计算机软件的概念、保护条件、保护模式、权利归属及其保护的内容和期限。

关键名词

著作权的客体　作品　独创性　计算机软件

14.1　著作权的客体概述

14.1.1　著作权的客体

著作权的客体是著作权法律关系主体的权利和义务所指向的对象，是指由作者或其他著作权人脑力劳动所创作，并且被著作权法所确认和保护的一定形态的知识产品。具体来说，著作权的客体就是受著作权法保护的作品。作品是指文学、艺术、科学领域内具有独创性并能以有形形式复制的智力劳动成果。“独创性”和“可感知性”是作品的实质条件，作品所属的领域是文学、艺术和科学领域。作品必须是已经表达出来的形式，在作者大脑里并没有通过一定的形式表现出来的构思和想法不是著作权法中的作品。作品必须表达出作者的综合理念，未能表达一定观点的简单的字词组合不是作品，比如“跑步”两个字不是作品，常用的标语口号也不是作品。

文学、艺术和科学工作者要将自己对客观世界的认识和情感传达给别人，就必须运用一定的外在形式，如语言文字、符号和艺术等，将其固定在某种有形的载体上，使其成为人们可感知和控制的对象。因此，这种以语言文字、符号和艺术等形式所反映出来的智力创造成果就是作品，而该作品的表现方式是著作权保护的对象。但是，作品在借助一定的方式表达时，往往要附于某一物品上，如诗歌刊载在报纸杂志上，电视剧播放在电视中等。这里的报纸杂志和

电视是附载作品的物质实体，是民法中物权的保护对象，不是作品本身；而作品是人类智力劳动的成果，具有永久性和无形性，一件作品可以用不同的载体附载，如一件口述作品可以录音在磁带里，也可以录制在录像带里，还可以写成书稿等。

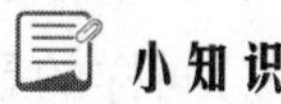

小知识

作品和权利的关系

有了作品并不一定有权利，有了权利肯定就有合格的作品。

(1) 按照我国现有的《著作权法》的规定，有些作品是不含有著作权的。例如，事实新闻、法律条文等。这种情况实际上是国家对作者的权利不予确认造成的，并不是这些作者创作的文字结果构不成作品。从作品的构成条件来说，这些文字的结果同样是作品，这些作品的作者有资格享有权利。

(2) 有些文字结果在形式上虽然符合作品的构成条件，但是，由于作品中包含的信息权利的内容不能得到社会和国家的承认。因此，以这种信息作为内容的权利就不能诞生，这些文字结果的作者就无法享有权利。例如，一些宣扬迷信、伪科学、淫秽内容的作品，它们的作者就不享有社会上的道德权利和法律上的权利。但是，这些文字结果由于符合作品的构成要件，仍然可以被称为作品。

(3) 一部作品中可以包含多种脑力劳动，每一种脑力劳动都能产生相应的权利。因此，一部作品可以包含多种权利。

14.1.2　作品的条件

作品的条件可分为形式条件和实质条件。所谓作品的形式条件，就是指作品的表现形式。我国著作权法中规定的作品的种类就是作品的形式条件，对此我们将在下一节中了解作品的种类。而所谓作品的实质条件，就是指作品受保护应具备的法定条件，即独创性和可感知性。

1. 独创性

独创性亦称原创性，是指作品是作者独立创作出来的智力成果，而不是抄袭、剽窃、复制或者模仿其他现有作品而来的，这是作品受著作权法保护的先决条件。由于作者运用自己的方法和习惯将思想、感情赋予文学艺术形式，从而使作品有了特定的、独创的内容。只有具有独创性，才表明作者投入了创造性的脑力劳动，著作权法保护作品才有意义。独创性强调的是作品的作者必须运用自己的智力和技巧完成作品，作者选择作品的构成要素，按照自己确定的规则和顺序进行素材的组织，表达真实的体验和感受、观点和立场。著作权的独创性，是对作品进行法律保护的客观依据，是此作品区别于彼作品的重要标志，也是作品取得著作权的最主要条件。

首先，独创性不同于新颖性。独创性不以新颖性为前提，它并不要求作品表现的思想主题新颖别致和绝无仅有，也不要求作品是前所未有的。同样的题材和同样的形式表达，两个不同的作品即使具有相同或者相似的地方，也并不影响其独创性。例如，同样是针对孔繁森同志的先进事迹，甲可以以此为素材写作话剧剧本，乙也可以以此为素材写作话剧剧本，只要后者不是抄袭前者的剧本，则两者都可以各享有相对独立的著作权，因为两者对各自的作品都投入了独创性的劳动。其次，著作权法中独创性不同于专利法中的创造性。表现同一思想或情感的文学、艺术作品，其表现形式可以相同，只要互不抄袭，都各自享有著作权。再次，独创性不具有排他性。不同的人在同一时间各自创造出相同或相似的作品，仍然可以各自取得独立的著作权。而专利法上则不允许对同一发明创造重复授权。在实践中，如果多位作者同时完成一件相同或类似的作品，那么只要他们都是独自创作完成的，就都享有著作权，例如许多学生在课堂上对同一物体进行素描所完成的作品。最后，独创性不等于艺术性，与作品的质量无关。无论艺术性高低，轰动效果如何，都不影响作品的存在，都产生著作权。

2. 可感知性

可感知性是指作品要有一定的表现形式，可以被人们直接或者是借助一定的机械或者设备感知。没有表现形式的思想是不能被称作作品的，而不能通过一定的形式表现出来的思想是不能受到法律的保护的，所以说，著作权法不保护思想而只保护思想的表现形式，道理就在于此。作品的创作，实际就是表达思想和情感的完成过程。单纯的思想或情感本身不具备一定的表现形式，他人无法感知，因而无法复制和传播，也就不可能抄袭和剽窃，所以不需要著作权法的保护。因此，著作权法保护的是作品的表达形式，而不是作品的思想。世界贸易组织的《与贸易有关的知识产权协议》中就规定：“著作权保护应及于表达形式，但不延及思想、程序、操作方法或数学概念本身。”

关于是否必须以某种有形的物质载体复制，也就是作品的可复制性，我国的法律没有严格的规定，因为口头作品是我国著作权法所规定的作品种类之一，它不具备可复制性。而符合著作权法保护条件的其他作品，通常表现为某种能够复制的有形形式。有种观点认为，作品只有能够以有形的形式进行复制

才能再现、传播和供他人使用，才能实现作者的经济利益和精神利益，才有保护的必要。因此，英美法系国家大多强调作品必须固定在有形物质载体上，口述作品等不能以有形的形式固定下来的作品不受著作权法的保护。而大陆法系的国家大多认为口述作品也是一种作品的表达形式，也能够以某种方式进行复制，因此，作品无论是否固定都受到著作权法的保护。因此，我国著作权法也明确规定对口述作品进行保护。

14.2　著作权客体的种类

依据不同的标准，可以把作品划分成不同的类别：第一，依据作品的表现形式，作品分为文字作品；口述作品；音乐、戏剧、曲艺、舞蹈作品；美术、摄影作品；电影作品和以类似摄制电影的方法创作的作品；工程设计、产品设计图及其说明；地图、示意图等图形和模型作品；计算机软件；法律、行政法规规定的其他作品九类。第二，依据作品是否发表，作品分为已发表作品和未发表作品两类。第三，依据作品的产生方式，作品分为原创作品和再创作作品两类。第四，依据作品的署名情况，作品分为署名作品、匿名作品和冒名作品三类。第五，依据作品的存在形态，作品分为平面作品和立体作品。

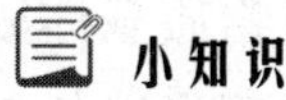
小知识

各国作品的分类划分方式

由于世界各国立法技术不尽相同，关于受著作权法保护的作品各类的划分方式也不同，总的来看，目前有两种划分方式。

1. 概括式。在英国、西班牙、澳大利亚等国的著作权法中，往往使用“文学、戏剧、音乐、艺术作品”等笼统地划分作品各类的方式。

2. 列举式。世界上大多数国家，如法国、日本等，在著作权法中逐项列举应受著作权法保护的作品类别。我国著作权法采用列举的方式划分作品。

根据我国著作权法的规定，从作品的具体表现形式上来看，作品分为以下几种类型。

14.2.1　文字作品

文字作品是最主要的一种作品类型，是指用文字或等同于文字的各种符号、数字来表达思想或情感的作品，包括以文字创作的小说、诗歌、散文、论文等文字形式表现的作品。由于其创作最为普遍、数量最多，它已经成为文学、艺术或者科学领域内运用最为广泛的一种作品形式。文字作品包括小说、散文、诗词、论文、剧本、演讲稿、教科书、工具书、科学专著及其译文，以数字表示的统计报表，以符号表示的乐谱、盲文读物，以及综合运用数字、文字和符号的作品等。将文字作品列为著作权保护的第一客体，已成为世界各国著作权立法的通例。

值得注意的是，不是所有以文字形式表达的作品都是文字作品。比如，书法作品，就形式而言由文字构成，但其目的并非以文字的组合表达思想内容，因而，书法作品不是文字作品，而是美术作品。又如火车时刻表、电话号码簿等，虽然也有文字的表达形式，也具有一定思想内容，但由于不符合作品的独创性条件，也不是著作权法保护的客体。文字作品又称书面作品，不论用何种文字符号，凡以书面形式表现出来的各种作品都属此类，如盲文作品，也属文字作品。随着现代科学技术的发展，文字作品的范围种类逐步扩大，不仅包括所有人们能直接阅读的形式，而且还包括机器阅读的形式，甚至有些国家将计算机软件也列入文字作品的范围。

14.2.2 口述作品

口述作品又称口头作品，是以口头方式表现出来的、未以任何物质载体固定的语言作品，包括即兴的演说、授课、法庭辩论等口头语言创作等未以任何物质载体固定的作品。有些国家的著作权法中是不保护口述作品的，因为口述作品没有一定的表现形式，而且口述作品在受到侵权时的举证比较困难，所以有些国家不保护口述作品。我们国家认为口述作品能被人们所感知，所以就将其作为著作权法保护的对象之一，但保护起来也会存在一定的困难。

口述作品的类型有很多，如在公众场合的即席演说、即兴诗词、教师的授课、律师的法庭辩论等。口述作品所表达作者的思想或感情由即兴创作产生，用预先已有的文字作品加以口头表演，如有演讲稿的演讲，诗歌或散文的朗诵，都不是口述作品，而是文字作品。但实践中，在许多场合下两者很难区分。比如，教师授课，一般会有较详细的讲稿，但讲课中又有现场发挥；律师法庭辩论已准备好代理词或答辩状，但也有即兴的反驳等。鉴于口述作品未能以某种形式固定下来，多数国家不将其列入著作权法的保护对象。只有大陆法系一些国家与我国相同，认为受著作权法保护的作品不以固定在物质载体上为前提。《伯尔尼公约》对此做了折衷性的规定，一方面将口述作品列为保护对象，另一方面又规定各成员国有选择决定是否予以保护的权利。

14.2.3　音乐、戏剧、曲艺、舞蹈和杂技艺术作品

1. 音乐作品

我们很熟悉的音乐作品，是指以音符、节奏旋律等要素构成能够演唱或者演奏的带词或者不带词的作品。它可以是不带词的纯乐曲，也可以是带词的歌曲作品。歌曲、交响乐等是常见的表现形式。音乐作品，是创作音乐的词曲作者的智力劳动成果，不是指歌唱家、演奏者对音乐歌曲的演唱或演奏，后者是对音乐作品的再现和传播，由邻接权保护。

小知识

我国音乐著作权集体保护组织——中国音乐著作权协会

中国音乐著作权协会成立于 1992 年 12 月 17 日，是由国家版权局和中国音乐家协会共同发起成立的目前中国内地唯一的音乐著作权集体管理组织，是专门维护作曲者、作词者和其他音乐著作权人合法权益的非营利性机构。协会依据《中华人民共和国著作权法》第 8 条开展各项工作。

2. 戏剧作品

将人的连续动作同人的说唱表白有机地编排在一起，在舞台上进行表演，通过表演来反映某一事物变化过程的作品，称作戏剧作品，如话剧、歌剧、地方戏剧等。它往往指的是一整台戏，同作为文字作品的剧本是完全不一样的。戏剧作品融合了音乐、文学、绘画、雕塑、建筑、舞蹈等多种艺术表现形式，表现为剧本以及造型艺术的布景、灯光、服装、化妆，作为音乐艺术的音响、配乐、插曲以及舞蹈和动作。它以演员的表演吸收和融合多种艺术成分，反映一定的思想内容，构成戏剧艺术的统一外在形式，如歌剧、话剧、地方戏剧、广播剧等。

3. 曲艺作品

曲艺作品是指相声、快书、大鼓、评书等以说唱为主要形式表演的作品。这种作品是我国独有的艺术形式，是我国著作权法中特有的一类作品。它是曲艺作家运用其独特的创作手法编创的、适于说唱形式表演的一种特殊作品。曲艺作品是以带有表演动作的说唱来叙述故事、塑造人物、表达思想感情、反映社会生活的一种艺术形式。

4. 舞蹈作品

舞蹈作品是指通过连续的动作、姿势、表情表现思想情感的作品。它是舞谱创作者运用其独特的创作手法编创的、适于表演的作品。它以设计、组织和艺术加工人体动作为主要表现手段，可以以舞谱、录像等形式固定，也可以是未以任何形式固定的、具有独创性的动作和姿势。世界上绝大多数国家包括我国在内都规定舞蹈作品受著作权法保护，但也有一些国家著作权法还特别规定，舞蹈必须以一种适当的形式固定下来，才给予保护，如将舞蹈记谱法记录下来等。

5. 杂技艺术作品

杂技艺术作品是2001年修订著作权法中新增加的一种作品种类。杂技在我国有悠久的历史和传统，我国的杂技艺术一向为各国人民所称道，它是指杂技、魔术、马戏等通过形体动作和技巧表演的作品。杂技艺术作品主要是一种表演艺术形式，其融艺术性与观赏性于一体，也是一种艺术创作形式，应当受到著作权法的保护。但是，著作权法保护的仅仅是对杂技中艺术成分的保护，杂技中的动作技巧、动作难度是不保护的，因为这些技巧和难度是需要鼓励他人不断模仿，并达到新的难度的。类似的竞技项目如滑冰、体操、跳水等也是同样如此。

需要指出的是，在音乐、戏剧、曲艺、舞蹈和杂技艺术作品保护中，要区分表演者对上述作品表演产生的权利保护和对创作作品作者权利保护问题。表演者的表演并不是这里所说的保护对象，对于表演者的表演产生的是邻接权，创作这些作品的作者依法享有的是著作权。

14.2.4 美术、建筑作品

美术作品是指以绘画、书法、雕塑等以线条、色彩或者其他方式构成的有审美意义的平面或者立体的造型艺术作品。美术作品所强调的是它的“审美意义”。一般来讲，狭义的美术作品指绘画和雕塑等造型艺术，包括油画、水墨画、版画、雕塑、雕刻等形式；广义的美术作品还包括实用工艺作品，如刺绣、陶瓷、玉器、牙雕、竹刻、漆器等。我国著作权法所称的美术作品，是指广义的美术作品。其中绘画是美术作品中最普遍的形式；书法和篆刻是我国传统的造型艺术；雕塑是雕刻和塑造的总称；建筑艺术则是使建筑物既具有实用功能，又达到人们审美要求的综合性艺术形式。对于一些实用美术作品，如生日蛋糕图案、花瓶雕塑等也应当适用著作权法保护。

建筑作品也是2001年修订的著作权法中新增加的一个作品种类，是指以建筑物或者构建物形式表现的有审美意义的作品，包括固定结构以及建筑物或

固定结构的一部分。建筑作品不包括建筑物设计图、建筑物模型等。需要强调的是，这里的建筑作品应当有一定的艺术性，具有美感，一般的建筑并不是我们这里所讲的建筑作品。建筑作品是一种实用的社会物质产品，也是一种具有审美功能的造型艺术，它通过各种建筑的实体与空间及周围环境的结合，使建筑具有实用及审美双重功能。其中，空间是建筑艺术特有的语言。将建筑作品列为著作权法保护对象，可以避免建筑设计、建筑模型及建筑物所表现具有原创性之形象为他人所盗用，因此具有高度艺术性的寺庙、大会堂、桥、塔或办公大楼等都属于其保护范围。一般建筑如具有原创性，亦能成为保护对象。现实生活中更多的建筑物可能只是整个外观中的一部分含有独特的设计成分，那么受到保护的就只能是这一部分。

小知识

当今各国对建筑作品的法律保护

对于建筑设计师的创造性劳动成果，世界各国的通行办法是给予著作权保护，如《伯尔尼公约》的 1886 年文本中，并没有“建筑作品”的概念，只有“与建筑有关的设计图及造型作品”的表述；1908 年文本中则出现了“建筑作品”；1971 年文本（即现行文本）中，则出现了“建筑物”以及“与建筑物有关的设计图、草图及立体作品”。保加利亚等国甚至与《版权法》相并列地另立一部《建筑作品版权法》。就近年来各国的立法变化来看，建筑作品单列作为著作权保护的客体似乎已成为一种立法趋势。美国在 1990 年修订《著作权法》的过程中，加入了对普通意义上建筑作品的保护。我国台湾地区 1992 年新修订的有关著作权的规定的变化之一就是在保护客体中加入了“建筑著作”的新项。

14.2.5　摄影作品

摄影作品是通过一定的感光材料由摄影者用一定的仪器拍摄下来的作品。摄影作品要想受到著作权法的保护，应当具有一定的艺术性和独创性。实录的摄影作品不受著作权法的保护，身份证上的照片也不受著作权法的保护。这里所说的摄影作品应当是包含了摄影师的智力劳动的，完全是实拍实录的东西不是我们所说的摄影作品。有时摄影作品里还包含了肖像权的内容，比如婚纱影楼对其所拍摄的写真照片和结婚纪念照等享有著作权，但是影楼不能随便发表或者授权其他人或者单位来使用其拍摄的照片的，如果想使用还必须征得肖像权人的同意，否则就构成侵犯肖像权。

摄影作品的法律特征是摄影作品成为著作权法保护客体的要件，其主要包括：首先，摄影是一个传递信息的过程，人们通过照片来表达拍摄者对事物的理解、感悟和对事件的敏锐触角及灵活果断的反应。因而，摄影作品是人类的智力创造活动所产生的结果。其次，摄影作品的影像是一种符码化的信号，通过其中的知性信息，使观看者受到触动、感染和震撼。因此，摄影作品具有可感知性。再次，摄影作品可以通过翻拍、打印、冲洗等方式无限制地被客观再现、传播。因而，摄影作品具有可重复性。最后，受著作权法保护的摄影作品必须是在创意、取景、造型、构图、暗房技术和图像中的任何部分富有独创性的作品。一张照片成为摄影作品的关键不在于其摄影对象、摄影目的、摄影方式等因素而在于照片的独创性。不具有独创性的照片只是照相机完成的机械性过程取得的结果，不受法律保护，而对摄影作品进行翻拍是复制行为，也不具有独创性，不能享有著作权。所以，摄影作品具有独创性。

在各国的司法实践中，通常各种票证的照片、护照照片（包括自动摄影机拍摄的照片）不受法律保护。此外，反映时事新闻的摄影作品与时事新闻不同，同样登载于新闻纸上，根据我国著作权法第 5 条的规定，以书写文字符号表达的时事新闻不受法律保护，但反映时事新闻的摄影作品要受到法律保护。

14.2.6 电影作品和以类似制作电影的方法创作的作品

影视作品的权利是很明显的，它是一种集体劳动的结晶，像电影、录像、MV 等都要受到著作权法的保护。电影作品是以电影技术为表现手段，以画面和音响为媒介，在银幕上运动的时间和空间创造形象和艺术情节，再现和反映社会生活的艺术形式。电影是一门综合艺术，其表现手段复杂，创作过程繁琐，因此一部电影作品的创作需要电影剧本、电影音乐、电影摄影等诸多作者共同努力完成。著作权法所称电影作品，是摄制完成的影片整体，而不是电影作品中的某一构成要素，当然其中每一构成要素，都可以各自成为著作权法的保护对象。

随着科学技术的发展和进步，出现了以类似摄制电影的方法创作的作品，即电视作品、录像作品、载有音像节目的半导体芯片、激光视盘作品等。1990年《著作权法》仅规定“电影、电视、录像作品”三类作品，未穷尽其他类似的作品，载有音像节目的半导体芯片、激光视盘作品等被遗漏在外。2001

年《著作权法》修订之后，扩大了涵盖范围，采用《伯尔尼公约》和英美法系国家著作权法的表述方式，将其修改为“电影作品和以类似摄制电影的方法创作的作品”。

14.2.7　工程设计图、产品设计图、地图、示意图等图形作品和模型作品

根据《著作权法实施条例》的规定，工程设计图、产品设计图及其说明，指为施工和生产绘制的图样及对图样的文字说明。具体说，工程设计图是指利用各种线条绘制的、用以说明将要创作的工程实物的基本结构和造型的平面图像，如水路、铁路、公路建筑施工设计图等；产品设计图是指用各种线条绘制的、用以说明将要生产的产品的造型和结构的平面图案，如服装设计图、家具设计图等。著作权法保护工程设计图、产品设计图及其说明，仅指以印刷、复印、翻拍等复制形式使用图纸及其说明，不包括按照工程设计图、产品设计图及其说明进行施工、生产的工业品，后者的使用适用其他有关法律的规定。

依照《著作权法实施条例》的规定，地图、示意图等图形作品，指地图、线路图、解剖图等反映地理现象、说明事物原理或者结构的图形或者模型。而模型作品是指依照实物的形状和结构按比例制成的物品，其是为了展示、试验或者观测等用途，根据物体的形状和结构，按照一定比例制成的立体作品，如建筑模型等。对于工程设计图、产品设计图、地图、示意图、模型作品等是人们对于客观存在的东西通过自己的知识、能力等以平面或立体的形式反映出来，这是一个智力创作的过程。所以，这些设计图和作品是受到著作权法的保护的。例如，像矢图、经济发展地图等，其都凝结着创作者的劳动，都要受到著作权法的保护。模型作品也是在 2001 年修订《著作权法》的时候依据我国加入的国际公约的规定新增加的。

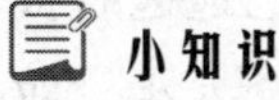

小知识

模型作品的种类

主要有：地形沙盘、建筑沙盘、电子沙盘、三维互动虚拟楼盘和多媒体程控沙盘。

14.2.8 法律、法规规定的其他受著作权法保护的作品

随着时代的发展和科学技术的进步，还会有更多更新的作品形式出现，因此著作权法有了这样一个兜底性的弹性条款，当然也仅仅限于其他法律、行政法规中规定应当受到保护的作品形式，充分体现了著作权法的全面发展原则。

14.2.9 民间文学艺术作品

我国著作权法将民间文学艺术作品作为保护的客体之一，具体办法由国务院另行规定。民间文学艺术作品是由某社会群体（如国家、民族、区域）在长期的历史过程创作出来的世代相传，并由集体使用的歌谣、音乐、戏剧、舞蹈、建筑、主体艺术、装饰艺术等作品、素材和风格。民间文学艺术是一个国家或一个民族的优秀文化传统，对民间文化的保护最早始于20世纪60年代，源自发展中国家。

我国是一个多民族的国家，经过长期的发展，各民族在不同区域形成了各具特色的民风民俗。我们在传播国家优秀文化遗产的同时，也要把这些优秀的文化遗产当作一种权利来保护。所以，我们应该制定保护本国民间文学艺术作品的法律法规。由于民间文学艺术作品世代相传、源远流长，具有集体性、延续性、区域性的特点，因此，在著作权的权利主体、客体范围和条件、保护期限、权利内容等方面都会有不同的要求和规范。

民间文学艺术作品的国际保护

民间文学艺术作品的著作权法保护，从发展中国家保护本国传统的民族文化开始。由于技术的进步和文化的传播，民间文学艺术作品的传播已远远超出首先创作它的民族和地区，这就导致民间文学艺术作品被滥用的现象发生，即发达国家把经济文化相对落后的发展中国家的丰富的民间文学艺术作品无偿掳去，在其他国家赚取金钱。为防止擅自使用及篡改、歪曲民间文学艺术作品现象的发生，1967年，突尼斯率先将它列为著作权法的保护对象；1971年，《伯尔尼公约》修订本将民间文学艺术作品称为“不知作者的作品”加以保护；1976年，世界知识产权组织为发展中国家制定《突尼斯示范著作权法》专门规

定“本国民间创作作品”的保护条款；1977年，非洲知识产权组织通过《班吉协定》，规定了同样的内容；1982年，联合国教科文组织和世界知识产权组织正式通过《保护民间文学表示形式以抵制非法利用及其他不法行为的国内示范条例》。迄今为止，已有数十个国家，其中包括少数发达国家通过立法对民间文学艺术作品提供保护。

14.3　著作权客体的排除领域

14.3.1　法律、法规及官方正式文件

法律、法规、国家机关的决议、决定、命令和其他具有立法、行政、司法性质的文件，以及其官方正式译文都是作品。但是，这些都是国家立法机关、司法机关和行政机关意志的体现，这些表现形式涉及社会公众和国家整体利益，属于国家和相关社会成员的共有的信息资源，不应为任何人专有而限制它们的传播和被人们利用，故不享有著作权。

14.3.2　时事新闻

《著作权法实施条例》的第5条规定：“时事新闻，是指通过报纸、期刊、广播电台、电视台等媒体报道的单纯事实消息。”新闻之价值在于其是一种崭新的信息，直接涉及国家、社会公众、国际社会的经济、政治、文化和社会生活，因而要求广泛而迅速地传播，不应控制，故不给予著作权保护。

14.3.3　历法、通用数表、通用表格和公式

历法、通用数表、通用表格和公式这些对象虽然具备了作品的形式特征，但不具备作品的实质条件，其形式往往具有唯一表达的特点，不具备独创性而不予以著作权保护。

14.4　计算机软件

14.4.1　计算机软件的概念和保护条件

1. 计算机软件的概念

计算机软件是计算机程序以及解释和指导使用程序的相关文档的总和，即

是指计算机程序及其文档。计算机程序是指为了得到某种结果而可以由计算机等具有信息处理能力的装置执行的代码化指令序列，或者可以被自动转换成代码化指令序列的符号化序列或者符号化语句序列。计算机程序包括源程序和目标程序，其中的源程序是指用高级语言或汇编语言编写的程序，如使用 Basic, Algol, Cobol, Fortran 等语言编写，表现为数字、文字和符号的组合，构成符号化指令序列或符号化语句序列，与传统文字作品没有显著区别；而目标程序是指源程序经编译和解释加工以后，可以由计算机直接执行的程序，是用机器语言编制的体现为电脉冲序列的一串二进制数（0 和 1）指令编码，直接用于驱动计算机硬件工作，保证计算机系统发挥各项功能，获得一定结果，因而又具有工具性特征。同一计算机程序的源程序和目标程序为同一作品。文档是指用来描述程序的内容、组成、设计、功能规格、开发情况、测试结果及使用方法的文字资料和图表等，如程序说明、流程图、用户手册等。

2. 计算机软件的保护条件

受著作权法保护的计算机软件必须是由开发者独立开发，并已固定在某种有形的物体上，就是说该计算机程序已经相当稳定，相当持久地固定在某种载体上，而不是一瞬间的感知、复制、传播程序。在计算机软件中，不论是计算机程序还是文档，也不论是源程序还是目标程序，只有在具备下列条件时，才能作为一种知识产权受到法律保护。

（1）原创性。计算机软件是放在著作权法中进行保护的，因此，其受保护的条件同作品受保护的条件大体相同。受保护的软件必须由开发设计者独立开发完成，是开发者独立设计、独立编制的编码组合。抄袭、复制他人的软件不能受到法律保护，构成侵权时，还应承担相应的法律责任。所谓软件开发设计者，是指实际组织开发、直接进行开发，并对开发完成的软件承担责任的法人或者其他组织；或者依靠自己具有的条件独立完成软件开发，并对软件承担责任的自然人。

（2）可感知性。即计算机软件能够使人感觉到和感受到。计算机软件是智力劳动产生的精神产品，如计算机程序、说明程序的文档等都是智力劳动的直接产物，不具有任何形状，人们只有借助于一定的物质载体和工具才能感知其存在。计算机软件这种可感知的无形性与人类的其他精神产品的无形性特征一致，从而决定计算机软件的使用不同于集体财产。计算机软件通过复制，把软件转载于有形物体的行为，如把软件打印在纸上或穿孔在卡片上，把软件转存于磁盘、磁带或 ROM 芯片，等等。这种复制是对计算机软件的客观再现，不改变软件内容，不影响软件本身的价值。经过复制后的软件以一定的客观物质形式体现，具有可感知性。

（3）可再现性。就是指该计算机软件能够重复使用，受著作权法保护的计算机软件必须固定在某种存储介质上，如磁盘、光盘、卡片、纸带、手册等，像文字作品一样易于复制。只存在于设计者头脑中的软件设计思想不受法律保护。正是由于计算机软件的可再现性，决定了其可以广泛传播和有效利用，创造经济效益和社会效益。计算机软件的复制成本低廉，仅为开发成本的数百万分之一甚至是数千万分之一，因而致使非法复制他人软件牟取暴利成为可能。为此，必须严格保护计算机软件开发者的权利，坚决打击软件的“海盗式”复制行为。

计算机软件由于具有可再现性，因此只要不受操作失误、计算机病毒等影响，就可以无限制反复使用，软件也不会受到磨损或损耗。但是，计算机软件又具有工具性，主要通过“使用”而发挥其功用，因而其具有一定的使用寿命，使用寿命在流通领域表现为商业寿命。在科学技术飞速发展、新软件层出不穷的今天，计算机软件的商业寿命正日益缩短。一般而言，已经使用10年以上的软件效率差，实用价值不大，已很难有效占领市场。

14.4.2　计算机软件保护模式

对于计算机软件的保护经历了由专利法保护到著作权法保护的过程。自1964年世界上第一部IBM360型晶体管计算机问世以来，计算机逐步走入千家万户，成为人们工作、生活必不可少的工具之一。20世纪60年代后期，计算机软件的单独销售使人们迅速认识到其重要的商业价值。然而，自从计算机诞生以来，以什么方式来保护计算机软件，一直是困扰理论界和司法界的重要课题之一。

由于计算机软件具有实用性，包括美国在内的不少国家都曾尝试用专利法保护计算机软件。在20世纪，美国等软件产业大国出于自身利益的需要，要求对计算机软件进行专利法保护，但是在进行专利法的保护时有其难以逾越的鸿沟，专利法的严格审查程序是对计算机软件进行保护的主要障碍；软件的新颖性、实用性、创造性标准难以确定；软件数量之多、发展之快与手续复杂、耗时长的专利审查程序格格不入；以数字、符号组成的软件的性质较之一般的方法发明专利也有很多差别。因此，以专利法保护计算机软件困难重重，一些发达国家逐步放弃了该措施。

与此同时，人们将目光逐步投向了著作权法。于是，美国提出用著作权法来保护计算机软件，把计算机软件当作文字作品来进行保护。1972年，菲律宾在世界上第一次适用著作权法对软件实行专门保护。美国于1976年、1980年两次修订著作权法，确认了对软件的著作权保护。目前，一些国家在归类上一般把计算机软件归入文字作品，但是在进行具体的保护时，一般都进行特别的立法进行保护。迄今为止，世界上已有40多个国家（地区）对计算机软件采取著作权保护，1993年通过的知识产权协定也明确要求缔约方将计算机软件作为文字作品予以保护。在我国有专门的《计算机软件保护条例》来对计算机软件进行法律保护。

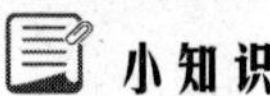

计算机软件的相关立法

我国《著作权法》第3条将计算机软件作为《著作权法》所保护的一类作品，但鉴于其特殊性，该法附则第59条又注明其保护办法由国务院另行规定。据此，国务院1991年6月4日发布了《计算机软件保护条例》。1992年4月6日，原机械电子工业部作为计算机软件的登记主管机关又发布了《计算机软件著作权登记办法》。2001年12月20日，国务院公布了新的《计算机软件保护条例》。该条例于2002年1月1日起实行。1991年6月4日国务院发布的《计算机软件保护条例》同时废止。

14.4.3 计算机软件的权利归属

1. 独立开发的权利归属

"谁开发谁享有著作权"，这是计算机软件著作权归属的一般原则。计算机软件著作权人（软件开发者）是指实际组织进行开发工作，提供工作条件以完成软件开发，并对软件承担责任的法人、其他组织以及依靠自己的条件完成软件开发，并对软件承担责任的公民。根据我国《计算机软件保护条例》的相关规定，计算机软件的权利归开发者享有，即计算机软件的著作权属于软件的开发者。

2. 合作开发的权利归属

计算机软件的权利也有其特殊的一面，比如合作开发者共享著作权，即两个以上单位、公民共同提供物质、技术条件进行合作开发。在这种情况下，软件著作权的享有和行使以双方事前的书面协议为依据；如无书面协议，著作权由合作开发者共同享有。合作开发的软件可以分别使用的，开发者对各自开发的部分单独享有著作权，但行使著作权时不得扩展到合作开发的软件整体的著作权。总之，可以比照著作权特殊权利的归属，合作开发计算机软件的开发者

在权利可以分割的情况下可以分别行使著作权，不能分割的情况下则由权利人共同享有权利。

3. 委托开发的权利归属

委托开发计算机软件的，可以在委托合同中约定权利的归属。如果合同中没有约定，软件的著作权归受托者（即软件开发者）享有。对于国家下达开发任务的情况，同委托开发一样，有约定的按照约定，没有约定的，软件的著作权相关权利归开发者。因此，委托人和受托人应当在合同中约定权利的归属。

4. 职务开发的权利归属

在属于职务开发的情况下，软件的权利归属于单位享有，但是单位应当对开发者进行一定的奖励和报酬，并且开发人还享有署名权。对于是否属于职务开发，关键看软件开发人同单位之间是否有隶属关系，有隶属关系的则属于职务开发，没有隶属关系的就不是职务开发。在开发者同单位之间有隶属关系的情况下，是否属于职务开发还和开发者的工作内容有关，属于工作内容范围内的开发属于职务开发，不属于工作内容范围内的开发则属于非职务开发。非职务开发的计算机软件著作权属于开发者。

5. 计算机软件的登记管理

为了便于对计算机软件的保护，也为了计算机软件开发者更好地行使权利，我国《计算机软件保护条例》规定了计算机软件登记管理工作，计算机软件开发完成后可以到国务院指定的登记部门进行登记，并且要缴纳一定的费用。登记的意义并不是在于对开发者权利的确认，而在于在软件权利受到侵犯时能够得到更好的保护，在侵权诉讼中，登记的记录有非常大的证明力。所以，软件开发者在软件开发完成后最好尽早到国务院指定的登记部门进行登记。根据《计算机软件著作权登记办法》的规定，工业和信息化部主管我国计算机软件著作权的管理工作。中国版权保护中心，受工业和信息化部委托，具体承担计算机软件著作权的登记工作。

计算机软件登记管理机构发放的登记证明文件，是软件著作权有效或者登记申请文件所述事项确实的初步证据。一项计算机软件著作权登记申请只限于一个独立发表的、能够独立运行的软件。中国版权保护中心应当自受理日起 60 日内审查完成所受理的申请，申请符合《计算机软件保护条例》规定的，予以登记，发给相应的登记证书，并予以公告；不符合条件的，予以驳回。

小知识

《计算机软件著作权登记办法》

《计算机软件著作权登记办法》自2002年2月20日起施行。其中规定，计算机软件著作权人可以自己选择是否进行著作权登记，而旧版本要求软件权利人必须进行著作权登记。世界贸易组织相关条款认为，计算机软件程序和艺术作品的著作权自动受到保护，登记手续并非必须。国家版权局版权管理司副司长许超在新闻发布会上说，修订后的《办法》在保证中国软件著作权登记符合国际惯例的同时，着重鼓励软件开发业者进行著作权登记，以期促进中国信息产业进一步发展。新办法将中国版权保护中心从受理登记申请到最终予以登记、颁发证书、进行公告的时间从过去的3个月缩短为60天，将使软件权利人登记更加方便快捷。中国于1991年制定第一部《计算机软件著作权登记办法》。2000年5月，国家版权局发文简化软件登记办法，使软件登记数量大幅增加。数据显示，1999年登记的计算机软件数为1500件，2000年为3380件，2001年为7000多件。

14.4.4 计算机软件著作权的内容和期限

1. 计算机软件著作权的内容

（1）发表权是决定将计算机软件公布于众的权利，即指软件作品完成后，以复制、展示、发行或翻译等方式使软件作品公布于众，或者在一定数量不特定人的范围内公开。发表权的具体内容包括软件作品发表的时间、发表的形式以及发表的地点等。公布于众，是指著作权人自行或者经著作权人许可将计算机软件向不特定的人公开，但不以公众知晓为构成条件。发表权只能行使一次。

（2）署名权是在软件上署上自己名字的权利。署名可有多种形式，既可以署作者的姓名，也可以署作者的笔名，或者作者自愿不署名。不署姓名也是署名权的行使方式之一。计算机软件的署名对确认著作权的主体具有重要意义，因为署名权作为一种身份权不随软件开发者的消亡而丧失，而且无时间限制。

（3）修改权是对计算机软件进行修改的权利，他人在没有经过作者同意的情况下没有权利就软件进行修改。修改是对软件进行增补、删节，或者改变指令、语句顺序等以提高、完善原软件作品的做法。修改权即指作者享有的修

改或者授权他人修改软件作品的权利。在有些情况下，由于社会利益的实际需要，修改权也可以由他人行使。此外，计算机软件作品的使用人为出版发行而做的必要的纯技术性的编辑加工，则不属于《著作权法》和《计算机软件保护条例》所说的修改。

（4）复制权是将软件复制一份或者多份的权利，即以印刷、复印、拓印、录音、录像、翻录、翻拍等方式将作品制作一份或者多份的权利，属于以同样形式制作成品的权利，也即学理上的狭义复制权。复制是对原作品的再现，是对作品最基本、最初始，也是最普遍的传播利用方式。各国《著作权法》中的复制权有广义和狭义之分。狭义复制权是严格的复制权，仅指以同样形式制作复制件的权利，或说从平面到平面的复制；广义复制权还包括以不同于作品原来的形式表现原作品的权利，包括从平面到立体、从立体到平面的不同方式再现作品。

（5）发行权是指为满足公众的合理需求，通过出售、出租或者赠与等方式向公众提供软件的原件或者一定数量的软件作品复制件的权利。发行是为满足公众的合理需求，通过出售、出租等方式向公众提供一定数量的作品复制件。发行与复制通常是连在一起的，复制的目的是发行，发行是复制的必然结果，故人们把复制与发行统称为出版。没有得到作者的授权，出版者不能出版发行作者的计算机软件作品。

（6）出租权是有偿许可他人临时使用计算机软件的复制件的权利，但是，计算机软件不是出租的主要标的的除外。出租权作为一种著作财产权，在本质上与发行权是一致的，都是为满足公众对作品消费需求；所不同的是，承租人在满足了对作品的一定需求后，将作品或作品的复制件返还给出租人。出租是著作权人实现著作财产权的一种很重要的方式，其可以从出租活动中获取一定的经济利益；出租会促进作品的广泛传播与利用；同时，出租还促进了出租业的兴起和发展，使出租业获取可观的经济收益。

（7）翻译权是指以不同于原软件作品的一种程序语言转换该作品原使用的程序语言，从而重现软件作品内容的创作。简单地说，翻译权就是指将原软件从一种程序语言转换成另一种程序语言的权利。翻译权的行使通常受到人类语言文字种类和法律地域的影响。授予计算机软件著作权人翻译权，有利于保护其对计算机软件作品传播地域的控制，也会为优秀计算机软件作品的作者带来可观的经济收入。

2. 计算机软件著作权的期限

计算机软件的保护期从计算机软件的开发完成之日起计算，期限为50年，根据开发者是法人、其他组织及自然人的不同有各自不同的截止日期。开发者是自然人的，软件的保护期从软件开发完成之日起到开发者死亡后第50年的12月31日止；软件是合作开发的，截止于最后死亡的自然人死亡后第50年的12月31日。法人或者其他组织的软件著作权，保护期自软件开发完成后首次发表之日始，截至首次发表后第50年的12月31日。因此，计算机软件的保护期同其他作品的保护期是一致的。

计算机软件的保护期满，除开发者身份权以外，其他权利终止。一旦计算机软件著作权超出保护期后，软件进入公有领域。计算机软件著作权人的单位终止和计算机软件著作权人的公民死亡均无合法继承人的，除开发者身份权以外，该软件的其他权利进入公有领域。软件进入公有领域后就成为社会公共财富，公众可无偿使用。

14.4.5 计算机软件侵权行为的法律责任

《计算机软件保护条例》也相应地规定了软件的侵权行为和相应的救济措施。《计算机软件保护条例》的第23条和第24条规定了相应的侵权行为，根据侵权行为类型的不同，侵权行为人可能要承担刑事责任、民事责任或者行政责任。

1. 计算机软件的严重侵权行为

根据《计算机软件保护条例》第23条的规定，除《中华人民共和国著作权法》或者本条例另有规定外，有下列侵权行为的，应当根据情况，承担停止侵害、消除影响、赔礼道歉、赔偿损失等民事责任：

（1）未经软件著作权人许可，发表或者登记其软件的；

（2）将他人软件作为自己的软件发表或者登记的；

（3）未经合作者许可，将与他人合作开发的软件作为自己单独完成的软件发表或者登记的；

（4）在他人软件上署名或者更改他人软件上的署名的；

（5）未经软件著作权人许可，修改、翻译其软件的；

（6）其他侵犯软件著作权的行为。

2. 计算机软件的一般侵权行为

根据《计算机软件保护条例》第24条的规定，除《中华人民共和国著作权法》、本条例或者其他法律、行政法规另有规定外，未经软件著作权人许可，有下列侵权行为的，应当根据情况，承担停止侵害、消除影响、赔礼道歉、赔偿损失等民事责任；同时损害社会公共利益的，由著作权行政管理部门责令停止侵权行为，没收违法所得，没收、销毁侵权复制品，可以并处罚款；情节严重的，著作权行政管理部门并可以没收主要用于制作侵权复制品的材料、工具、设备等；触犯刑律的，依照刑法关于侵犯著作权罪、销售侵权复制品罪的规定，依法追究刑事责任：

（1）复制或者部分复制著作权人的软件的；

（2）向公众发行、出租、通过信息网络传播著作权人的软件的；

（3）故意避开或者破坏著作权人为保护其软件著作权而采取的技术措施的；

（4）故意删除或者改变软件权利管理电子信息的；

（5）转让或者许可他人行使著作权人的软件著作权的。

3. 计算机软件侵权行为的法律责任

行为人违反《计算机软件保护条例》的相关规定，侵犯计算机软件所有者合法权利的，应当承担以下法律责任：

（1）民事责任。行为人有《计算机软件保护条例》第23条和第24条规定的侵权行为的，应当承担停止侵害、消除影响、赔礼道歉、赔偿损失等民事责任。赔偿损失数额的确定，可依照著作权法的相关规定确定。

（2）行政责任。行为人有《计算机软件保护条例》第24条规定的侵权行为，且损害社会公共利益的，著作权行政管理部门可责令行为人停止侵权行为，没收违法所得，没收、销毁侵权复制品，可以并处罚款；情节严重的，著作权行政管理部门并可以没收主要用于制作侵权复制品的材料、工具、设备等。行为人有《计算机软件保护条例》第24条第（1）项或者第（2）项行为的，可以并处每件100元或者货值金额5倍以下的罚款；有第24条第（3）项、第（4）项或者第（5）项行为的，可以并处5万元以下的罚款。

（3）刑事责任。行为人有《计算机软件保护条例》第24条规定的侵犯行为，情节严重，构成犯罪的，依照我国刑法关于侵犯著作权罪、销售侵权复制品罪的规定，依法追究刑事责任。

复习思考题

1. 作品的实质条件有哪些？
2. 著作权客体的种类有哪些？
3. 著作权客体的排除领域包括哪些？
4. 计算机软件的保护条件是什么？
5. 计算机软件的权利归属是如何规定的？
6. 计算机软件著作权的内容包括什么？

第 15 章　著作权的主体

学习目标

重点掌握著作权主体的概念、条件和种类。熟悉和掌握在我国著作权法中确定作者的实质标准和形式标准，了解和领会演绎作品、合作作品、汇编作品、影视作品、职务作品、委托作品、美术作品及匿名作品的著作权归属问题。

关键名词

著作权的主体　作者　演绎作品　合作作品　汇编作品　职务作品

15.1　著作权主体概述

15.1.1　著作权主体的概念及条件

1. 著作权主体的概念

任何权利都有主体，著作权也不例外。著作权主体亦称著作权人，就是指按照法律的规定对文学、艺术和科学领域的作品享有的专有权利的自然人、法人或者其他组织。著作权人包括自然人、法人或者其他组织。自然人是著作权最主要的主体，法人和其他组织在一定的条件下可以成为著作权的主体。在一定情况下，国家也可能成为著作权主体。确认著作权主体，其目的在于确定著作权的归属，进而维护著作权主体的合法权益。

自然人、法人或者其他组织，可以通过创作作品或者组织自然人创作作品行为，依法取得著作权，也可以通过受让、继承、受赠等继受方式成为著作权人。由于著作权实行自动取得原则，作品的创作者或者组织作品创作的法人或者其他组织，不必办理任何手续就可以享有著作权。另外，通过继受方式取得的著作权只要办理合法的受让手续如转让合同等，就可以成为著作权的主体。

2. 著作权主体的条件

（1）是具有创作能力的自然人或者依法享有著作权的法人或者其他组织。著作权创作的自然人掌握一定的专门知识，并具有将这种知识以一定形式表现

出来的能力和技巧。

（2）是直接参与了创作活动。著作权主体通过亲自参与创作实践活动，将自己内心的感受转化为能为他人感知、欣赏的作品。没有直接参加创作活动，只是为他人的创作进行组织、提供咨询意见、物质条件或从事其他辅助性工作的人，不能成为作者。

（3）创作出符合著作权法规定条件的作品。如果创作活动的最终结果不能产生著作权法上的作品，则不能认可其作者身份。

（4）如无相反证明，在作品上署名的人就是作者。在正常情况下，署名可以反映出作品的作者。但是个别情况下也会出现作者并未署名，署名者却不是作者的情况。为确认真实作者，法律上一般要求当事人对自己的主张进行举证。

15.1.2　著作权主体的种类

1. 原始主体和继受主体

（1）原始主体。按照权利取得方式不同，著作权的主体分为原始主体和继受主体。在民法中我们也学过原始主体和继受主体。原始主体是指权利依据自己的活动产生，不依赖于别人的活动。例如，某人可以通过生产产生所有权，该人便是这个物的所有权人；如果作品是某人自己写的，则该人便对作品享有原始的权利，该人便是原始主体。我国《著作权法》明确规定："创作作品的公民是作者"。创作是直接产生文学、艺术和科学作品的活动，是从构思到表达完成的过程。作者从感受到思索，在构思成熟的基础上，运用语言、文字和其他形式，将头脑中的构思表达出来，形成作品。从事这种智力性创作活动的主体只能是人类，所以，该自然人就是文学艺术和科学作品的原始主体。

（2）继受主体。与原始主体相对的是继受主体，继受主体就是依据他人的权利而产生的权利主体。由于继受主体是依赖其他人的权利所产生的权利，因此，这样的主体我们叫做继受主体。比如，著作权的原始主体享有原始的著作权，如果该原始主体把其原始权利出售给其他人，则该受让人便成为权利的继受主体。该受让人这个继受主体是依据前一个原始主体的权利所取得的。当然，这里的前提是有合法的原始主体的存在才能产生继受主体。

根据相关的法律规定，在下列三种情况下可以产生继受主体：

第一，因继承、遗赠、遗赠抚养协议而取得的著作权。继承、遗赠、遗赠抚养协议都是继承法中的概念，其具体含义我们在这里就不再具体展开。我国《著作权法》第19条规定："著作权属于公民的，公民死亡后，其著作权中的财产权在本法规定的保护期内，依继承法的规定转移"。而按照我国的《继承法》规定，作者死亡后，继承人或第三人可通过法定继承方式或依作者的遗嘱、遗赠扶养协议，取得作者著作权中的财产权而成为著作权主体。当然，被继承的著作财产权，是作者死亡之后剩余的有效保护期间的著作财产权。例如，著作权人的继承人在继承被继承人遗产的同时，也继承了被继承人著作权中的一些财产权和部分人身权，这时，著作权人的继承人便成为著作权的继受主体。

小知识

死者生前尚未发表的作品的继承问题

对于死者生前尚未发表的作品，继承人能否行使发表权以及能否享有遗作的著作权问题，各国规定不一。多数国家的著作权法规定，凡作者生前尚未发表也未在遗嘱中明确发表与否的，遗作的发表权可由作者的继承人行使；对于遗作的著作权，英美法系国家规定可由继承人行使，遗作的有效期为作品发表之日起若干年；而大陆法系国家则认为继承人只能享有作品的用益权。

关于著作权的继承，我国著作权法还有一些相关的规定：首先，合作作者死亡后，其对合作作品享有的著作财产权无人继承和受赠的，由其他合作者享有。该规定与我国《继承法》中关于“无人继承又无人受遗赠的遗产归国家所有”的规定不同。其次，继承人一般不能继承作者的著作人身权，但却有义务对著作权中的署名权、修改权和保护作品完整权等进行保护。再次，作者生前未发表的作品，如果作者未明确表示不发表，在作者死后50年内，其发表权可由继承人或受遗赠人行使；如作者生前明确表示不得发表，则该作品在保护期内不得发表。作者死后，任何人不得删除、更改其在作品上的署名，也不得行使作品的修改权。

第二，因合同取得著作权。这里的能取得著作权的合同主要是指劳务、委托和著作权转让合同。即创作人所创作的文学、艺术、科学作品，通过订合合同使其他人获得著作权。在劳务合同下，某些职务作品的著作权归单位所有，创作者只享有署名权；依据委托合同，著作权属于委托人，原创作者并不享有著作权；此外，法人或其他组织或公民还可以通过接受原作者的赠与和转让而成为著作权人。著作权人可以将著作权中的发表权转让给他人，也可以将著作权的使用权中的一项转让给他人。例如，著作权人将其享有著作权的小说拍摄

影视的权利转让给某电影制片厂，那么，该电影制片厂就因该著作权转让合同而成为著作权中拍摄电影的权利的继受主体。

第三，在某些情况下国家可以成为著作权的继受主体。比如国家通过买卖合同，通过赠与以及在我们今后将要学到的当著作权不能确定时国家将成为著作权主体。因此，国家成为著作权的主体主要存在以下几种情况：（1）作者将著作权中的财产权赋予国家时，国家成为著作权人；（2）公民死亡，著作权中的财产权无人继承又无人受赠时，转归国家所有；（3）法人或其他组织变更终止时，没有继受其权利义务的单位，著作权中的财产权归国家；（4）国家可以成为作者身份不明或者著作权不能确定的作品的著作权人，如民间文学艺术作品等。这时国家便是继受主体，从而享有相应的著作权。原始主体和继受主体是《著作权法》的原则性规定，但是由于作品的表现形式复杂多样也带来著作权主体的复杂和多样，从而带来权利归属的复杂化。

2. 内国主体和外国主体

内国主体与外国主体是根据著作权主体所具有的国籍为标准而来划分的。具有中国国籍的作者是内国主体，外国人和无国籍的作者依据中国《著作权法》享有权利便是外国主体。中国国籍的作者和其他著作权人的作品无论是否发表，都可依据我国的著作权法直接取得著作权。而外国人的作品则需首先在中国境内出版，才能依照我国著作权法享有著作权。外国人、无国籍人的作品根据其所属国或经常居住地国与中国签订的协议或者共同参加的国际条约享有的著作权受我国法律保护。未与中国签订协议或者共同参加国际条约的国家的作者以及无国籍的人的作品首次在中国参加的国际条约的成员国出版的，或者在成员国和非成员国同时出版的，也受我国著作权法的保护。

3. 完整的著作权主体和部分的著作权主体

完整的著作权主体和部分的著作权主体是根据著作权主体所享有的著作权的完整程度的不同而划分的。完整的著作权主体是指对其创作的作品享有全部著作财产权和著作人身权的作者。而部分的著作权主体是指通过转让或继承关系而取得部分著作权的人，一般来说，通过这些途径也只能取得部分著作权。完整的著作权主体是享有著作权所有的权利，当著作权人让其他人行使部分权利的时候或者转让给其他人来行使，这时，其他人就成为部分著作权人。如某人写了一本书，该作者便对这本书享有完整的著作权；但是，如果作者把这本书的出版权卖给出版社，出版社便成为部分的著作权主体。

以上这些就是从理论上对著作权主体的最主要的几种分类方式。当然，学术界还有许多种著作权主体的分类，例如，按照著作权主体人数的不同，著作权主体可分为单一主体和共同主体。单一主体是指因独自完成作品创作而取得著作权的人；共同主体是指由两人以上合作，共同完成作品创作而取得著作权的人，也称著作权共有人或者合著人。另外，还有一种分类是分为著作权的原始主体和著作权的演绎主体。著作权演绎主体是指某一作品的再创作作者。其属于广义上的作者，但和作品的原始主体相比，在著作权的人身权方面又存在着许多不同之处。例如，改编、翻译、注释、整理已有作品的人，就属于著作权的演绎主体。

15.2 著作权的原始主体

15.2.1 确定作者的实质标准

所谓作者是指进行文学、艺术或科学创作的人，即从事直接产生文学、艺术或科学作品的智力活动的人。作者是最主要的原始主体。根据我国《著作权法》的规定，除特殊情况外，创作作品的人是作者。因此，创作作品就成为判断作者的实质标准。著作权法中所称的作者并不限于原始文字作品的作者，而是包括一切从事直接产生文学、艺术和科学作品的智力活动的人，诸如演讲者、作曲者、进行绘画、雕塑、书法活动者、建筑设计者、摄影者、影视导演、计算机软件设计者、翻译者、改编者、编纂者，等等。严格来讲，“作者”与“创作者”并不完全相同，“创作者”是一个普通用语，仅指实际作者；而《著作权法》所称的“作者”则是一个法律用语，有时也包括名义作者。

著作权法中所说的创作，是指直接产生文学、艺术或者科学作品的智力活动。实际上，创作就是自然人运用其智慧，将文字、数字、符号、色彩、光线、音符等要素按照一定的规律、规则和顺序有机地组合起来，以表达其思想、情感、观点、立场等综合理念的活动。因此，确定作者的实质标准就要考虑下列因素：（1）作者的活动是不可替代的智力活动，而非收集资料等其他可替代的活动；（2）作者的智力活动是对作品构成要素的选择活动；（3）作者的智力活动是将其选择的构成要素按照一定的规律规则和顺序组合起来的活动；（4）作者的智力活动是表达其思想、情感、观点、立场等综合理念的活动。

另外，同时还要强调的是这里的自然人没有年龄、种族等条件的限制。有时自然人是未成年人，有时是无民事行为能力人或限制民事行为能力人，并不妨碍其享有著作权。著作权的主体可以是未成年人，其可以享有著作权的相关权利，当然前提是需要有法定代理人来代理行使。例如，一个6岁的儿童画了一幅具有毕加索风格的画，其参加国家举办的比赛并且得了大奖，那么，这个

儿童便成为该画的作者。但是其应该怎么来行使著作权中的财产权呢？就需要经过其法定代理人来行使。但是，这样做并不妨碍这个儿童成为作者和享有著作权。

15.2.2　确定作者的形式标准

根据我国《著作权法》的规定，如果没有相反的证明，在作品上署名的公民、法人或者其他组织为作者。如果说确定作者的实质标准是要求其实际地参与作品的创作；那么，确定作者的形式标准则是要求其在作品上署名，这也是对作品的作者地位的一种推定。

当然，如果对这一推定有异议，法律允许异议人提出相关的证据来推翻这种推定。比如，自然人甲写了一本书，可是由于种种的原因在署名的时候把乙的名字写上去了，那么甲、乙约定乙不享有著作权，这个约定在法律上是有效的，它便是能推翻署名人乙是作者这一事实的相反证据。但是如果没有这样的约定，那么法律就推定署名人乙就是作者。

15.2.3　视为作者的法人或其他组织

除了自然人之外，法人和其他组织在特定条件下视为作者。文学、艺术和科学作品的创作，包含与人脑机能密切相关的心理过程。从这一角度讲，只有作为自然人的公民才能成为作者，而不具有人脑的法人和其他组织不能成为作者。不过，与大多数国家的著作权法相同，我国著作权法在确认实际作者的法律地位的同时，并不否认名义作者。这是因为某些作品在客观上需要以他人的名义发表，否则无法达到预期的创作目的，或无法产生预期的社会意义。而一部作品的实际作者究竟是谁，往往除作者本人外，他人并不知晓，而作品的传播又需要法律将作者身份（作者资格）赋予某些特定的人，以便著作权归属的确定和作品使用的授权。基于上述原因，《著作权法》规定，在某些特定情况下，不具有实际创作能力的法人或其他组织可视为作者。

法律的用词是“视为”作者而不是“是”作者，原因就在于法人和其他组织是法律拟制的人，没有自然人那样的思维能力和创作能力，所以只有法律把它“视为”作者才能享有著作权。这里主要指这样一种情况，即由法人或者其他组织主持，代表法人或者其他组织意志创作，并由法人或者其他组织承担责任的作品。

将法人或者其他组织视为作者，应当符合三个条件：

(1) 法人或者其他组织是创作作品的组织者，如果需要经费的话，还是经费的提供者。

（2）创作者所创作的作品必须代表法人或者其他组织的意志。

（3）作品所产生的一切法律责任由法人或者其他组织承担。

以上三条必须同时具备才能构成法人或者其他组织视为作者的作品。比如，某学校的党委代表学校写的一篇文章叫做《某某大学关于学生思想工作的几点经验》，这是一个文字作品，其具体的写作创作是由某自然人来完成的，但是，这个作品是由某某大学主持的，代表某某大学的意志，最后的责任由某某大学来承担。因而，在这种情况下，某某大学就视为作者，某某大学享有著作权。这种法人或者其他组织视为作者的法人作品同职务作品是有着很大不同的。二者在创作的起因、作品的种类、法律责任的承担上都有着明显的区别。

可见，创作作品的作者是著作权人。从形式上看，在作品上署名的人是作者，包括自然人以及法人和其他组织。

15.3 特殊作品的著作权归属

15.3.1 演绎作品的著作权归属

1. 演绎作品的概念及形式

什么叫演绎作品呢？演绎作品是就已有作品进行改编、翻译、整理、注释而产生的作品。它是在原有作品之上进行一定的形式上的改变而产生的新的作品。比如将原来的小说改编成话剧，将原来是中文的文章翻译成英文等。那么，改编后的话剧剧本、翻译后的英文文章便成为演绎作品。因此，演绎作品通常也被称为是一种派生作品，是对原有作品进行改编、翻译、注释、整理等再创行为的结果，是对原有作品的创新和发展，具有独创性。因此，演绎作品和原创作品一样，都受《著作权法》的保护。演绎作品的作者可以凭借他在演绎原作品过程中所付出的创造性劳动而对演绎作品享有独立的著作权。

演绎作品是以另一作品为基础创作的作品，但不是十分精确地逐字逐句的复制。如何准确而全面地理解演绎作品，长期以来一直是很多法律人争论的主题。总体来说，一篇文章从一种语言被翻译到另一种语言，一本小说被改编成一个电影剧本就是演绎作品的典型例子。在知识共享的核心授权条款下，与电影画面同步录音处理的音乐也被看作是演绎作品。

2. 演绎作品著作权的归属

（1）演绎人对演绎作品享有著作权。就演绎作品来讲，作者将小说改编成了话剧投入了创造性劳动，将中文翻译成英文也有作者的脑力劳动，即演绎作品有演绎人的独创性劳动。例如，由冰心翻译的泰戈尔的诗歌读起来朗朗上口，特别有韵味；由著名法学家翻译的法学论文法理性和逻辑性极强。因此，我们不能忽视翻译人、改编人等演绎人具有创造性的智力劳动。因此，演绎作品的成功与否确实包含着演绎人的智慧，演绎人应当对演绎作品享有著作权。我国《著作权法》中明确规定，对于改编、翻译、注释、整理以后的作品由演绎人享有著作权，著作权法正式认可了演绎人的著作权。

根据我国《著作权法》中的相关规定，演绎作品的著作权归演绎作品的作者享有，但演绎作品的作者在行使著作权时，不能侵犯原作品作者的著作权。这就要求，在演绎他人享有著作权的作品前，必须经过该作品著作权人的许可或授权，否则就构成侵权；在发表演绎作品时应当注明本作品根据原作品演绎而来，并说明原作品的作者、著作权人；演绎作品的作者仅对其演绎部分享有著作权，对被演绎的原作不享有著作权，演绎人无权阻止第三人对同一原作再进行演绎；此外，若第三人使用演绎作品，不仅应征得演绎作品作者同意，还需获得原作作者许可。

（2）演绎人应当尊重被演绎作品的著作权。作为演绎作品来讲，首先，其应该有一个作为基础的原作作品，比如，原来的小说或者原来的中文文章，演绎人应当尊重原作作者的著作权。同时，我国《著作权法》还规定，演绎人在行使权利的时候不得侵害原作作品作者的权利。于是，这里出现了权利的重叠，在演绎作品上可能有两个权利人：一个是演绎人；另一个是原作作品的作者。因此，演绎人在行使权利的时候不得侵犯原作作者的权利。具体表现在如果原作作品在保护期内，演绎者要演绎作品必须经过原作作者的同意并支付报酬，不能把别人的作品随便地拿来随便地改编。例如，如果想把钱钟书的小说《围城》改编成电视剧，没有经过作者的同意是不能擅自进行改编的；如果想要改编就要经过原作作者的同意。另外，也不能把原作作者的作品改编得面目全非，这就有可能会损害原作作者的声誉，所以，改编要经过作者的同意并要支付报酬，演绎作品一定要尊重原作作者的作品，不能改变原始作品的风格。比如现在有一些电视剧把《三国演义》《红楼梦》等我国的经典名著改得面目全非，还一再地“戏说”，这其实就是一种对原作作品权利的漠视。这也正是我们学习的演绎作品的权利主体和权利归属，分清演绎作品和原作作品著作权所要解决的问题。

典型案例

演绎作品作者对演绎作品享有著作权——中华书局诉天津电子出版社侵权案

案情简介：《二十四史》和《清史稿》是在20世纪50年代，中华书局根据中央指示，组织全国近百位文史专家进行全面整理，直至1978年整理工作才全面完成。此后，整理后的《二十四史》和《清史稿》陆续出版。天津电子出版社及索易公司在未经许可的情况下，擅自将中华书局整理的《二十四史》和《清史稿》复制、出版、发行，并在网上传播。中华书局发现后，将天津电子出版社及索易公司告上了法庭。

判决结果：北京市第一中级人民法院经审理认为，中华书局作为古籍整理者对古籍原文不享有著作权，但是对古籍整理本享有著作权，这种著作权也应受著作权法的保护。法院认定被告构成侵权，判令被告赔偿中华书局经济损失128万元。

资料来源：http://www.chinawriter.com.cn/2009/2009－07－22/74590.html。

15.3.2 合作作品

1. 合作作品的概念及其判断标准

合作作品，是指两人以上共同创作的作品。作品往往很难由一个人来完成，尤其是在现代化生产快速发展的今天，与技术有关的作品大多是由许多人采取通力团结合作的方式来完成的。因而，合作作品是许多人共同劳动完成的作品，合作作品权利应该由全体的合作者来共同享有。因此，这里所面临的第一个问题就是：谁是合作者？要想成为合作者，要想成为作品的权利人，则必须对作品投入了不可分割的智力劳动，换句话说，其劳动对于作品的完成是不可或缺的，这样就排除了对作品的完成仅仅起了辅助作用或者仅仅起了领导作用的人成为作者的情况。比如，一本书在作者创作完成后，交由打字员来完成打字工作，而这里的打字员就不是这本书的合作者。因此，构成合作作品，一般应具备三方面要素：其一，在主观上合作者有共同创作的愿望（即共同创意）。他们对创作行为及其后果有明确认识。其二，客观上他们有共同的创作行为，都亲自参加创作劳动。仅为创作提供咨询意见、物质条件、素材或其他从事辅助性劳动的人不能称为合作者。其三，产生的合作作品必须是一个有机的整体。即合作作品都必须是一个有机的整体。合作作品只能是在共同创作行

为全部结束时才会产生，而不会在此期间内陆续地或分别地产生，合作者创作的每一部分对于作品来说都是不可缺少的。

2. 合作作品的权利归属以及权利行使

合作作品的权利应该由合作者共同行使，但是由于作品的特殊性，在行使权利的过程中会出现不同的情形。所以，我国著作权法明确规定了两种情况：第一种情况是如果合作作品可以分割，则每一个作者可以独立行使自己的著作权，比如说一首歌曲有词作者和曲作者，则该词作者和曲作者就是这首歌的合作者。他们可以共同行使这首歌的权利，但是作为词作者也可以单独把这首词当作诗歌来发表，曲作者也可以单独行使该曲的权利。类似的再比如说改编，作品的改编人在单独行使著作权的时候就不能改变原来作品的风格而侵犯原来作品的权利，不能破坏原来作品的严肃性和完整性。

第二种情况是如果合作作品不能分割，当作品完成后，就很难分清哪一部分是哪一个作者的。共同作品通常由合作者共同构思和确定编写提纲、分工写作、统一定稿。由于思想观点相互渗透，以致虽有写作分工，也无法确定哪一部分属于谁的创作，所谓“你中有我，我中有你”。那么，在这种情况下行使著作权需要合作者共同的协商，来共同行使著作权。如果协商不成，则任何一方在没有正当理由的情况下就不得阻止他方行使著作权。比如对于一幅油画作品，甲、乙共同合作完成，就很难区分甲、乙两人的著作权，在行使著作权的时候需要甲、乙两人共同协商确定，在没有正当理由的情况下，甲或乙的一方就不得阻止他方行使著作权。究竟什么才是“正当理由”呢？比如说一方行使著作权会带来这部作品整体品位发生变化，造成作品社会评价相应降低，从而使另一方作者的声誉受损，等等。

15.3.3　汇编作品

1. 汇编作品的概念

汇编若干作品、作品的片段或者不构成作品的数据或者其他材料，对其内容的选择或者编排体现独创性的作品，为汇编作品。汇编行为也是一种演绎创作行为，它将已有的文学、艺术和科学作品或其他材料等汇集起来，通过选择、取舍、设计、编排形成了作品，如报纸、杂志、词典、百科全书、学术论文集等。它是将原来单独的作品或者不成为作品的片段汇集在一起形成的一个新的作品。这种作品是很多的，比如，报刊文摘、读者文摘、大辞典等，这些都是将原来享有著作权或者不享有著作权的片段汇集成新的作品。由于汇编作品注入了汇编人新的创作，故汇编人就其设计的这种新作品享有作者的权利。

在我国，长期以来法律明文规定的只有“编辑作品”而非汇编作品。1990

年《著作权法》第14条规定，编辑作品由编辑人享有著作权，但行使著作权时，不得侵犯原作品的著作权；编辑作品中可以单独使用的作品的作者有权单独行使其著作权。《著作权法实施条例》（1991）第5条第1款第11项规定，编辑是指根据特定要求选择若干作品或者作品的片段汇集编排成为一部作品。2001年10月27日全国人大常委会通过了关于修改《著作权法》的决定，将前述规定加以修订，即汇编若干作品、作品的片段或者不构成作品的数据或者其他材料，对其内容的选择或者编排体现独创性的作品，为汇编作品，其著作权由汇编人享有，但行使著作权时，不得侵犯原作品的著作权。

小知识

世界各国对汇编作品的立法发展

美国《著作权法》第101条规定汇编作品系指以搜集并整合既有素材或资料为形式之著作，该等素材与资料必须经由选取、整理、编排，且就整体而言具有原创性之著作。《保护文学艺术作品伯尔尼公约》第2条第5款规定，汇编作品的构成素材本身应该是享有著作权的作品，且内容的选择和编排构成智力创作，只有符合这样的条件才可以作为汇编作品加以著作权法律保护。在《TRIPs协议》第10条第2款中规定，数据或其他材料的汇编，无论采用机器可读形式还是其他的形式，只要其内容的选择或安排构成智力创作，即应予以保护但不延及数据及材料本身的保护，不得损害数据及材料本身已享有的著作权。日本《著作权法》第12条第1款规定：在选材或编排上有创造性的编辑物，视为著作物予以保护。德国《著作权法》第4条、法国《知识产权法典》第112条第3款、意大利《著作权法》第3条、俄罗斯联邦著作权和邻接权法第11条等也作了类似规定。

2. 汇编作品中的著作权

汇编作品的好坏凝结着汇编人的智力劳动，反映着汇编者对作品的理解和编排的特色。比如说，现在市场上的文摘类报纸杂志很多，读者对它们认知程度的高低、受欢迎的程度等方面差别是比较大的，这就与汇编人的独创性劳动有关，所以我国《著作权法》中规定汇编作品由汇编人享有著作权。比如，我国著名的《读者》杂志，其就由《读者》杂志社对其享有著作权，其他人不能没有经过该杂志社的同意就随便地翻印该杂志。

汇编作品要求汇编人必须对作品的产生付出创造性劳动，即在选择和编排上投入智力劳动。汇编人不一定要从事具体的原始创作，但优秀的汇编作品也

会流芳百世，对文化的传播和繁荣起重要的推动作用。例如，明朝学者冯梦龙之所以扬名千秋，并不在于他擅长诗文、精通经学，而在于他在明代通俗文学中编辑了著名的“三言”作品，即《喻世明言》《警世通言》《醒世恒言》。清朝孙洙辑录的《唐诗三百首》、吴楚材和吴调侯辑录的《古文观止》等，这些都是流传至今的佳作。从鼓励汇编、维护公平的理念出发，有关著作权保护的国际公约和绝大多数国家立法都认为汇编人的汇编成果应受法律保护，明确承认汇编人对其汇编作品享有著作权。

在汇编作品中有一个基础作品，即作品来源。例如，期刊杂志社对汇编作品整体享有著作权，但是不对所汇编的每一篇作品享有著作权。在著作权的有效期内，原作品的著作权人仍然享有独立的完整的著作权。汇编人在汇编作品的时候应当尊重原作品作者的权利，应当经过原作者的同意并支付报酬。当然，我国法律规定了法定许可，也就是说在作品刊登后，除著作权人声明不得转载、摘编的外，其他报刊可以转载或者作为文摘、资料刊登，但应当按照规定向著作权人支付报酬。

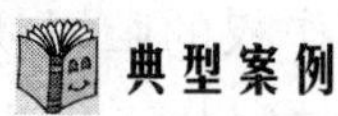

典型案例

汇编作品版权纠纷

海南经天信息有限公司从 1996 年开始研发《中国大法规数据库》，并于 1999 年出版。此后，经天公司发现上海徐溪商务咨询有限公司在其主办的“专家论案”网上复制数据库内的全部法规数据，放在该网站“法规检索”栏目中供用户查询。经天公司认为，这一行为侵犯了自己对这一汇编作品享有的著作权，遂将徐溪公司告上法庭，要求对方立即停止侵权、删除《数据库》、赔礼道歉，并承担 20 万元的经济赔偿。《数据库》是否具有独创性成为双方争议的焦点。经天公司认为，《数据库》在查询方法和编排上都体现了独创性。徐溪公司则认为，法律法规本身没有著作权，该《数据库》只是收集了全国人大、国务院各部委等颁布的法律法规，这个范围是固定的，分类规则也是既有的，并不具有独创性。在审理中，法院发现《数据库》的内容与“专家论案”网的法规检索栏目存在相同或相似的地方，认定该《数据库》的编排方式、分类编码、标题缩略方式等具有一定的独创性，徐溪公司存在侵权行为。上海市一中院对此案做出一审判决，认定该网站构成侵权，赔偿 4 万元。据悉，这是上海首例数据库著作权案件。

资料来源：http//www. eduzhai. net/falv/893/925/falv/319933. html。

15.3.4 影视作品

1. 影视作品的概念及条件

影视作品是通过一定的拍摄活动带有音乐或者不带音乐并通过一定的媒体能够播放出来的作品，它包括电影作品和以类似摄制电影的方法创作的作品，如电影、电视、录像、光盘等是综合性的艺术形式，是利用技术手段将众多作者和表演者以及其他人的创作活动凝结在一起的复合体，一般由制片人、编剧、导演、演员、摄影师、词曲作者等人共同劳动完成。著作权法所保护的影视作品至少应满足以下几个条件：其一，影视作品的内容是一系列的影像或影像连同声音；其二，影视作品需要凭借技术设备加以摄制和显现，而且所显现的是活动影像；其三，影视作品的影像或影像连同声音须附着于有形的媒介物上面；其四，影视作品须具有创造性。

2. 影视作品中的著作权

影视作品是集体劳动的成果，很难说影视作品具体是由哪一个人来完成的。影视作品中有导演、编剧、摄像、演员、词作者、曲作者，等等，是由许多人共同劳动的成果，因为它的劳动比较复杂，带来影视作品著作权的归属就显得比较复杂。根据我国著作权法的规定，影视作品的著作权归制片人来享有。之所以这样规定是因为考虑到影视作品投资大，成功与否很大程度上依赖于市场效应，要充分考虑到作为制片人的投资方收回其投资并能赚取高额利润的经济目的的实现。根据著作权法的相关规定，著作权人对享有著作权影视作品有复制权，电视台播放他人的电影作品或以类似摄制电影的方法创作的作品、录像制品，应当取得制片者或者录像制作者许可，并支付报酬。

但是，影视作品的导演、编剧、摄像、演员、词作者、曲作者等都对影视作品享有署名权，并有权按照与制片者签订的合同获得报酬，这是对他们投入的劳动的尊重。在影视作品中，编剧、作词、作曲等这些能够独立行使著作权的人可以就自己的剧本、歌词、乐曲等作品，独立行使其著作权，而他人不得干涉妨碍其行使权利。比如，在电影中的插曲是曲作者自己的作品，因此该作曲者就对这个作曲享有独立的著作权，即可以单独地对这个曲子行使著作权。其既可以将其发表，也可以授权别人使用等，但是这种独立行使著作权的行为不能侵犯影视作品整体的权利。

15.3.5 职务作品

1. 职务作品的概念和条件

（1）职务作品的概念。职务作品，也称雇佣作品，是指公民为完成法人

或者其他组织的工作任务所创作的作品。在早期的西方国家称职务作品为“work for salary”，是指为了薪金而创作的作品，但是这种定义过于宽泛。后来为进一步明确职务作品的范围，其名称改为“work for hire”，也就是现在所说的“雇佣作品”，即雇主与雇佣人存在雇佣关系，雇佣人所创的作品属于雇佣作品。从作品的形式特征看，职务作品不是一类特殊的作品，只是由于在创作过程中，作者与他所服务的机构之间存在着劳动或雇佣关系，使职务作品成为与非职务作品相区别的一个分类。“工作任务”是指公民在该法人或者该组织中应当履行的职责。其中单位“工作任务”一词是实践中区分职务作品与非职务作品的关键，其准确的界定将避免动辄就把作品说成职务作品。

（2）职务作品的条件。根据著作权法的相关规定，构成职务作品一般应具备以下条件：

第一，作者与其所在的工作机构间存在着劳动或雇佣关系即管理与被管理关系。基于劳动关系或者雇佣关系，作者有权要求单位或者雇主向其支付工资、报酬等固定薪金，并享受单位或者雇主提供的劳动、工作上的方便条件，同时，作者有义务为单位或者雇主进行作品创作的活动，并应接受单位或者雇主的必要监督和指导。因此，是否存在劳动关系或者雇佣关系是确定某一作品是否是职务作品的前提条件。

第二，作品的创作属作者正常的工作任务，在作者职责范围之内。作品是否是在作者的职责范围内完成，也是衡量职务作品的重要根据之一。有的作品虽然是职业作者创作的作品，但不一定都是职务作品，作者只有在劳动合同或者雇佣合同明确规定的职责范围内完成的作品，才是职务作品。因此，对职务作品的认定，不能一概而论，而应该具体情况具体分析。

第三，对作品的使用属于作者所在单位的正常工作与业务范围。也就是说，使用职务作品是作者所在单位的正常工作或者业务所必需的活动，或者直接是为工作单位的法定业务宗旨服务的。

因此，对职务作品的认定，应遵循以上条件。至于作品的创作过程如何、创作方式怎样、是否是利用工作时间等，都不影响职务作品的构成。

2. 职务作品的权利归属

职务作品是比较特殊的，为调动作者的创作积极性，并维护作者所在单位的利益，我国著作权法对职务作品著作权的归属和行使做出了几种特殊的规定：

（1）著作权由作者享有，但法人或者其他组织有权在其业务范围内优先使用。职务作品完成两年内，未经法人或者其他组织同意，作者不得许可第三人以与单位使用的相同方式使用该作品。单位在业务范围内使用该职务作品是否向作者支付报酬，由双方协商；如果作品完成后两年内，单位不使用，则作者有权允许由第三人以与单位使用相同的方式使用，单位没有正当理由不得拒绝。一般来说，著作权由完成作品的作者享有，职务作品也不例外。但由于职务作品的特殊性，一方面是为完成法人或者其他组织的任务而创作的作品；另一方面，法人或者其他组织提供了一定的物质技术条件，因此，同其他作品不同，法人或者其他组织对职务作品享有“优先使用权”。

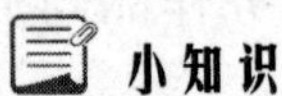

职务作品与法人作品之异同

1. 职务作品与法人作品的相同之处：二者都一定程度上利用了单位的物质技术条件；二者都与工作有关，二者都是为完成单位工作任务；二者都体现了作者和单位的共同利益。

2. 职务作品与法人作品的区别之处：①作品的创意来源不同。职务作品的作品创意往往来自作者，而法人作品的作品创意来源应来自法人和其他组织。②单位在创作过程中发挥的作用不同。就职务作品来说，单位一般只提供物质技术条件；法人作品的创作过程，一般情况下单位是会全程关注甚至介入的。③对作品享有权利的程度不同。由于作者和单位在职务作品和法人作品的创意、创作中付出的精力不同，因此，对于二者的权利享有程度也就不同。④作品责任的承担主体不同。如果该作品责任由作者承担，则应该是职务作品；如果作品责任全部由单位来承担，则是法人作品。

这里的“优先使用权”具有特定的含义：第一，优先使用权是从作品完成之日起两年内享有，根据著作权法的相关规定，这里的完成之日为作者交付作品之日。第二，两年内未经法人或者其他组织同意，作者不得许可第三人以与单位相同的方式使用该作品，经过法人或者其他组织同意，作者可以将作品交付他人使用。作者也可以允许他人以与单位不同的使用方式来使用作品。第三，优先使用权对于法人或者其他组织来说是无偿的。例如，摄影社的摄影记者拍摄的风光照片，单位可以在两年的时间内享有无偿的优先使用权，但作者可以将作品交付他人汇编到其他汇编作品里；如果单位不使用，在两年的时间里，经单位同意作者也可以允许其他单位使用，但是其所得应当按照与单位的约定的比例予以分配。

小知识

国外职务作品的立法

由于各国不同的法律文化和制度的侧重点不同，国内外对职务作品著作权的归属有两种立法模式：

第一，职务作品的著作权应归作者享有，即使有合同约定也不能改变作者对职务作品享有著作权。这类国家奉行作者权体系，主要是大陆法国家（日本和我国例外），如法国、德国、俄罗斯等。法国《著作权法》第 1 条第 1 款规定，创造智力作品的作者对其作品享有专有的，对一切人都有抗辩力的无形财产权。第 3 款规定，雇佣合同，服务合同的存在或者智力作品的作者签订上述作品的行为丝毫不影响作者享有第 1 款确立的权利。

第二，职务作品的著作权若无相反约定应属于雇主所有。持这一观点的国家主要是英美法系国家，奉行版权体系理论。如美国《著作权法》第 201 条第 2 款规定，就雇佣作品而言，雇主或者指示创作作品的其他人被认为是本法上的作者，享有著作权法之各项权利，但双方在其签署的书面文件中另有约定的除外。英国《著作权法》第 11 条第 1 款也有类似的规定。

（2）作者享有署名权，著作权的其他权利由法人或者其他组织享有，法人或者其他组织可以给予作者奖励。这一类的职务作品包括两种：一是主要是利用法人或者其他组织的物质技术条件创作，并由法人或者其他组织承担责任的工程设计图、产品设计图、地图、计算机软件等职务作品；二是法律、行政法规规定或者合同约定著作权由法人或者其他组织享有的职务作品。对于这一类作品做出这样的规定，一方面是因为该作品比较特殊；另一方面是因为法人或者其他组织一般都提供了必要的物质技术条件。

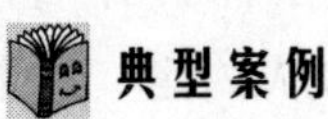

典型案例

蒋少武诉沈阳机电装备集团公司案

原告蒋少武先生（以下简称原告）是著名摄影家，辽宁日报社原首席摄影记者，其在 2003 年沈阳装备制造业博览会上发现自己 1991 年所拍摄的江泽民同志视察沈阳机电装备集团公司（以下简称被告）的照片被被告做成灯箱广告展示，而且，被告对照片进行了删改处理，后本案诉至法院。经过审理，法院认为，原告所摄讼争照片系职务作品，根据我国《著作权法》的规定，职务作品的著作权由作者享有，原告所属单位享有优先使用权。据此，法院做出判决，被告侵权成立，应承担相应赔偿责任并停止侵权、公开赔礼道歉。

资料来源：http//www. fsou. com/html/text/fnl/1174765/1174765871. html。

15. 3. 6　委托作品

委托作品就是接受他人的委托，由作者按照委托人的意志和具体要求而进行创作所产生的作品。例如，为他人撰写自传、悬赏征集广告词等。受托人是接受了委托人的委托才完成的该作品，委托人给受托人下达创作任务由受托人按照自己的意志来创作作品。这种情况在当今社会上是很多的，比如，招标就是很典型的例子，招标人发出招标的要求后投标人就可以开始进行创作，经过投标、决标中标后，中标人就成了受托人。委托作品与合作作品的主要区别是：委托作品由受托人创作，委托人不参与创作；而合作作品由合作方共同创作。委托作品与职务作品的主要区别是：职务作品是基于一种纵向的隶属关系而产生的一类作品；委托作品则是体现了委托人与受托人之间横向的民事主体关系。

各国的著作权法对委托作品的著作权主体的规定不尽相同。有的国家注重对作者权益的维护，规定委托作品的著作权首先属于作者（如突尼斯）；有的国家则注重维护委托人的权益，规定著作权人应是出资创作该作品的委托人（如英国、印度）。但多数国家规定，如果委托人与受托人有约定，按其约定确定著作权人；如果没有约定，可将委托作品与职务作品一样看待（如美国、法国、巴西等）。

我国《著作权法》第 17 条规定："受委托创作的作品，著作权的归属由委托人和受托人通过合同约定，合同未作明确约定或者没有订立合同的，著作权属于受托人。"可见，我国著作权法与大多数国家一样，侧重于保护作者的利益。因此，对于此项的法律规定我们可以这样理解：有约定的从约定，委托人同受托人之间有约定确定了著作权的归属就按照约定来确定著作权归属。在没有约定的情况下，法律规定著作权归受托人，也就是完成作品的作者享有著作权。比如，公民甲接受了一个单位的委托设计一个吉祥物，如果双方没有对该设计的著作权归属进行约定，在作品完成后该作品的著作权就由甲来享有。若已约定归单位所有则按照约定确定归属。

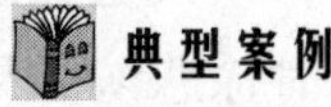

典型案例

广告征集语“真龙”未侵权

2005年6月，广西首例广告语征集著作权诉讼案，由广西壮族自治区高级人民法院做出终审判决，南宁卷烟厂、真龙广告公司不承担侵权民事责任。

2002年8月，南宁卷烟厂委托广西真龙伟业广告有限公司代理征集“真龙”香烟广告，“南烟”从“真龙广告”所征集的广告语中，选择了“天高几许？问真龙”广告语大量做广告。广告语原创作者桂林市民刘毅认为“南烟”“真龙广告”恶意剽窃其作品，于2004年5月将其告上法庭，要求赔偿经济损失50万元。桂林市中级人民法院一审认定，“天高几许？问真龙”为原告刘毅创作，其著作权依法属于原告。法院判定两被告停止使用原告作品，公开道歉，共同赔偿原告经济损失48万元。被告不服一审判决，提起上诉。广西壮族自治区高级人民法院经调查后认定，讼争作品系委托作品，该作品的著作人身权由被上诉人刘毅享有，该作品的著作财产权由上诉人真龙广告公司享有，上诉人南宁卷烟厂、真龙广告公司的行为没有侵犯被上诉人刘毅对涉案作品的著作权，不应当承担侵权民事责任，驳回原告刘毅的诉讼请求。

资料来源：http//www. gaining/cn/pd wz/text/ok/118. html。

15.3.7 美术作品

美术作品属于作品的一种，没有什么特殊性，其著作权应由完成该美术作品的作者来享有。那么，为什么把美术作品当作一个特殊作品呢？就在于美术作品会存在著作权同所有权相分离的情况，在美术作品的著作权和所有权相分离的情况下就要处理好著作权。美术作品涉及两类权利，一类是美术作品原件的所有权，即对该美术作品原件的占有、使用、收益和处分的权利；另一类是美术作品的创作者对美术作品的著作权。这是两类不同的权利。美术作品的著作权属于作者，受著作权法保护；美术作品原件的所有权则可以转移为非著作权人所有，如画家将画出售给买家等。根据我国《著作权法》规定，美术作品原件的所有权转移，不视为作品著作权的转移，只是美术作品著作权中的原件展览权由原件所有人享有。这说明，由于著作权人出让了美术作品原件的所有权，其著作权中的展览美术作品原件的权利，受到取得原件的所有人的限制。

在现实生活中，比如，国画大师徐悲鸿的奔马图被某人以50万元的价格购买，那么这幅美术作品的原件的所有权由该画的所有人所享有，该人是此画原件的所有人，而徐悲鸿仍然是这幅作品的著作权人。当然，这时徐悲鸿如果想行使这幅画的著作权就要受到许多限制。我国著作权法规定著作权仍然归著作权人，但是原件的所有人享有著作权中的展览权，因此，谁拥有这幅画谁就有权决定是否展出。本来，展览权只是著作财权中的一个权利，但是由于作品原件同作者分离了，再加之美术作品的特殊性，因此，《著作权法》规定美术作品著作权中的展览权归原件的所有人享有。这就是美术作品的权利归属及权利的行使问题。

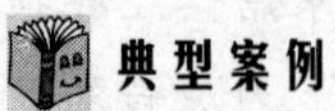

典型案例

美术作品稿酬纠纷——赵梦林诉北京永和大王公司案

赵梦林的美术作品《京剧脸谱》画册于1992年由朝华出版社出版，其是该画册的著作权人。该画册收入了其独立创作的京剧脸谱272幅，这些作品在本领域有极高的权威性。该画册已再版10次，同时被翻译为英法等多国文字用于我国对外文化交流，还作为中国戏曲艺术发展的重要资料被各文艺团体、图书馆和艺术馆收藏。北京永和大王公司在2001年8月31日至9月30日的“和家将·齐亮相”超值优惠券大行动中，未经赵梦林许可使用《京剧脸谱》画册中的7幅作品作为该优惠活动的广告宣传内容，在其店堂和网络上进行促销宣传，且未署作者姓名。该优惠活动持续时间长、范围广，严重侵害了赵梦林的著作权。故赵梦林诉至法院请求判令被告停止侵权；在该活动的促销宣传范围内，公开向赵梦林赔礼道歉；并赔偿经济损失50万元。

北京市第二中级人民法院依照2001年10月27日修正前的《中华人民共和国著作权法》第10条第1款第（二）项、第（五）项，第46条第（二）项之规定，判决如下：北京永和大王餐饮有限公司于本判决生效之日起30日内在《北京晚报》上刊登向赵梦林赔礼道歉的声明，致歉内容须经本院核准，逾期不履行，本院将在该报登载本判决内容，所需费用由北京永和大王餐饮有限公司负担；北京永和大王餐饮有限公司于本判决生效之日起15日内赔偿赵梦林经济损失7万元人民币。

资料来源：http//www. civillaw. com. cn/article/default. asp？id＝21078。

15.3.8 匿名作品

匿名作品，古今中外都有存在。所谓匿名作品就是没有署名或者没有署真

名，从署名上判断不出谁是作者。这样的著作权应该归谁所有呢？法律规定匿名作品的著作权由原件的合法持有人来行使和保护，但署名权除外，等该作品作者确定后由确定后的作者享有著作权。不署名的作品就是匿名作品，但是不署名并不是作者放弃了署名权，恰恰相反，不署名是作者行使署名权的方式之一。如果作者在某一个时期选择不署名，但在之后完全可以改变主意，决定署名，向世人宣告自己就是特定作品的作者。根据我国著作权法的相关规定，作者身份不明的作品，由作品原件的合法持有人行使署名权以外的著作权，作者身份确定后，由作者或其他继承人行使著作权。

复习思考题

1. 著作权主体的条件有哪些？
2. 著作权主体的种类有哪些？
3. 演绎作品的著作权应当如何归属？
4. 职务作品的条件有哪些规定？
5. 委托作品的权利归属如何确认？

第 16 章 著作权的内容

学习目标

重点掌握著作权的内容的概念和基本特征。熟悉和掌握著作人身权和著作财产权中的各项具体权利和内容。了解和领会著作权的取得和著作权的期限。

关键名词

著作权的内容　著作人身权　著作财产权　保护作品完整权　复制权　获得报酬权

16.1 著作权的内容概述

16.1.1 著作权的内容的概念

著作权的内容也就是著作权法律关系的内容，著作权法律关系是作者和其他著作权人同其他人之间，基于作品的创作、使用、传播所产生的权利和义务关系。作品是作者创作的，那么，作者在使用作品和传播作品的过程中享有哪些权利呢？而所谓著作权的内容，就是介绍和阐述这些权利的具体含义。著作权的内容，是指作者或者其他著作权人依法享有的权利，是由著作权法所确认和保护的，作者或者其他著作权人所享有的控制、利用、支配作品的权利总称。根据《伯尔尼公约》以及我国《著作权法》的规定，著作权包括著作人身权和著作财产权两方面的内容。

16.1.2 著作权的内容的特征

著作权具有双重性的特征，即包括著作人身权和著作财产权。著作人身权，即所说的著作精神权利，是指作者对其作品所享有的各种与人身相联系，并无直接财产内容的权利。著作人身权的实质，是人身关系在著作权上的体现，是人身权利在著作权法律关系中的具体反映。它独立于著作财产权而存在，本身没有直接的财产内容。作者终生享有著作人身权，没有时间的限制，

一般来说，它不能转让、剥夺或者继承。但是，著作人身权又与民法上的一般人身权存在较大区别，其具有自身的显著特点：第一，一般人身权的客体是特定权利主体的人格和身份，如姓名、肖像、名誉、荣誉等，而著作人身权的客体是作品；第二，一般人身权与权利主体的人身不可分离，没有了人身就无所谓自由、荣誉等人身权，而著作人身权与权利主体的人身相互分离，作品一旦创作完成，即与作者人身分开而独立存在；第三，一般人身权人人都享有，而著作人身权只有作者或著作权人享有；第四，一般人身权与权利人的生命相始终。而著作人身权则不是基于以自然人的生命现象为法律事实，而是以创作出文学艺术作品为法律事实，所以，它也不因创作者的生命完结而消失。

著作财产权，又称著作经济权利，正好与著作人身权相对，是指作者以及传播者通过某种形式使用作品，从而获得经济报酬的权利。与著作人身权相比，著作财产权具有时间性，在著作权的有效期限内，它可以依法继承、转让和许可他人使用。与著作人身权一样，著作财产权是著作权的主要内容，是著作权制度的主要起源。作品的传播利用，会为作品使用者带来经济利益，而著作财产权正是体现了著作权人同作品使用者之间，以对作品使用为标的的商品关系。著作财产权在著作权制度中的地位举足轻重。所有国家的著作权法均详尽地规定了著作财产权。

随着时代的发展和科技的进步，作品的使用方式不断呈现出日益多样化趋势，著作权的内容也在不断发生变化，其内容在不断丰富。最初的著作权或称版权的主要权利仅仅是复制权、翻译权、表演权等，这种状态一直持续了近两个世纪。进入 20 世纪上半叶，随着传播技术的革命，新型的权利不断涌现。首先，随着无线电和有线电技术用于传播载有节目的信号，产生了以传送广播与电视为内容的播放权；其次，随着留声机、录音机、录像机的发明，产生了以机械光学电磁为技术特征的机械复制权；再次，随着摄影机、放映机的发明，产生了以摄制电影、电视、录像为内容的制片权；最后，随着网络技术的应用与发展，产生了信息网络传播权，等等。

16.2 著作人身权

著作人身权是作者通过创作表现个人风格的作品而依法享有获得名誉声望和维护作品完整性的权利，其由作者终身享有，不能转让、剥夺和限制。作者死后，一般由其继承人或者法定机构予以保护。著作人身权包括四项权利：发表权、署名权、修改权和保护作品完整权。

16.2.1 发表权

1. 发表权的概念

发表权，是指作者依法决定作品是否公之于众及以何种方式公之于众的权利。发表权包括作者有权决定将作品公之于众或者不将作品公之于众、有权决定作品在何时何地、以何种方式公之于众，还有权决定作品通过哪些表现形式公之于众等的相关权利，它是著作权中一项首要的权利。因为作者将作品完成后，如果不行使发表权将作品公之于众，其他任何的著作人身权和著作财产权都将无从实现。至于公众是否知悉或关注被发表的作品，则无关紧要。作品是作者的思想、观念、情感、理想、主张、价值观的反映，是否披露应当由作者自行抉择。著作权法规定这项权利专属于作者，其他任何人不得擅自行使这项权利，否则，就属于侵权行为。

2. 发表的成立要件

发表就是将作品公之于众。所谓公之于众就是向作者以外的公众公布，而不是作者将自己的作品提供给亲属、朋友欣赏，或者提供给某位专家请教。发表一般是指作者自行向不特定人公开作品。因此，发表的成立必须有这样的要件：一是作者要有将作品公之于众的意思表示；二是要将作品以某种方式公开，使之可以被不特定多数人知晓。但是，发表并不要求一定以某种有形形式固定下来。在司法实践中，假设作者把美术作品的原件转让给他人，则法律视同作者同意对该作品进行发表；如果作者许可别人使用自己未发表的作品，那么法律推定作者已经行使了发表权。

3. 发表权的性质和特点

关于发表权的性质历来有不同的看法，有人认为它属于单纯的人身权，有人认为它既有人身权的性质，又有一定的财产权的性质。我国立法和司法实践中采用后一种观点。发表权首先属于人身权，同人身不可分割，只有作者自己才能决定是否发表、何时发表以及以何种方式发表；其次，作品的发表可以为作者带来一定的经济利益，不发表作品，作者就无从得到收益。发表权同我们下面要学习的使用权是合二为一的，例如，作者以出版方式来行使发表权，则这时发表权就同财产权中的复制权两者合二为一了，所以发表权能够带来一定的经济利益。正因为发表权具有这样的特点，所以在对发表权的具体规定上就与其他的人身权利规定不完全一致，例如，发表权是有行使期限的，同财产权的期限一样。作者生前未发表的作品，如果未明确表示在其死后也不发表的，那么，在作者死亡 50 年后，其发表权可以由继承人或者受遗赠人行使；如果没有继承人或者受遗赠人的，可以由作品原件的合法所有人行使。

4. 发表权的行使与限制

发表权是作者所享有的一项重要的人身权利。它是宪法所赋予的公民言论、出版等权利在著作权制度上的体现，同时，也是作者享受著作财产权的前提。发表权只能行使一次。一件作品完成以后，无论什么时间、地点，作者只要以符合法律规定的方式将作品披露出来，处于公众所知状态即行使了发表权。作者不可能对同一作品，再次行使发表权。而且，发表权有时还受到第三人权利的限制。如果因作品产生的权利涉及第三人的隐私、肖像等权利（例如，以人体画像和肖像为内容的作品），在发表作品时，作者就应征询所涉及第三人的同意，以体现对人格权的尊重。

在司法实践中，对发表权的侵犯也是经常容易发生的事情。发表权包括发表作品的权利和不发表作品的权利。著作权人有权决定发表作品，有权决定不发表作品，也有权决定许可他人发表作品并获得报酬。作品发表的形式多种多样，既可以是出版、表演、播放、展览，也可以是讲授、朗诵等。如果未经作者的许可或者授权擅自发表作品，则构成对作者发表权的侵犯，依法应当承担相应的法律责任。

16.2.2　署名权

1. 署名权的概念

署名权就是作者为表明自己的身份，在作品上注明其姓名或者名称的权利。它是确认创作者具体身份的重要法律根据。作者在作品上署名，就向他人表明了自己的作者身份。作品的署名，会真实地反映作品与作者的关系，表示对作者创造性劳动的认可，因此，署名权中还隐含着另一种权利，即作者资格权。著作权法保护署名权，意味着禁止任何未参加创作的人在他人的作品上署名。根据我国著作权法的相关规定，如无相反的证明，在作品上署名的公民、法人或者其他组织视为作者。

2. 署名权的内容

署名权包括署名和不署名两个方面。作者在行使署名权的时候可以署真名，可以署假名、笔名，也可以不署名。署名权不得转让、继承，也不存在放弃的问题；同时署名权的保护期不受限制，作者生前对署名权享有专有的权利，死后他人也不能将其署名篡改。而且，当作品完成并署名发表后，任何人应当尊重作者的署名权，包括在以出版、广播、表演、翻译、改编等形式对作品进行传播和使用时，都应当注明原作品作者的署名。

在作品上署名的可以是公民，也可以是法人或者其他组织。独立作品的作者有权在作品上独自署名，合作作品的作者有权在作品上共同署名。对于合作作品署名的顺序，一般来说，作者之间有约定的按照约定署名，没有约定的，可以按照在作品中付出劳动量的多少的顺序署名，也可以按照姓氏笔画或者拼音的顺序署名。

16.2.3 修改权

1. 修改权的概念

修改权是作者自己修改作品或者授权他人来修改作品的权利。作品是作者思想观念的集中体现，作者应当对作品发表后的社会效果负责。因此，作品发表后，随着时间的推移，作者对事物的认识和看法会发生变化，思想也会发生变化。如果作者认为该作品已不能反映变化了的客观实际或者学术观点、文艺思想等，该作品就应当予以修改。作者有权按照自己的意志对作品进行删节、充实、改写等。修改，是指增删作品的内容，对作品中错误、疏漏、陈旧部分进行必要的更正和补充，是再表现、再创作的活动。作品的修改权理应归作者本人，作者有权修改自己的作品，也可以授权他人修改自己的作品；同时，作者有权禁止他人对自己的作品进行歪曲和删改。

2. 修改权的内容

修改包括作者自己修改，也包括授权他人修改。修改一般是对作品的内容作局部的变更，如文字、用词上的修正，也可以是基于事实变化对观点的修正；可以是在原作品上改动，也可以通过发表声明或者论文来补正自己的观点。因此，修改是再表现，与演绎派生创作不同，是对原作品的完善，是再创作活动。修改作品的权利理所当然的属于作者。但是，在有些情况下，出于社会利益的实际需要，修改权也可以由他人行使。例如，久负盛名的国际法著作《奥本海国际法》，奥本海在生前修改过一次，但他死后却由于国际关系和国际法的变化，由后人多次予以修改。

修改作品的时候是要通过作者同意的，但修改权有时也会受到限制。如报纸、杂志社的编辑可以对作品做文字性的修改、删节，而不需要经过作者的同意。这是因为这种修改不改变作品的基本内容和形式。修改权同著作权的其他权利一样，不是绝对的。通常修改权不能对抗物权，例如，对于美术作品来说，当美术作品原件转让后，作者若想行使修改权则必须经过原件持有人的同意，如果原件持有人不同意修改则作者无权对其作品进行修改。

16.2.4 保护作品完整权

1. 保护作品完整权的概念

保护作品完整权，是指作者有权保护其作品不被歪曲、不被篡改的权利。

作者有权保护作品的完整性，有权保护其作品不被他人丑化；未经作者同意，他人不得擅自删除、变更作品的内容，或者对作品进行破坏其内容、表现形式和艺术效果的变动，以保护作者的名誉、声望，维护作品的完整性。保护作品完整权同修改权有密切联系。在日本，其著作权法称保护作品完整权为作品的同一性保持权。

《伯尔尼公约》第6条规定，作者享有反对对作品进行任何歪曲、割裂或者其他更改，或有损于其声誉的其他一切损害的权利。按照该条规定可以推知，歪曲、篡改作品往往涉及作品的思想主张或情感倾向。但这并不意味着著作权法保护思想或情感本身。著作权法的保护只限于作者在作品中所要表达的思想、观点、方法、事实或情感不被改动、曲解、阉割、丑化，而不是指作者对作品中反映的思想观点和情感等内容享有垄断权。歪曲、篡改作品的思想情感必然破坏作品的原有形式，损害原作品形式上的完整性。所以，著作权法通过保护作品形式上的完整，就可以避免作品被歪曲和篡改。可见，著作权法的保护只及于思想或情感的表现形式，而不延及其思想和情感本身，故著作权的保护原则是一贯的。

2. 保护作品完整权的内容

保护作品完整权是修改权的延伸，在内容上比修改权更进了一步，它不仅禁止他人未经作者同意，对作品进行修改，而且还禁止他人未经作者同意，以改编、注释、翻译、表演等方式使用作品时对作品进行歪曲性的改变。保护作品完整权的保护期不受限制，对该项权利永久性保护。即使作者死后，其保护作品完整性的权利由作者的继承人或者受遗赠人继续行使；无人继承又无人受遗赠的，则由著作权行政管理部门行使。此外，有的国家还规定了收回权作为作者的人身权，即作品发表后，作者如果改变作品的观点，有权收回已经发表的作品。但是，在我国著作权法中并没有收回权的相关规定。

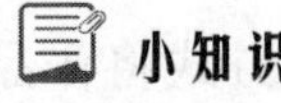

小知识

著作权中的收回权和接触作品权

收回权是指即使作者已经转让了著作财产权或许可他人行使，如因其思想感情发生了变化而希望修改作品或者不希望原作品继续流传，可以收回已转让或许可的权利。例如，在规定了收回权的德国，一名作家在美国对伊拉克发动战争之前撰写了支持该战争的作品，但后来该作家认识到了战争的错误，其态度发生了根本性的转变。即使他与出版社的专有出版合同仍然有效，他也可以行使收回权，收回曾经许可出版社的复制发行权，从而阻止原先作品在合同期内再次出版发行。接触作品权则是指即使作品原件或较为稀少的复制件已为他人合法取得，作者为了有效行使其著作权，仍然有权接触该作品原件或复制件。例如，画家在创作完成一幅油画之后即将它赠与一位友人，此时美术原件的所有权已经合法转移，画家本无权再加以干涉。但如果友人此后一直不公开展出该幅油画，又不让画家或他人进入其住宅对油画进行复制，则除非画家能够凭借记忆重新作画，否则该美术作品的经济价值将完全无法实现。然而在规定了接触作品权的国家，这名画家就可以在合理的条件下进入其朋友存放油画之处，对油画进行临摹或拍照。

16.3 著作财产权

著作财产权是一项内容十分庞杂的权利，著作财产权是对作品的使用并获得报酬的权利，因此，有多少种对作品的使用方式便会有多少种著作财产权。同著作人身权一样，著作财产权是著作权的重要内容，是著作权制度的主要起源。作品的传播利用，会为作品使用者带来经济利益。著作财产权正是体现了著作权人同作品使用者之间，以对作品的使用为标的的商品关系。

著作财产权在著作权制度中的地位举足轻重。所有国家的著作权法均详尽地规定了著作财产权。随着科学技术的发展和社会的进步，著作财产权也出现一些新的权项。我国现行的著作权法对著作财产权做了明确具体的规定，扩大了著作财产权的内涵，反映了我国著作财产权制度的不断发展。

16.3.1 使用作品的权利

1. 复制权

复制权，即以印刷、复印、拓印、录音、录像、翻录、翻拍等方式将作品制作一份或者多份的权利。它是著作财产权中最基本的权利。复制，是原作的再现，是对作品最基本、最初始，也是最普遍的传播利用方式。各国著作权法中的复制权有广义和狭义之分。狭义复制权是严格的复制权，仅指以同样形式制作复制件的权利，或说从平面到平面的复制；广义复制权还包括以不同于作品原来的形式表现原作品的权利，包括从平面到立体、从立体到平面的不同方式再现作品。

复制的方式很多，著作权法列举了 7 项，但总体来说，主要是两大类：一

是手工复制：即主要是通过手工工具和手工劳动所完成的复制，如手抄、手绘、雕塑、雕刻、仿制等；二是机械复制，即主要借助机械设备所完成的复制，如印刷、录音录像、照相、复印等。

复制权是著作权人专有的权利，他人未经著作权人同意不得复制其作品，但符合关于著作权合理使用的情形除外。而非法的、大量的复印、翻录行为，都严重损害了著作权人的权益。

2. 发行权

发行权，即是指为满足社会公众对作品的需求，以出售或者赠与方式向公众提供作品的原件或者复制件的权利。作品经过复制后，如果不向社会发行，就限制了作品的社会传播，无法实现复制作品的经济利益，著作权人的财产权利也无从实现，复制也就失去了意义。因此，发行权也是一项重要的财产权利，是著作权人所享有的一项主要的传播权。复制权通常与发行权连在一起，二者统称为出版。出版业就是以复制、发行作品为宗旨和营利手段的行业，著作权制度就诞生于出版业之中。发行的概念始于图书，现今已发展成为电影拷贝、电视磁带、录音磁带、唱片、CD、VCD、多媒体作品、美术摄影作品以及计算机程序软件都可以使用的概念。随着科技的进步，发行的概念也受到了冲击，例如，美国等少数发达国家已建议将信息传播（即将作品从计算机某一终端通过网络以数字信号形式发往另一终端）也视为发行，由作者专有。

发行权的行使有两种途径：一是著作权人自己发行；二是著作权人授权他人发行。而著作权人自己发行，一般会受到种种物质条件和资格的限制，往往难以实现。因此，在现实中多是著作权人授权他人行使，交由具有资质的出版社或者其他的专门的发行单位发行。一般来讲，发行权往往和复制权在一起使用。例如，出版社取得的某作品的专有出版权，就包括复制和发行两种权利。在著作权许可合同中，取得作品出版权的人往往也同时取得作品的发行权。但需注意的是，复制权与发行权是著作权人分别享有的两项不同权利，使用权人要同时取得作品的复制权和发行权，须全部取得著作权人的许可。著作权人也可以将这两项权利分成多种形式授予不同的人行使，例如，对音像制品而言，可以用音乐磁带、CD 或是 MP3 等不同的形式出版发行。

3. 出租权

出租权，是指著作权人享有的有偿许可他人临时使用电影作品和以类似摄制电影的方法创作的作品、计算机软件的权利，但是计算机软件不是出租的主要标的的除外。它是著作权的自然延伸，著作权人可以向特定的经营者或者社会公众出租自己享有著作权的作品，从而获得经济利益。出租权作为一种著作财产权，在本质上与发行权是一致的，都是为满足公众对作品消费需求；所不同的是，承租人在满足了对作品的一定需求后，要将作品或作品的复制件返还给出租人。出租是著作权人实现著作财产权的一种很重要的方式，其可以从出租活动中获取一定的经济利益。因此，出租会促进作品的广泛传播与利用，同时还促进了出租业的兴起和发展，使出租业获取可观的经济收益。

出租权是2001年修改《著作权法》新增加的一种权利。出租权的租用对象有三类：电影作品、以类似摄制电影的方法创作的作品和计算机软件。其他的作品一般不能成为出租权的客体。因为上述这三类作品创作成本较高，复制又十分容易，成本极低，又可以多次拷贝，对这类作品的侵权行为十分普遍。因此，为了保护这类作品著作权人的利益，授权这类作品的著作权人可以通过与他人签订租赁合同的形式来使用作品，既方便了使用者，又维护了著作权人的利益，防止此类侵权行为的频发。

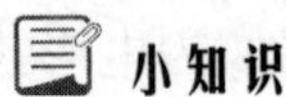

小知识

侵犯出租权的法律责任

根据《著作权法》第46条，未经电影作品和类似摄制电影的方法创作的作品、计算机软件、录音录像制品的著作权人或者与著作权有关的权利人许可，出租其作品或者录音录像制品的，应根据情况承担停止侵害、消除影响、赔礼道歉、赔偿损失等民事责任。根据《计算机软件保护条例》第24条规定，未经软件著作权人许可，向公众出租著作权人的软件的，应当根据情况，承担停止侵害、消除影响、赔礼道歉、赔偿损失等民事责任；同时损害社会公共利益的，由著作权行政管理部门责令停止侵权行为，没收违法所得，没收、销毁侵权复制品，可以并处罚款；情节严重的，著作权行政管理部门并可以没收主要用于制作侵权复制品的材料、工具、设备等；触犯刑律的，依照刑法关于侵犯著作权罪、销售侵权复制品罪的规定，依法追究刑事责任。

4. 展览权

展览权，即公开陈列美术作品、摄影作品的原件或者复制件的权利。著作权人可以自己展览作品，也可以委托他人展览自己的作品。展览的方式，不仅包括在美术馆、博物馆等场馆举行的展览，也包括任何方式的公开展示，例如，书店橱窗里的图书陈列、公共场所的招贴画等。关于展览权的对象，目前许多国家的著作权法的规定并不一致，一般包括美术作品、摄影作品、工艺

品，以及作为艺术作品或文物展出的手稿、乐谱、书法等作品。我国现行著作权法明确规定展览权的对象是美术作品和摄影作品。

展览是作者或其他著作权人有权通过公开陈列或在公共场所放置其享有著作权的美术作品和摄影作品的行为，使不特定的多数人得以欣赏，因此，展览应当是公开的。如果仅仅是供家庭或者本单位内部少数人欣赏，就不能构成展览；展览的可以是作品的原件，也可以是作品的复制件；从理论上说，所有作品的作者都享有展览权，但就实际情况来看，展览权在美术作品和摄影作品之间经常发生。

展览权在一定情况下也会受到限制，著作权人行使展览权时，要注意到与所有权的关系问题。展览权在大多数情况下是由著作权人享有的，但当美术作品的原件所有人不是著作权人时，这时候展览权则由原件所有人享有。例如，当美术作品原件转让后，其展览权就和作者分离了，其展览权就由原件的所有人享有。之所以做出这样的规定，是为了协调著作权与所有权的冲突，因为美术作品的展览往往要使用作品的原件，而美术作品的原件却往往为著作权人以外的人所收藏，如果这时候仍规定展览权属于著作权人的话，那么著作权人根本无法行使展览权，该权利等于形同虚设。另外，著作权人行使展览权时，还往往会涉及他人的肖像权、隐私权等问题。例如，如果作品内容是对他人肖像的写实或拍摄，或者展出该作品会披露他人的隐私，这时行使展览权就要受到他人权利的限制，应当尊重他人的肖像权或隐私权。如未经他人同意而公开展览该作品，则可能侵犯他人的肖像权或隐私权。

5. 表演权

表演权，即公开表演作品，以及用各种手段公开播送作品的表演的权利。表演是一种创造性的劳动，可以更加生动、形象、准确地理解作品，作者可以自己表演，也可以授权他人表演自己的作品。

我国的著作权法将表演分为两种形式：活表演和机械表演。活表演就是通过演员、表演者公开表演或者演奏作品；机械表演是指用各种方式公开播送作品的表演或者演奏。录音带、录像带的播放则是较典型的机械表演。因此，卡拉 OK 厅、商场、饭店、超市等播放录音录像制品就是机械表演行为，应当向著作权人支付报酬。

由于表演权是作者或其他著作权人的一项权利，所以未经这些权利人许可或根据法律规定，不得表演其作品，也不得用各种手段公开播送作品的表演。但表演权与表演者权不同，表演权是著作权人对作品所享有的一种著作财产权，而表演者权是表演者对作品的表演所享有的一种邻接权。两种权利的主体、客体、内容都不一样，因此不能把表演权和表演者权相混淆。

小知识

《伯尔尼公约》中对于表演权的规定

《伯尔尼公约》第11条规定："戏剧作品、音乐戏剧作品和音乐作品的作者享有下列权利：（一）授权公开表演和演奏其作品，包括用各种手段和方式公开表演和演奏；（二）授权用各种手段播送其作品的表演和演奏。文字作品的作者享有下列权利：（一）授权公开朗诵其作品，包括用各种手段或方式公开朗诵；（二）授权用各种手段公开播送其作品的朗诵。"

6. 放映权

放映权，即通过放映机、幻灯机等技术设备公开再现美术、摄影、电影和以类似摄制电影的方法创作的作品等的权利。任何人放映上述作品都需要经过著作权人的同意，否则就是侵权行为。放映实际上也是对作品的一种再现，但与复制不同的是，这种再现并不产生复制品。放映权所指的公开放映，是指除了个人或家庭以外的放映，其要面向公众，并且不管其是否盈利，只要是公开放映，就应属于著作权法所说的放映。

放映的对象主要是美术、摄影、电影和以类似摄制电影的方法创作的作品；放映借助了放映机、幻灯机等技术设备，不同于表演权。1990年《著作权法》第10条第（五）项虽未明确规定放映权，但在相关的解释上著作权人应当有此权利。对电影作品而言，放映权是其主要的著作权。在著作权法的修改过程中，曾经一度将放映权置于表演权之中，但考虑到表演权的定义是"表演作品"或者"播送作品的表演"，而放映电影作品等不是表演作品，也不是播送作品的表演，因为电影作品等本身就是作品，放在表演权中逻辑上不顺，因此，单列一项予以明确，从而规定："放映权，即通过放映机、幻灯机等技术设备公开再现美术、摄影、电影和以类似摄制电影的方法创作的作品等的权利。"此定义是开放式的，末句的"等"字表明，放映权所适用的范围不仅是明确规定的电影、美术、摄影作品，也包括能够放映的其他作品。

7. 广播权

广播权，即以无线方式公开广播或者传播作品，或者以有线传播或者转播的方式向公众传播广播的作品，以及通过扩音器或者其他传送符号、声音、图像的类似工具向公众传播广播作品的权利，其本质就是作者决定将自己的作品放映和广播的权利。广播权虽是作者的权利，但是由于公开广播或者传播作品

离不开广播电台、电视台的发射设备，而这些设备在我国都是国家的财产，所以一般情况下，著作权人要自己独立地行使广播权是不可能的，而只能通过许可的方式，让广播电台、电视台行使这项权利。广播权也和表演权一样，著作权人享有的广播权（自己播放或许可他人播放）与播放组织享有的权利不是一回事。前者属于著作权，后者属于邻接权。

小知识

《伯尔尼公约》对于广播权的规定

《著作权法》对于广播权的规定是为了执行《伯尔尼公约》，与公约保持一致。公约第 11 条第 1 款规定："文学艺术作品的作者享有下列专有权利：(1) 授权广播其作品或以任何其他无线传送符号、声音或图像的方法向公众传播其作品；(2) 授权由原广播组织以外的另一机构通过有线传播或转播的方式向公众传播广播的作品；(3) 授权通过扩音器或其他任何传送符号、声音或图像的类似工具向公众传播广播的作品。"

8. 信息网络传播权

(1) 信息网络传播权的概念。信息网络传播权，即以有线或者无线方式向公众提供作品，使公众可以在其个人选定的时间和地点获得作品的权利。与一般作品的播放（如广播）不同的是，公众可以在个人选定的时间与地点获得作品。如公众在互联网中阅读作品，观看影片、电视片，或者通过电话通讯系统收听歌曲、故事等。1990 年《著作权法》第 10 条第 1 款第（五）项对作者使用权的规定中没有明确规定信息网络传播的问题，但由于此项规定是开放式的，可以解释信息网络的传播。2001 年著作权法对作者的信息网络传播权作了明确规定。

著作权法规定信息网络传播权是时代发展的要求。随着计算机技术、数码技术和光纤技术的发展，特别是近十余年来国际互联网络技术的迅速发展，全球信息高速公路的形成，作品的网上传播成为一个需要解决的法律问题。特别是有关网络传输作品的纠纷也日益增多。国际上经过近 10 年的讨论，基本上取得了共识。世界知识产权组织 1996 年 12 月 20 日通过了《世界知识产权组织版权公约》（简称 WCT）。该公约第 8 条规定，在不损害《伯尔尼公约》有关条款规定的情况下，"文学和艺术作品的作者应享有专有权，以授权将其作品以有线或无线方式向公众传播，包括将其作品向公众提供，使公众中的成员在其个人选定的地点和时间可获得这些作品”。这就明确规定了作者的信息网络传播权。世界许多国家也在认真研究在网络环境下著作权保护的问题，并制定了相关法律。

（2）信息网络传播权的内容。根据我国法律规定，除法律、行政法规另有规定的以外，任何组织或者个人将他人的作品、表演、录音录像制品通过信息网络向公众提供，应当取得权利人许可，并支付报酬。当权利人发现自己的作品未经依法许可通过信息网络向公众提供后，可以向网络服务提供者发出书面通知，网络服务提供者接到权利人的通知书后，应当立即删除涉嫌侵权的作品、表演、录音录像制品，或者断开涉嫌侵权的作品、表演、录音录像制品的链接，并同时将通知书转送提供作品、表演、录音录像制品的服务对象；服务对象网络地址不明、无法转送的，应当将通知书的内容同时在信息网络上公告。

服务对象接到网络服务提供者转送的通知书后，认为其提供的作品、表演、录音录像制品未侵犯他人权利的，可以向网络服务提供者提交书面说明，要求恢复被删除的作品、表演、录音录像制品，或者恢复被断开的作品、表演、录音录像制品的链接。网络服务提供者接到服务对象的书面说明后，应当立即恢复被删除的作品、表演、录音录像制品，或者可以恢复被断开的作品、表演、录音录像制品的链接，同时将服务对象的书面说明转送权利人。权利人不得再通知网络服务提供者删除该作品、表演、录音录像制品，或者断开该作品、表演、录音录像制品的链接。

根据我国侵权责任法的相关规定，网络用户、网络服务提供者利用网络侵害他人民事权益的，应当承担侵权责任。网络用户利用网络服务实施侵权行为的，被侵权人有权通知网络服务提供者采取删除、屏蔽、断开链接等必要措施。网络服务提供者接到通知后未及时采取必要措施的，对损害的扩大部分与该网络用户承担连带责任。网络服务提供者知道网络用户利用其网络服务侵害他人民事权益，未采取必要措施的，与该网络用户承担连带责任。

随着计算机技术的发展，人们越来越注重该项权利。该项权利是完全由作者决定通过网络上载作品，使人们可以在自己选定的时间和地点来欣赏、阅读作品的权利。网络传播权是一项非常复杂的权利，其中对保护技术措施的认定，对侵权行为的认定都是非常复杂而具有争议的问题，所以对该项权利的保护是一项任重而道远的任务。

9. 摄制权

摄制权，即以摄制电影或者以类似摄制电影的方法将作品固定在载体上的

权利。该项权利是说作者有权决定是否将自己的作品拍摄成影视剧或者类似电影作品的权利。以电影、电视、录像等以类似摄制电影方式摄制的作品，是传播作品的重要方式，是著作权人实现作品社会价值的重要手段之一。摄制权可由著作权人自行行使，也可授权他人行使。若他人未经著作权人许可将其作品制成电影、电视或录像等类似摄制电影的作品，则侵犯了著作权人的权利。由于电影、电视、录像等类似摄制电影的作品不是对表演、景物的机械录制，其中包含有摄制人的创造性劳动，因此作者只享有著作权，其他权利由制片人享有。

在我国，文学作家一般没有条件把自己的作品摄制成电影、电视剧等，只能许可他人摄制，因而，作家行使的大多是许可权。我国《著作权法》第15条对电影、电视、录像等类似摄制电影的作品专门做了规定。根据相关规定，相关作品的作者一旦与制片人签订合同，同意将其作品摄制成电影、电视、录像等类似摄制电影的作品，在摄制完成后，对该电影、电视、录像等类似摄制电影的作品，作者只有署名的权利，其他权利则归电影制片人所有。但是，作者对自己创作部分，如电影剧本、音乐等，仍享有独立的著作权。只不过在行使时，不得损害电影、电视、录像等以类似摄制电影的作品的整体著作权。

10. 演绎权

（1）改编权是指在原有作品的基础上改变作品的表现形式，创作出具有独创性的新作品的权利。所谓“改编”，是指在原有作品的基础上，通过改变作品的表现形式或者用途，创作出具有独创性的新作品，也就是根据他人创作的文学、艺术和科学作品进行的再创作。改编是一种再创作行为，是一种演绎创作行为。原作与改编过的作品的区别仅在于表现形式的差异，但是二者的内容基本一致，而且原作中的某些独创性特点也会反映在改编作品中。

改编权是作者的权利，作者有权改编，也有权许可他人改编并获取报酬。改编有两种情形：一是将某一类已有的作品转换为另一类作品，例如，根据一部小说改编成电影剧本；二是为适合某种需要而将已有的作品改编为形式不同的同类作品，如将科学著作改写为科普作品等。改编作品的作者对自己的再创作享有著作权，只是改编作品的作者在行使自己的著作权时，不得损害原作者的著作权。

（2）翻译权是指将作品从一种语言文字转换成另一种语言文字的权利。翻译的性质同改编一样，也是在原有作品基础上的再创作。译者对自己的译作享有著作权，但译者在行使著作权时不得侵犯原作者的著作权。翻译权的行使通常受到人类语言文字种类和法律地域的影响。授予著作权人翻译权，有利于保护其对作品传播地域的控制，也会为优秀作品的作者带来可观的经济收入。

翻译权一般涉及口述作品、文字作品、电影制品，而美术、音乐、摄影作品等一般不涉及翻译权。翻译权可由作者本人行使，也可授权他人行使。翻译是一种演绎创作行为，但翻译人要付出艰辛的创造性劳动，以新的语言文字赋予原作品以新的形式。因此，翻译作品的著作权归翻译人享有。但翻译人所享有的著作权中，不包括再翻译权，即其他人如果要将原作品翻译成其他文字或者与翻译作品相同的文字，必须经原作者的许可，而不必征求翻译作者的意见。

（3）汇编权是指将作品或者作品的片段通过选择或者编排，汇集成新作品的权利。例如，某作者将其已发表的作品汇编成集予以出版，即对自己作品行使汇编权。汇编强调的是通过对已完成的作品或资料的选择与取舍所体现的排列与组合的独创性，而非内容的独创性。同时，并非一切编辑都是汇编。根据我国《著作权法》的规定，汇编作品的著作权由汇编人享有。也就是说，如果著作权人将自己的作品汇编，则他不仅享有原作品的著作权，也享有汇编作品的著作权。

汇编自己的作品，作者会享有基于原作品和汇编作品而产生的双重著作权；而汇编他人作品，则应当首先取得原作者的同意。汇编人可因此对汇编作品产生新的著作权。因为汇编作品不是简单的作品收集和组合，而是汇编人以原作品为基础，具有独创性的收集、整理、选择汇集原作品中的材料，并对所选材料进行编排，汇编作品整体构成体现了独创性。因此，汇编人对这种作品形式享有新的著作权，例如百科全书、文集、选集、报刊等。

16.3.2 获得报酬权

在以上著作财产权的使用方式中，著作权人可以自己行使以获得收益，也可以委托他人行使，从中获得收益。获得报酬权是著作财产权的最重要的内容。所谓获得报酬权，是指著作权人依法享有的因作品的使用或转让而获得报酬的权利。获得报酬权通常是从使用权、使用许可权或转让权中派生出来的财产权，是使用权、使用许可权或转让权必然包含的内容。但获得报酬权有时又具有独立存在的价值，并非完全属于使用权、使用许可权或转让权的附属权利。如在法定许可使用的情况下，他人使用作品可以不经著作权人同意，但必须按规定支付报酬。此时著作权人享有的获得报酬权就是独立存在的，与使用权、使用许可权或转让权没有直接联系。使用作品的付酬标准可以由当事人约定，也可以按照国务院著作权行政管理部门会同有关部门制定的付酬标准支付报酬。当事人没有约定或者约定不明确的，按照国家规定的付酬标准支付报酬。

16.3.3　著作权的转让权

著作权的转让权，是指著作权人通过转让合同将其著作财产权中的全部或者一部分在法定有效期内让渡与他人的权利。首先，作为主体的转让人应当是著作权人，不享有著作权的人没有转让的权利。其次，转让的客体仅指著作财产权的一部分或者全部，不包括著作人身权。我国现行著作权法规定的所有的著作财产权都可以成为转让的客体，因此，在转让的时候著作权人既可以转让一部分也可以转让全部。当然，只有在保护期内的作品，作者才享有转让权。作品的著作财产权自权利人转让给受让人，受让人即成为该作品的著作权人，从而导致著作权主体的变更。但是，这种权利主体的变更不同于财产法中的权利主体变更。在财产法中，财产所有权的原始主体和继受主体不可能对同一标的物享有独立的权利，所有权人转让了其财产即丧失了权利主体资格，而受让人成为财产的所有人。但是在著作权法中，著作权的原始主体和继受主体可能对同一作品各自分享利益。当然，如果权利人转让作品财产权的全部，受让人则是全部著作财产权的主体；如果权利人转让的是作品部分财产权，受让人则是部分著作财产权的主体。这项权利也是 2001 年著作权法新规定的权利。

在转让的时候著作权人要与受让人签订合同，要在合同中明确约定双方的权利、义务、责任以及转让费用等问题，要明确载明作品的名称、转让权利的种类、地域范围、转让的价格、交付价款的时间、方式、违约责任等，尤其是关于转让的权利种类应当明确约定，转让合同中未明确约定转让的权利，未经著作权人许可，受让人不得行使。著作权中可转让的财产权包括复制权、发行权、出租权、展览权、表演权、放映权、广播权、信息网络传播权、摄制权、改编权、翻译权、汇编权等。转让其中一部分还是全部权利，当事人应在合同中明确约定。转让后使用的地域范围、使用的时间都应有一个明确的界定，以避免发生纠纷。

16.3.4　许可使用权

1. 许可使用权的概念

著作权的许可使用权，是指著作权人通过许可使用合同授权他人在某一地域范围内以某种方式利用其作品的权利。作者在完成作品后往往没有能力行使著作权中的各项使用权，这时候著作权人就可以授权他人来行使部分权利。许可使用是目前对作品使用较为常见的一种方式，在许可使用法律关系中，著作权人是许可使用人，使用人是被许可人。

2. 许可使用权的限制

许可使用权的客体仅仅限于著作权中的财产权，不包括著作人身权；对作品有多少种使用方式便有多少种许可使用权。使用许可权同转让权的区别是，在允许别人使用后作者仍然享有著作权，但作者将著作权转让则不然。

许可使用他人作品，著作权人和被许可人要签订许可使用合同，以明确双方的权利义务关系。许可使用合同的内容一般包括：许可使用的权利种类、许可使用的期限、地域范围、付酬标准和付酬方式、违约责任、双方认为需要约定的其他内容等。如果许可使用合同未明确许可的权利，未经著作权人同意，被许可人不得行使。

16.3.5 应当由著作权人享有的其他权利

为避免遗漏，《著作权法》第10条著作权中的人身权和财产权的第17项列出“应当由著作权人享有的其他权利”。这样规定，原因在于虽然著作权法罗列的16项权利基本上可以使权利人比较清楚地了解都有哪些权利，便于行使和维护自己的权利。但是，随着社会的发展进步，可能会出现更多与著作权相关的人身权和财产权类型。因此，对于在新情况下需要增加的权利做出了这种补充规定，将给行政机关行使管理和司法机关进行审判提供可供参考的法律依据。

16.4 著作权的取得和期限

16.4.1 著作权的取得

相对于其他的知识产权来说，著作权的取得方式相对比较简单。作者创作出来的文学、艺术和科学作品是受著作权法保护的前提，就是取得著作权。由于历史传统、立法思想存在着差异，各国法律对著作权取得方式的规定有很大不同。概括地说，当今世界各国著作权的取得制度有：

第一个是自动取得制度，就是指著作权因作品创作完成而取得著作权，不需要再履行任何手续。这种方式又叫自动保护主义，该制度为多数大陆法系国家采用，《伯尔尼公约》确认了这样的制度。自动取得著作权制度的优点在于：作品创作完成即可获得保护，可以有效地制止著作权侵权行为，其保护水平较高。

第二个是注册取得制度，也就是指在作品完成后作者要到指定的部门完成注册登记手续才能取得著作权。登记取得著作权的规定，最早见于英国的《安

娜女王法令》。该制度曾有效地防止他人擅自复制作品，因而为许多英美法系国家和少数大陆法系国家采用。目前，采用这种制度的国家并不太多。实行著作权登记制度，可以有效地证明著作权人的身份。但另一方面，该制度不能充分有效地保护那些未及时登记的作品以及来源于不实行登记制度的国家的作品。《伯尔尼公约》和《世界版权公约》都没有关于作品登记才能取得著作权的规定。因此，实行登记制度的国家不少有所改进，或是简化手续，或是放弃登记制。还有一些国家虽然实行登记制，但并不以登记作为取得著作权的条件，而是作为确认著作权归属的手段和提起著作侵权诉讼的证据。另外，还有其他的取得制度，例如，有的国家要求以有形物的形式固定下来，有的国家要求以一定的标记才能取得著作权，等等。

我国的《著作权法》是依据《伯尔尼公约》的规定采用自动取得制度。我国著作权法明确规定，中国公民、法人或者其他组织的作品，不论是否发表，依照本法享有著作权。外国人、无国籍人的作品根据其作者所属国或者经常居住地国同中国签订的协议或者共同参加的国际条约享有的著作权，受本法保护。外国人、无国籍人的作品首先在中国境内出版的，依照本法享有著作权。未与中国签订协议或者共同参加国际条约的国家的作者以及无国籍人的作品首次在中国参加的国际条约的成员方出版的，或者在成员方和非成员方同时出版的，受本法保护。因此，根据我国《著作权法》的规定，作者在完成作品后便自动取得著作权，不需要办理登记手续，也不需要使用一定的标记。这种取得方式优点是简单方便。但是，著作权的自动取得制度并不代表着任何一部作品都能在我国取得著作权，能否取得著作权还要看其是否符合法定条件。

16.4.2　著作权的期限

1. 著作权的期限的计算

著作权的期限就是著作权受法律保护的时间期限。在一定的期限内，法律对著作权进行保护，如果超过了这个期限法律便不再对其进行保护了，个人的作品也便进入了公共财富的领域。对著作权保护期限的规定，既要考虑保护著作权人的利益，也要考虑有利于作品的传播和科学文化事业的发展。此外，因为著作权中的人身权和财产权所要维护的利益性质不同，保护期限也有区别。

对于著作权的保护期限世界各国有不同的规定。在计算保护期的方法上有的国家采用死亡计算法，有的国家采用发行计算法。所谓的死亡计算法是指作品的保护期从作者死亡之日开始计算；发行计算法是指从作品公开发行之日计算作品的保护期。另外，作品主体的不同其计算保护期的方法也不同，主体是自然人的就采用死亡计算法，主体是法人或者组织的就采用发行计算法。世界各国对著作权人身权的保护一般都规定不受时间的限制，对著作权财产权规定一定的保护期限。

2. 著作人身权的保护期限

各国著作权法对著作人身权保护期限的规定很不一致。多数大陆法系国家规定著作人身权利的保护是无期限的；但德国著作权法采取著作权“一元论”，即著作人身权与著作财产权保护期限相同，于作者死后70年终止；英美法系国家对著作人身权的保护大多规定在反不正当竞争法、保护名誉和隐私权的法律中，通常规定著作人身权的保护期，或随作者死亡而终止，或延至作者死后一段时间。

根据我国《著作权法》规定，作者的署名权、修改权、保护作品完整权的保护期不受限制。即使在作者死亡后，他人也不得侵犯；而作品的发表权，因其是著作财产权产生的前提，往往同复制权、录制权、展览权等著作财产权联系在一起，会给作者或继承人带来经济利益，如果发表权永久受保护，恐怕不利于作品的利用和公众的精神文化需求，故发表权的保护有限制，与著作财产权保护期限相同。

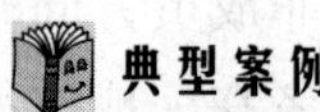

典型案例

著作权的保护期限——《陈氏太极拳图说》后人与上海书店版权纠纷案

案情简介：陈某等3人的曾祖父陈鑫自1908年开始撰写《陈氏太极拳图说》，于1919年定稿后将部分书稿交他人送南京出版未果，后书稿遗失。1929年陈鑫病故前，将剩余部分书稿托交其兄之子陈椿元，嘱咐其设法出版。陈椿元随后带领其兄、侄等4人对书稿进行了整理和补遗，于1933年由开明书局正式出版。如今陈椿元等整理者都已相继去世。1993年，整理者之一的陈绍栋之子陈某发现上海书店在1986年就侵权出版《陈氏太极拳图说》，要求陕西省版权局对该书的版权予以认定，版权局查实后于1993年3月5日认定陈椿元等为书的合作者，共同享有该书的版权。上海世纪出版集团上海书店在没有经过许可的情况下，从1986年1月到2001年9月先后出版与开明书局出版的《陈氏太极拳图说》内容完全相同的《陈氏太极拳图说》44001册，总价款43万余元。

判决结果：2002年9月11日，西安市雁塔区人民法院审理认为，对开明书

局出版的《陈氏太极拳图说》一书的版权归属，陕西省版权局已经确认原告的父辈们是该书的合作者，5位合作者中最晚去世的时间是1995年，所以该书的版权尚在我国著作权法的保护期限之内，3名原告是合作者的继承人，获得了作品的使用权和报酬权。上海书店以该书版权超过保护期限为由擅自出版该书，已侵犯了原告的合法权益，遂于日前判决上海书店立即停止出版《陈氏太极拳图说》一书，并以书面形式向原告道歉，同时赔偿3名原告共21万余元。

资料来源：http：//www.chinawriter.com.cn/2007/2007－05－06/37446.html。

3. 著作财产权的保护期限

著作权中的财产权有一定的保护期。我国《著作权法》规定，公民的作品的发表权、其他财产权利的保护期为作者终生及其死亡后50年，截至作者死亡后第50年的12月31日；如果是合作作品，截至最后死亡的作者死亡后第50年的12月31日。

法人或者其他组织的作品，其发表权、其他财产权利的保护期为50年，截至作品首次发表后第50年的12月31日，但作品自创作完成后50年内未发表的，著作权法不再保护。

电影作品和以类似摄制电影的方法创作的作品、摄影作品，其发表权、《著作权法》第10条第1款第（五）项至第（十七）项规定的权利的保护期为50年，截至作品首次发表后第50年的12月31日，但作品自创作完成后50年内未发表的，著作权法不再保护。

复习思考题

1. 著作人身权包括哪些权利？
2. 著作财产权的基本内容有哪些？
3. 演绎权包括哪些基本权利？
4. 著作权的取得制度有哪些？
5. 我国著作权法对著作权的期限是如何规定的？

第 17 章　邻接权

学习目标

重点掌握邻接权具体权利内容和义务。

熟悉掌握出版者权、表演者权、录音录像制作者权、广播组织权的具体权利内容。

了解领会邻接权和著作权两者之间的关系以及各种邻接权的行使方式和保护期限。

关键名词

邻接权　出版者权　专有出版权　表演者权　录音录像制作者权　广播组织权

17.1　邻接权的概念

17.1.1　邻接权的概念

什么是邻接权呢？邻接权的概念是从英文“neighboring rights”翻译过来的。从表面上看邻接权就是和著作权临近的权利，其真正的意思是作品传播者的权利。作品传播者在传播作品的过程中通过自己的创造性劳动会大大提高作品的知名度和美誉度，传播者对该劳动成果所享有的权利我们称之为邻接权。这类权利是以他人已完成的作品为基础衍生出的一种权利，虽不同于著作权，但与之相连，故称邻接权。

作品传播的好坏对作品有着很重要的意义，因此我们对于作品传播者的利益也要有足够的重视。作品的传播者不但要对作品有充分的理解，还要有较高的技能，通过创造性的劳动，使作品广为流传，实现作者创作作品的初衷。例如，一个很著名的演唱者对歌曲的表演可以使该歌曲流传很久，使该歌曲增色；相反，如果让一个拙劣的歌手来演唱同一首歌曲，也许会影响这首美好歌曲的传播。正因为如此，法律才赋予作品的传播者一定的权利。

在国际上，邻接权是对表演艺术家、录音录像制作者、广播电视组织所享有权利的称谓。为与作品的原创作者相区别，一些国家将艺术家的表演、音像的制作和广播电视节目的制作归为传播作品的行为，故也将邻接权称为“传播者权”。在《罗马公约》这一专门保护邻接权的国际公约中，邻接权被概括为表演者权利、音像制作者权利和广播组织者权利。我国现行著作权法没有使用邻接权概念，而是使用了“与著作权相关的权益”的称谓。而且，邻接权在我国，不仅包括表演者权利、音像制作者权利、广播电视组织者权利，还包括图书出版者权利。这是因为，在我国文化产业发展中，出版在传播文学艺术作品方面有着突出的作用，长期以来出版是传播作品的第一媒介，出版者在出版物的制作过程中付出了一定智力劳动，因此，我国著作权法对出版者的利益特别加以保护。

17.1.2　邻接权的产生发展

以表演等方式传播作品，古已有之，但保护包括表演者权利在内的邻接权制度的产生，却是现代传播技术发展进步到一定程度的结果。邻接权是在传播技术不断发展并取得了广泛的应用的情况下取得的一项新型的著作权方面的权利。19 世纪末 20 世纪初，留声机、磁带、录音机、无线电广播、电视机等科技产品陆续出现并被广泛运用于文化、生活领域，唱片、电视片可以大量复制和发行，人们足不出户就可以通过传播媒介欣赏到表演者的表演，作品传播者对自己传播劳动的结果逐渐失去了直接控制能力；广播组织制作的节目也常被他人无偿播放；音像制作者的录制品被他人随意翻录；合法出版者的利益受到非法盗版者的威胁。在这种情况下，保护传播者利益的邻接权制度便脱颖而出。在以前若想看演出必须亲临现场，在今天我们就可以在家里通过电视、网络等手段了解世界发生的事情，这样就对作品传播者提出了挑战，所以法律就要对作品传播者的邻接权进行保护。

我国 1990 年颁布的著作权法，其中就已经确立了完整的邻接权保护制度。著作权法生效后，针对国内图书、录像制品盗版猖獗的现象，国务院及其主管部门加强了立法，并加大执法力度。2004 年 5 月 8 日，新闻出版总署通过了《音像制品出版管理规定》，自 2004 年 8 月 1 日起施行，替代了《音像制品出版管理办法》。自 2008 年 4 月 15 日起施行的《电子出版物管理规定》又替代了《电子出版物管理特别规定》。上述法律文件构成了我国邻接权法律保护的基本框架。

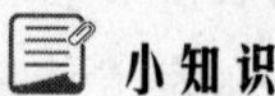

小知识

邻接权保护的国际立法

1910 年，德国在其《文学与音乐作品产权法》中，最先将音乐作品及戏剧作品的表演者当作原作的“改编创作者”予以保护。次年，英国在其著作权法中加入对音乐唱片予以保护的条款；1925 年、1956 年两次修订《戏剧、音乐表演者保护法》，进一步扩大了邻接权的保护范围；1936 年之后，奥地利、意大利的著作权法加入了对音像制作者予以保护的条款；1946 年，为保护广播组织的权利，国际无线电组织（后改名为“国际无线电与电视组织”）成立。奥地利、意大利、波兰、罗马尼亚、西班牙、墨西哥、阿根廷、哥伦比亚、多米尼加、印度、土耳其等国相继在自己的著作权立法中增加了保护艺术表演者、唱片制作者的条款。保护著作邻接权，已成为当今世界各国的共同趋势。

国际上关于邻接权的第一部公约是 1961 年在意大利罗马缔结的《保护表演者、音像制作者和广播组织的公约》。该公约的缔结标志邻接权已进入国际保护阶段。此外，国际上已缔结的保护邻接权的公约还有《保护音像制作者防止其唱片被擅自复制公约》（简称《卫星公约》），为邻接权保护提供了更广阔的空间。

17.1.3 邻接权的范围

邻接权有广义和狭义之分。广义上的邻接权是指所有传播作品者的权利；狭义的邻接权就是指表演者、录音录像制作者和广播组织者的权利。我国采用广义说，认为出版者权利也是邻接权的一种。把邻接权放到著作权中，这说明邻接权同著作权有很密切的联系，邻接权是由著作权延伸而来的权利，没有作品也就没有邻接权。先有著作权后有邻接权，有了著作权传播者才可以传播作品，才能享有邻接权。从这个意义上来讲，邻接权从属于著作权，邻接权和著作权都属于知识产权，这就是两者的联系。

邻接权的权利中与著作权关系最为密切的是表演者的权利。表演者对自己的表演除了拥有财产权利外，还有权保护自己的人格利益不受损害。邻接权中的录音制作者的权利和广播电视组织的权利同表演者的权利不同之处表现在：录音制作者和广播电视组织的权利一般只涉及财产内容，而不涉及人格利益，而且这两种权利除了可通过著作权法得到保护之外，还可以通过反不正当竞争法得到保护。只是由于反不正当竞争法的规定不像著作权法这样特定，而且一般无法解决保护期的问题，所以欧洲大陆国家普遍都以著作权法保护这两种权利。我国著作权法保护的邻接权同世界上大部分国家保护的邻接权内容基本相同。不同的是，我国著作权法规定出版者不仅享有版式设计权，还享有装帧设计权，而装帧设计在有些国家是著作权法保护的客体。

17.1.4　邻接权与著作权的关系

从本质上说，邻接权与著作权一样，同属于知识产权的范畴，是作品传播者对其赋予作品的传播形式所享有的权利。因此，邻接权与著作权关系最为密切。但是，著作权和邻接权毕竟是两个不同的权利，二者的区别也是很明显的：

1. 权利的主体不同

著作权的主体是著作权人，是完成作品的作者；而邻接权的主体是作品的传播者，包括出版者、表演者、录音录像制作者和广播电视组织。因为传播者在传播作品的过程中加入了自己的智力劳动，所以他们的劳动也应受到法律的保护。另外，著作权的主体是智力作品的创作者，包括自然人和法人；而邻接权的主体是出版者、表演者、音像制作者和广播电视组织，除表演者以外，几乎都是法人。

2. 权利的客体不同

著作权的权利的客体即保护对象是文学、艺术和科学作品，主要是原作品以及围绕原作品而产生的权利，即保护“原权”；而邻接权的权利的客体即保护对象是经过传播者艺术加工后的作品，保护的是在著作权行使过程中出现的权利，如表演、录制的录像等。前者体现了创作者的创造性劳动，后者主要体现了传播者的创造性劳动。

3. 权利的内容不同

由于权利客体的不同带来的权利内容也不同。著作权的权利内容是指作者享有发表、署名等人身权和复制、发行、出租、展览、传播、摄制等财产权；而邻接权的权利内容主要是出版者对其出版的书刊的权利、表演者对其表演的权利、音像制作者对其音像制品的权利、广播组织对其广播、电视节目的权利等，包括表演者享有表明其身份和表演形式不受歪曲、许可他人现场直播及许可他人以营利为目的的录音录像并取得报酬的权利；音像制作者对其制品享有许可他人复制发行并获取报酬的权利；广播组织者享有播放、许可他人播放并获取报酬的权利等。因此，邻接权的权利内容要远远少于著作权的权利内容。

4. 权利的保护期限不同

邻接权中除了表演者权外，其他权利大部分都是由法人或者其他组织享有的权利，所以其权利期限同主要是由自然人享有权利的著作权是不一样的。在著作权中，作者的署名权、修改权、保护作品完整权的保护没有限制。公民作品的发表权和著作财产权保护期限为有生之年至死亡后50年；法人或其他组织作品的发表权和著作财产权的保护期限为有生之年至死亡后50年等。而邻接权的保护期限是从表演时起、音像制品出版时起或首次播放时计算，受到50年保护。

 **典型案例**

环球唱片有限公司诉上海森蓝电脑网络有限公司邻接权纠纷一案

原告环球唱片有限公司与被告上海森蓝电脑网络有限公司在邻接权纠纷一案中，原告诉称：原告是李克勤演唱的“Victory (featuring bond)”等6首歌曲的录音制作者，享有上述歌曲的录音制作权。2004年5月13日，原告发现被告在其经营的网站上向公众提供上述歌曲的在线播放服务。原告认为被告未经原告许可通过互联网向公众传播上述曲目，侵犯了原告的合法权益，故请赔偿原告经济损失。法院经过审理后判决如下：（1）被告上海森蓝电脑网络有限公司应于本判决生效之日起30日内，在其经营的“森蓝游戏资讯网”的网站上刊登致歉声明，公开向原告环球唱片有限公司赔礼道歉（内容需经本院审核）；（2）被告上海森蓝电脑网络有限公司应于本判决生效之日起10日内，赔偿原告环球唱片有限公司经济损失人民币1.6万元。

资料来源：http：//www. chinalawedu. com/news/17800/179/2006/11/ zh75532136712116002 992 -0. html。

17.2 出版者权

17.2.1 出版者权的概念

出版者权是指图书的出版者和报刊的出版者对其出版的图书、报纸和杂志的板式、装帧设计所享有的专有的使用权。出版者权与发行权不同。发行权作为一项民事权利，是指生产、制作作品的复制品并将其提供给公众的行为，这是作者所享有的著作权的基本内容。在邻接权的制度中加入对出版者权利的规定，是我国著作权法的一个特点。赋予图书出版商和报纸杂志社等对其所出版

发行的作品以专有出版权，更是我国著作权法的一大特色。

在计算机网络已经逐渐打破传统的作品传播与复制方式的今天，图书、报刊出版业并未逊色，仍然是传播知识和信息的首要和最普遍的方式，是著作权人实现其权益的重要方式。在此前提下，我国的著作权法坚持了我国著作权立法上的特色，保留将出版者权作为一种邻接权予以法律保护。出版者权的主体一般包括图书、报纸、期刊等出版单位，出版的作品主要是以文字、线条、代码、图案表示的文字作品、音乐作品、戏剧作品和舞蹈作品，并且大多以印刷的形式复制。

17.2.2　出版者权的内容

作为作品尤其是文字作品，出版是其传播的第一个形式，不同的出版者对自己所出版的版式设计享有权利，其权利内容主要体现在两个方面：一个是图书的专有出版权；另一个是装帧板式设计权。

1. 专有出版权

根据我国《著作权法》的规定，专有出版权是指图书出版者对著作权人交付的作品，根据合同的约定，在合同有效期内和在合同约定的地区，享有以同种文字的原版、修订版和缩编本的方式出版图书的独占的权利。专有出版权是著作权财产权中的一部分权利，是复制权与发行权的组合权利，其初始归属于作为原始著作权人的作者，是一种可以依法处分和可以依法转移的民事经济权利。著作权人可以依法将其许可给图书出版者，还可以依法授予被许可方再授权，即由被许可方再许可第三人出版或专有出版相应作品的权利。

图书出版者的专有出版权产生于合同的约定，来源于著作权人的授权许可。作品的出版权，是属于著作权财产权的一项具体权利，应当由著作权人享有和行使。但是在我国，由于非经国家授予出版资格的单位不能从事出版业务，只有那些具有法人地位的、有权经营并且标有统一书号的图书出版资格的单位，才能出版图书。因此，作者往往将出版作品的权利交由出版社行使，由此使得出版社享有了出版者权。作者将作品交给出版社出版后，其他的出版社在没有经过该出版社同意的情况下，不能擅自出版该出版社已经出版的作品。

在出版之前，作者要和出版社签订专有出版合同，要约定包括关于出版的种类、出版的区域、出版的时间、双方的权利义务等各种问题。作者在同出版社订立专有出版合同后，就不能再将自己的作品交其他出版社出版。对于图书出版合同中约定图书出版者享有专有出版权，但没有明确其具体内容的，按照我国《著作权法实施条例》的规定，图书出版者享有在合同有效期限内和在合同约定的地域范围内以同种文字的原版、修订版出版图书的专有权利。

2. 版式和装帧设计权

对于版式和装帧设计，出版社也享有专有的权利，有些图书的版式设计具有突出的特点，人们一看就知道是哪一个出版社出版的。版式和装帧设计是出版者对其出版的图书、期刊的版面和外观装饰所作的设计，包括出版物正文版面全部格式的安排，还有出版物的装帧，即它的外形。版式和装帧设计是出版者，包括图书出版者（如出版社）和期刊出版者（如杂志社、报社）的具有创造性智力成果，因此，出版者对其出版的图书、期刊的版式设计享有专有的权利，这种权利受到法律保护。出版者依法享有专有使用权，这种权利表现为出版者有权许可或者禁止他人使用其出版的图书的版式设计。

17.2.3 出版者的义务

1. 同作者订立出版合同

图书出版者和期刊出版者如果要出版图书或者期刊，应当同著作权人签订图书出版合同，否则不得出版。对于作者主动投给图书出版者或者期刊出版者的稿件，则应当区别对待。首先，对于图书来说，在投稿后 6 个月出版社没有给作者是否出版的答复，作者就可以转投其他出版社；其次，如果著作权人向报社、期刊社投稿的，自稿件发出之日起 15 日内未收到报社通知决定刊登的，或者自稿件发出之日起 30 日内未收到期刊社通知决定刊登的，其可以将同一作品向其他报社、期刊社投稿，但是双方另有约定的除外。

2. 按期和按质出版图书

出版者应当按照出版合同规定的时间和出版质量出版图书作品。出版时间对于著作权人有时非常重要，因为及时出版的图书往往能够使作者的作品抢先占领市场，会给作者带来更大的收益。而出版的质量也会影响图书的销量，因此保证其出版质量的同时也是对作者著作权的一种尊重。

3. 重印和再版的义务

在图书脱销后出版社有义务按照作者的要求重印和再版。根据我国著作权法的相关规定，图书出版者重印、再版作品的，应当通知著作权人，并支付报酬。图书脱销后，图书出版者拒绝重印、再版的，著作权人有权终止合同。《著作权法实施条例》也规定，著作权人寄给图书出版者的两份订单在 6 个月内未能得到履行，视为著作权法所称的图书脱销。因此按照上述规定，图书出版者在合同约定的出版期间内，可以根据社会需求随时重印作品，但应当通知著作权人并向其支付报酬。而再版作品时，应当取得著作权人的同意，这种同意是应当事先征得还是事后商定，应当在双方的合同中约定清楚；如果合同对此没有规定，为了保护作者对作品的修改权，出版者应当先征得著作权人的同

意，再版也需要向著作权人支付报酬。图书脱销后，如果图书出版者拒绝重印、再版的，著作权人有权单方终止合同。这是因为，若不给著作权人此项权利，就会使著作权人的权益如发行权等，无法得到充分的保护。这不仅会损害著作权人的经济利益，而且也会妨碍作品的传播，不能满足社会文化的需要。

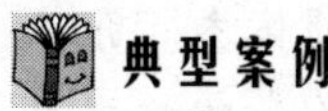
典型案例

肖某与H出版社的再版纠纷

肖某将其创作的小说《黑暗×××》交H出版社出版，双方合同约定，H出版社享有在大陆地区出版该小说的专有出版权，合同约定的期限为12年。该书出版后，销路很好。H出版社又重印了5000册，但并未通知肖某，也未向其支付报酬。后来该书又被售空，肖某寄给H出版社的5份订单在7个月内仍未得到履行，肖某遂要求H出版社再版，并提出自己欲对此小说的一些情节做些修改。H出版社起初以出版社近期资金难以周转为由，拒绝再版，后又在未通知肖某的情况下再版了该小说，也未向肖某支付报酬。肖某在知道H出版社的上述行为后，认为该出版社侵犯了他的合法权益。

4. 按照约定向著作权人支付报酬

出版者不仅在图书首次出版的时候要向著作权人支付报酬，在重印和再版的时候也要支付报酬。1999年4月5日，国家版权局颁布了《出版文字作品报酬规定》，该文件对以纸介质出版的文字作品的稿酬标准，做出了全面详尽的规定。出版文字作品的出版社在一般情况下应当参照该规定中的标准向作品的著作权人支付使用费。需要特别指出的是，该规定中的稿酬标准是指导性和指令性相结合，以指导性为主、指令性为辅的付酬标准。在一般情况下，作品的著作权人与出版单位可以通过出版合同自行约定付酬标准，但不签订合同或合同中没有约定付酬标准的，则必须执行该规定。

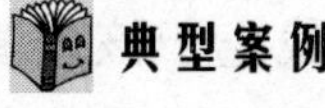
典型案例

张五常与花千树公司图书出版纠纷案

1999年12月1日，经济学家张五常将《随意集》等3部作品的出版许可使用权授予花千树公司独有，签订了合同，有效期5年。2001年2月8日，花千树公司与社会科学文献出版社签订了图书出版合同，约定花千树公司将其在香港地区出版的《随意集》等 3 部作品授权对方出版社在内地以中文简体字出版、发行。《合同》特别约定，社会科学文献出版社如需修改、删节《随意集》等 3 部作品，应事先征得花千树公司的同意，并经花千树公司书面认可。上述合同成立后，双方经张五常同意，对花千树公司提供的作品进行了修改。

2001 年 7 月，社会科学文献出版社推出一套张五常作品中文简体本。张五常发现该 3 部作品，社会科学文献出版社未经自己同意即擅自修改、删节了多处，于是提起了诉讼。深圳市中级人民法院对张五常与社会科学文献出版社、深圳市新华书店之间的侵犯著作权系列案做出判决，社会科学文献出版社被判立即停止侵权、并赔礼道歉、赔偿损失；新华书店必须立即销毁未出售的全部“删节版”侵权作品。

资料来源：http：//www. qinquanfa. cm/639w9. html。

17. 3　表演者权

17. 3. 1　表演者权的概念和特点

表演者权是指表演者依法对其表演活动所享有的专有的权利。表演者权同表演权是两个不同的概念。表演者权由表演者享有，而表演权由著作权人享有。尽管二者有一字之差，但是在权利主体、保护对象、权利内容、保护期限等方面都是不同的。首先，在权利主体上，表演者权中的“表演者”必须经过权利人的许可，且需要支付报酬；而表演权的权利人只能是作者和依法享有作者的著作财产权的继受者，而不能是其他没有法定或约定从而享有表演权的自然人、法人或其他组织。其次，在保护对象上，表演者享有的权利兼具著作人身权性质和财产权，包括表明表演者身份、保护表演形象不受歪曲等；而表演权的保护对象是各种作品。再次，在权利内容上，表演者权是一项邻接权；而表演权是一项著作财产权。最后，在保护期限上，表演者权的保护期其中关于人身权的权能应该是无期限的，财产权利的保护期为 50 年，截止于该表演发生后第 50 年的 12 月 31 日；而表演权的保护期为作者终生及死后 50 年，一般情况下，从作品首次发表之日起计算。

表演者权的权利主体包括自然人、法人和其他组织。在这个问题上有不同的意见，我们对表演者为自然人的情况很熟悉，但是现在有很多演出公司组织演出。在演出公司组织演出的过程中，为了包装演员、宣传自己、取得利润，

他们也都付出了很多的劳动，为了尊重其劳动，使其劳动能够得到回报，法律规定法人和组织可以享有表演者权。另外，表演者权的权利客体并不是作品而是表演本身，即“活的表演”。因此，表演者权设定有利于维护表演者的合法利益。

 小知识

各国对于表演者的认定

大多数承认邻接权的国家认为，表演者是指表演文学艺术作品的一切演员、歌唱家、舞蹈家等；而另一些国家则扩大了表演者的范围，将杂技演员、马戏演员、木偶戏演员均视为“表演者”。《罗马公约》对表演者作了折中性规定，一方面将“表演者”解释为“演员、歌唱家、舞蹈家、音乐家和表演、演说、朗诵、演奏或以别的方式表演文学艺术作品的其他人员”；同时又允许缔约国“根据国内法律和规章将本公约扩大到不是表演文学或艺术作品的艺人”。TRIPs 对表演者的规定与《罗马公约》一致。

17. 3. 2 表演者权的权利内容

1. 表明表演者身份的权利

表明身份，主要是向公众表明演员的姓名、演出单位的名称。这是与表演者不可分割的人身权利之一，即在现场表演的过程中或者现场转播表演的过程中有权表明自己是表演者的权利。表明表演者身份的权利，是表演者最基本的权利，属于一项人身权利。无论是现场表演，还是在制作音像制品时或播放广播、电视节目时，表演者都有权要求公开其身份；同时，表演者也有权禁止其他人假冒其身份或未参加表演却要求署名的行为。

2. 保护表演形象不受歪曲的权利

表演形象是表演者在演出时所表现出来的形象，不同于表演者的自身本来肖像。歪曲表演者的表演形象，会直接损害表演者的声誉、声望，还可能给表演者的演出生涯造成不良的后果，影响其经济收入，因此各国大都规定保护表演者的形象不受歪曲，我国著作权法也是同样如此。表演者有权保护自己在表演过程中的形象不受歪曲、损害，表演中的形象只能真实、恰当的利用，不能扭曲和丑化。

3. 许可他人现场直播或者公开传送现场直播并获得报酬的权利

这是表演者对将其表演同时传播到现场之外的控制权。现场直播是指在表

演者进行表演时，运用现代通信设备把表演实况同时以广播或电视形式向不特定的公众播放。现场直播使观众不必亲临现场就能欣赏到演员的表演，必然影响表演者的票房收入。因此，著作权法通过授予表演者许可他人现场直播的权利来保护其经济利益。根据《著作权法》的规定，未经表演者许可，不得现场直播他人表演。

4. 许可他人录音录像并获得报酬的权利

这是表演者对其表演制作的录音录像制品的支配权和控制权。将表演制成音像制品，会使人们长期、广泛地欣赏表演，会更好地促进表演的传播。但同时，音像制品也会导致直接观看表演的观众数量减少，而且如果录制者水平低劣，还可能影响到表演者的形象和声誉。2001 年修订的著作权法将原来规定的表演者“许可他人为营利的目的录音录像，并获取报酬”的权利，修改为表演者有“许可他人录音录像”的权利，将获取报酬等权利放到其他条款中去，更加突出了表演者权利。因此，非经表演者许可，任何人不得制作其表演的音像制品。

5. 许可他人复制、发行录有表演的录音录像制品并获得报酬的权利

复制发行表演者的录音录像，可以给表演者带来经济利益。但是同时，由于录音录像制品的发行，表演者的表演机会大大减少，特别是将录音录像制品进行商业性使用的现象对表演者的利益构成极大的威胁，如果该权利被他人利用，就会造成表演者的经济损失。因此，二次使用费请求权制度的建立实属必要。我国的著作权法扩大了表演者财产权利的范围，增加了此项规定，即许可他人复制、发行录有其表演的录音录像制品并有权获得报酬，为保护表演者的财产权提供了法律依据。

6. 许可他人通过信息网络传播其表演并获得报酬的权利

互联网是一种新的作品传播方式，这一条款是 2001 年著作权法新增加的内容，也是法律为了适应科技的发展而及时提出的对著作权及有关邻接权的保护措施。随着新技术的发展，互联网已经走进千家万户，网络传播速度快、方式快捷、成本较低、内容丰富，因此已经普遍运用。正因为网络已成为信息传播的主要途径之一，才使得网络侵权现象日趋严重。由于著作权法已经规定了网络传播权是著作财产权的一种，明确了网络环境下著作权的保护。据此，也规定了网络环境下邻接权的保护，即如果他人通过互联网络向公众传播表演者的表演，必须取得表演者的许可。

在上述这些权利中，有一些是表演者的人身权，例如，表明表演者身份的权利，保护表演形象不受歪曲的权利，这些人身性质的权利不受保护期限的限制。而其他的权利为财产权，保护期为 50 年，截止于该表演发生后第 50 年的 12 月 31 日。

17.3.3 表演者的义务

表演者的义务主要体现在使用他人的作品进行演出时要经过著作权人的同意，并向著作权人支付报酬。在现实中这一点往往被人们所忽略，更多的是表演者（演员）通过表演获得了高额的报酬，而作品的著作权人却没有任何报酬或者只得到很少的报酬，这就造成了一个不公平的怪圈。只有表演者没有作品，表演者也是难为无米之炊，也就不会得到任何的报酬。因此，表演者要尊重作者权利，因为没有作品就没有成功的表演者。我国《著作权法》规定，表演者或演出组织者使用他人作品演出的，应当取得著作权人许可，并支付报酬。换言之，只要表演者或演出组织者使用他人的作品进行表演，无论该作品是已发表的还是未发表的，也无论该演出是营利性的还是非营利性的，都必须取得著作权人的同意，并支付报酬。

另外，表演者使用经过改编、翻译、注释、整理已有作品而产生的演绎作品，应当取得被演绎作品的著作权人的同意，还要取得改编、翻译、注释、整理作品的著作权人的同意，并均应当支付报酬。当然，作品已超出保护期的不在此限，但作品中的著作人身权应当予以保护。

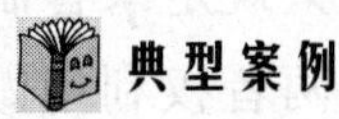

典型案例

《暗香》侵权案

早在2002年5月，陈涛接受《金粉世家》剧组委托为三宝作曲的电视连续剧主题歌《暗香》填词，主题歌由沙宝亮演唱。2003年4月，未经陈涛的允许，现代力量公司与他人共同制作了沙宝亮演唱的歌曲MV《暗香》，并交由电视台播出。此后，现代力量公司又制作了《沙宝亮》歌曲专辑CD和同名磁带。2003年9月27日、10月18日，沙宝亮分别在第四届中国金鹰电视艺术节开幕式及第七届宁波国际服装节开幕式上演唱了《暗香》，而这两次表演也未经陈涛的同意，并未支付报酬。于是，陈涛将现代力量公司及沙宝亮告上法庭，要求沙宝亮立即停止侵权行为，未经许可不得再演唱歌曲《暗香》；现代力量公司立即停止侵权行为，停止销售有歌曲《暗香》的专辑《沙宝亮》；沙宝亮和现代力量公司赔礼道歉，消除影响，并赔偿损失20万元。

法院一审判决：（1）未经陈涛许可，沙宝亮不得表演陈涛作词的歌曲《暗香》；（2）未经陈涛许可，北京现代力量文化发展有限公司不得使用陈涛作词的歌曲《暗香》；（3）沙宝亮就其在第四届中国金鹰电视艺术节开幕式和第七届宁波国际服装节开幕式上的表演行为赔偿陈涛经济损失7万元；（4）北京现代力量文化发展有限公司就制作《暗香》MV的行为赔偿陈涛经济损失3万元。

资料来源：http：//www. cnpubg. com/bq/newsdetail. cfm？icntne＝37710。

17.4 录音录像制作者权

17.4.1 录音录像制作者权的概念

录音制品是指任何对表演的声音和其他声音的录制品。录像制品是指电影作品和以类似摄制电影的方法创作的作品以外的任何有伴音或者无伴音的连续相关形象、图像的录制品。录音录像的制作者，是指首次将表演的声音或形象或是两者结合固定于物质载体上的制作人。我国著作权法对录音制作者与录像制作者做了区分。前者指将表演的声音首次固定在物质载体上的人；后者指将声音和形象首次固定在物质载体上的人。日本、德国的著作权法只规定录音制作者的权利，未规定录像制作者的权利；法国则与我国相同，对两者权利均做出规定。

在多数国家，录音录像的制作者可以是自然人，也可以是法人。在我国，录音录像制作者主要是音像出版单位，但不包括广播电台、电视台。因为广播电台、电视台虽然以录音录像带进行节目录制，但其权利义务不同于音像公司，并且我国著作权法对其权利有专门规定。

之所以要赋予录音录像制作者录音录像制作者权，是因为在录音录像过程中，录音录像的制作者付出了大量的劳动，除了投入体力和脑力劳动外，还投入了大量的资金和技术设备，为了使他们的付出有所回报，法律规定了他们权利作为邻接权的一种。录音录像制作者权是指录音录像制作者对自己制作的录音制品和录像制品所享有的许可和禁止他人复制的权利。侵犯录音录像制作者权的典型行为就是盗版，因为盗版的录音录像制品不仅扰乱了录音录像制品市场秩序，也损害了录音录像制作者的邻接权。

录音录像制作者权利主体是录音制作者和录像制作者。只有实际录制录音制品和录像制品，并且首次将声音或者场景录制下来的人才具备主体资格。如果借用或者租用他人的录音录像设备制作音像制品，则只有实际录制的人才是录音录像制作者，出租设备或者场地的人不能就该录制品而主张邻接权。转录他人的唱片、录像制品，即使是在原来的基础上进行了删节，或者对其声音、音量，或者在剪辑、放映方面做了技术性调整和改进，就不能享有录音录像制作者权，反而是一种侵权行为。

录音录像制作者权的权利的客体是录音制品和录像制品。录音录像制品被录制的对象并不一定都是对著作权作品的表演，非作品的表演，甚至根本就不是表演的自然界的声音、景物，都可以录制成录音录像制品而使录制者享有邻接权。

17.4.2　录音录像制作者权的权利内容

录音录像制作者的权利内容是录音录像制作者有权复制、发行、出租和信息网络传播等，制作者既可以自己实施这些行为也可以授权给别人来实施这些行为，同时也可以禁止他人实施这些行为。这些权利主要是财产权，所以其保护期是 50 年，截止于该制品首次制作完成后第 50 年的 12 月 31 日。

1. 许可他人复制音像制品并获取报酬的权利

许可他人复制音像制品的权利是制作者对音像制品复制的控制权，即非经音像制作者许可，任何人不得复制（即翻录）其音像制品。由于制作者在首次制作音像制品（即制作母带）时，要付出一定创造性劳动。因此，他人如若想要复制，应取得其许可并支付报酬。

2. 许可他人发行音像制品并获取报酬的权利

许可他人发行音像制品的权利，是制作者对音像制品发行的控制权。即非经音像制作者同意，任何人无权为满足公众需要，以出售、赠与等方式向公众提供一定数量的音像制品的复制件。

3. 许可他人出租音像制品并获取报酬的权利

音像制品的出租在各国都是非常普遍的现象。公众在大小城市的音像制品出租店里，以低于购买各类音像制品的价格租用音像制品，促进了作品的广泛传播和利用，也使出租业者从中获得可观的收益。因此，多数国家著作权法都肯定音像制品的出租权。TRIPs 中也有相关规定。我国的著作权法也增加了对此项权利的规定。

4. 许可他人通过互联网向公众传播音像制品并获取报酬的权利

我国的著作权法扩大了著作权中财产权利的外延，在将互联网传播作品作为一种著作财产权的同时，增加了网络环境下音像制品传播权的规定，该规定与 TRIPs 的内容保持了一致。

17.4.3　录音录像制作者的义务

录音录像制作者在使用他人的作品制作录音录像制品的时候，要取得作品的著作权人的许可并向其支付报酬。

（1）录音录像制作者使用改编、翻译、注释、整理已有作品而产生的作品，应当取得改编、翻译、注释、整理作品的著作权人和原作品的著作权人的许可，并支付报酬。

（2）录音制作者使用他人已经合法录制为录音制品的音乐作品制作录音制品，可以不经过著作权人的许可，但是应当支付报酬。

（3）录像制作者使用他人作品制作录像制品，应当取得著作权人的许可，并支付报酬。

（4）被许可人复制、发行、通过信息网络向公众传播录音录像制品的，应当取得著作权人和表演人的许可并支付报酬。

（5）录音录像制作者制作录音录像制品，应当同表演者订立合同，并支付报酬。

17.5 广播组织权

17.5.1 广播组织权的概念

广播组织权，是指广播电台、电视台等广播组织对自己所制作的广播电视节目依法享有的专有权利。广播电台、电视台的权利是对自己通过无线或有线等方式向公众播放内容的一种控制权。我国《著作权法》规定，只要是通过广播、电视播放的具有独创形式的录音、拍摄、剪辑、编排等，广播电台、电视台都投入了资金和精力，都应以邻接权的方式予以保护。

广播组织权的权利主体是制作广播电视节目的电台、电视台，在我国一般只能是依法核准设立的，专门从事广播电视节目制作并面向其覆盖范围内不特定的公众播发图文、声像信息的单位。企事业单位内部和乡镇地方组织为了宣传工作的需要而设立的广播站、闭路电视台不包括在内。广播组织权的权利客体是电视台、电台自己制作的节目，而不是转播的节目。如果广播组织使用自己创作的作品或者自己制作的音像制品制作广播电视节目，则该广播组织是作品的著作权人。广播组织者权一般指的是使用他人作品制作广播电视节目。

17.5.2 广播组织权的权利内容

1. 播放转播权

即广播电台、电视台将其制作的广播、电视节目或依法取得的音像节目，有权通过无线电波向公众播放或者转播，他人未经同意不得播放或者转播；任

何组织和个人都不得干涉，未经广播电台、电视台许可，他人不能播放和转播其录制的节目。

2. 录制发行权

广播电台、电视台有权将其制作并播放的广播、电视节目录制在音像载体上以及复制在音像载体上，并有权禁止他人未经同意将其播放的广播、电视节目录制在音像载体上以及复制在音像载体上。例如，中央电视台制作的春节联欢晚会，自己可以将该节目录制为录音录像制品，其他电视台如果想转播该节目或者制作录音录像制品需要经过中央电视台的许可。

3. 许可他人播放并获得报酬的权利

广播电台、电视台在录制节目过程中付出大量创造性劳动。为保护其合法权益，其他广播组织要播放这些节目，必须经过制作节目的广播电台、电视台许可并支付报酬。

广播电视组织者的权利保护期也是50年，截止于该广播电视节目首次播放后的第50年12月31日。

17.5.3　广播电视组织的义务

广播电视组织在制作广播电视节目时应当尊重作品著作权人的权利。我国的《著作权法》规定广播电视组织使用他人作品制作广播、电视节目时应履行以下义务：

（1）广播电台、电视台播放他人未发表的作品，应当取得著作权人许可，并支付报酬。这是因为，著作权人对自己尚未发表的作品享有发表权、播放权、取得报酬权等权利，他有权决定是否允许广播组织发表并播放其作品以及是否支付报酬。

（2）广播电台、电视台播放他人已发表的作品，可以不经著作权人许可，但应当支付报酬。这样规定的理由有两点：第一，如果不向著作权人支付报酬，会打击其创作的积极性；第二，广播电视组织的节目有较强的时间性，若使用已公开发表的作品也需要征求著作权人的许可，则不利于其宣传工作。

（3）广播电台、电视台播放已经出版的录音制品，可以不经著作权人许可，但应当支付报酬。当事人另有约定的除外。

（4）电视台播放他人的电影作品和以类似摄制电影的方法创作的作品、录像制品，应当取得制片者或者录像制作者许可，并支付报酬；播放他人的录像制品，还应当取得著作权人许可，并支付报酬。

复习思考题

1. 邻接权与著作权的区别有哪些？
2. 出版者权的内容包括哪些方面？
3. 表演者权的权利内容包括什么？
4. 录音录像制作者的义务有哪些？
5. 广播组织权的权利内容是什么？

第 18 章　著作权的限制

学习目标

了解和掌握我国著作权的限制的相关内容。重点了解和掌握著作权的合理使用的概念、条件和范围。重点掌握法定许可的概念、条件和范围。简单领会了解强制许可使用制度的相关内容。

关键名词

著作权的限制　合理使用　法定许可　强制许可使用

18.1　著作权的限制概述

18.1.1　著作权的限制的概念

著作权法在保护作者及其他著作权人和传播者利益的同时，还必须兼顾社会公共利益，防止权利滥用而妨碍和束缚科学技术的进步和文化的繁荣。作者进行创作需要的素材来源于人们的社会生活，作者进行创作也离不开前人创造的文化和他人的知识经验，因此，作者在享有著作权的同时，应该对社会和公众尽一份义务。不仅如此，由于著作权人享有的著作权使用方式很多，涉及面广，如果他人使用作品在一切情况下都要征得著作权人同意，并支付报酬，那么就不利于科学和文化事业的发展。因此，对著作权人享有的著作权的保护不应是绝对的、无限制的。著作权人在享有著作权的同时，也应对社会承担一定的义务，其权利行使在一定程度上受到限制。同时，对于著作权的这种限制，也体现着著作权法具有平衡作者与社会公众之间利益的功能。因此，当今各国的著作权立法，无不对著作权予以一定的限制。所谓著作权的限制，是指著作权法在保障著作权人对其作品享有充分权利的同时，也应当对社会承担一定的义务。著作权法对著作权进行一定的限制，可以使作品更广泛地被社会利用，促进社会主义科学文化事业的发展。

18.1.2 著作权的限制的原因

对著作权人享有的权利及权利的行使进行一定的限制，这是各国著作权法的普遍规定。其产生的原因是：首先，任何权利都不是绝对的、无限制的，权利人在行使权利的同时，必须承担一定的义务，著作权也不应例外。其次，法律在规定公众尊重和保护作者和其他著作权人的智力劳动成果的义务，尊重和维护出版者、表演者等作品传播者劳动的义务，同时也应赋予公众分享著作权人的作品给社会带来的利益的权利。再次，作者在创作文学、艺术和科学作品的过程中，不可避免地要吸收前人的智慧和历史文化遗产。其作品完成后，应在一定程度上服务于社会，回报社会。最后，作品作为一种精神产品，其价值只有通过社会传播才能体现。只有对著作权进行必要的限制，才能防止著作权因滥用而阻碍作品的传播，影响文化事业的发展和科学技术的进步。因此，各国著作权法均努力在保护著作权人利益的同时，维护社会整体利益；在使著作权人享有充分的著作权的同时，要求著作权人对社会履行义务。对著作权的限制，主要表现为对著作财产权的限制，如著作权的合理使用、法定许可使用和强制许可等。

18.2 著作权的合理使用

18.2.1 合理使用的概念和条件

1. 合理使用的概念

著作权的合理使用是指在法定条件下，允许他人自由地使用享有著作权的作品，而无须征得著作权人的同意，也不必向著作权人支付报酬的一种制度。各国的著作权立法以及TRIPs和《伯尔尼公约》等国际公约都对著作权合理使用制度都给予了肯定。我国著作权法也不例外。著作权是著作权人自身所享有的一种专有的权利，因此，他人在使用作品的时候一般情况下要征得著作权人的同意并向其支付报酬，而合理使用就是法律明确规定了在某些法定情况下他人使用作品可以不经过著作权人的同意，也不需要支付报酬。

小知识

各国著作权法对合理使用的规定

美国在《版权法》第107条中规定，在任何特定情况下，确定对一部作品的使用是否是合理使用，要考虑的因素应当包括：（1）要看有关使用行为的目的；（2）要看享有版权的作品的性质；（3）要看所使用的作品中，被使用部分与整个作品的比例是否适当；（4）要看有关的使用行为对作品潜在的市场价值有无重大不利影响。我国台湾地区《著作权法》第65条规定判断标准：一是利用的目的和性质，包括是否为商业目的或者非营利教育目的；二是著作物的性质；三是所利用部分在全部著作物中所占的比例；四是利用结果对著作潜在市场与现在价值的影响。《伯尔尼保护文学和艺术作品公约》第9条规定，受本公约保护的文学艺术作品的作者，享有授权以任何方式和采取任何形式复制这些作品的专有权利。本同盟成员方法律允许在某些特殊情况下复制上述作品，只要这种复制不损害作品的正常使用也不致无故侵害作者的合法利益。《与贸易有关的知识产权协议》第13条规定，全体成员均应将专有权的限制或例外局限于一定特例中，该特例应不与作品的正常利用冲突，也不应不合理地损害权利持有人的合法利益。

2. 合理使用的条件

根据我国《著作权法》的规定，合理使用必须具备以下三个条件：

（1）使用的作品应当是已经发表的，对未发表的作品的使用不构成合理使用。由于发表权是作者著作权中的一项人身权利，因此，当作者不愿意发表作品时应当尊重作者的意愿，不适用合理使用制度。

（2）使用的目的仅限于为个人学习、研究或欣赏，或者为了教学、科研、宗教或慈善事业以及公共文化利益的需要。由于对作品的合理使用都是无偿的，因此，如果使用者使用作品是以营利为目的，那么对著作权人来说就是不公平的。所以，合理使用一般是非商业使用。

（3）使用作品时不得侵犯著作权人的其他权利，并且必须注明作者的姓名、作品的名称等，不得侵害作者的人身权利。在合理使用中，作品的使用方式必须符合相关的法律规定，而且对作品的合理使用不得产生不利于著作权人的后果，否则就会侵犯著作权人的合法权益。

在判断一种使用行为是否是合理使用时，必须综合考虑以上3个条件，只要不具备其中一个条件，合理使用即不能成立。

合理使用的种类很多，我国著作权法对合理使用的 12 种情形作了总的原则性限制。但是，法律不能够穷尽所有的合理使用方式，因此，在判断一种行为方式是否属于合理使用的时候，如果法律没有明确规定的，就应当按照以上这 3 个条件来判断。

18. 2. 2　合理使用的范围

1. 为了个人学习、研究或者欣赏而使用他人已经发表的作品

这是各国普遍接受的一项合理使用方式。在现实生活中，个人使用他人已经发表的作品的情况很多，例如，为培养自己的技能而临摹他人的书法或绘画；为自我娱乐而歌唱弹奏他人的音乐作品；为丰富自己的文化生活而转录录音录像制品等。由于个人使用他人作品的情况极为普遍，利用作品的范围又相当广泛，因此，要求每个人在每次使用他人作品时均要征得著作权人同意并支付报酬是不可能做到的，也是不合理的。因为，第一，个人使用要付酬，很难执行；第二，个人使用还要著作权人许可，作品就难以被利用、被传播，创作活动本身也就失去意义了。因此，许多国家的著作权法都把在这种情况下个人使用他人已经发表的作品列入合理使用的范围。

当然，对这种情形应注意三点限制：第一，在使用目的上，我国的《著作权法》规定其目的只是包括学习、研究和欣赏，不能用来出租、出版或其他营业性使用；第二，在使用的范围上，仅限于满足个人为实现上述目的，满足个人需要的使用，而不能扩展至社会公众对象；第三，在使用的对象上，也仅指已经发表的作品，未发表的作品不在合理使用之列。如果作品尚未公之于众，在未经著作权人同意的情况下，即使是为了个人学习研究或欣赏的目的而使用作品，也不能认为是合理使用。

在这里，合理使用的主体为“个人”，有的人认为这里的“个人”仅仅指自己，不能扩展至第三人或者家庭、单位。但是在现今的中国，家庭的联系是如此的紧密，如果将在家庭范围内的学习、研究和欣赏也列为非合理使用，在实践中是很难操作的，所以我们认为这里的“个人”应当包括其家庭成员。另外，为个人学习、研究和欣赏而使用他人已经发表的作品应当受到数量上的限制，我国的著作权法虽然没有做出明确的规定，但是我们认为：既然是为了个人的学习、研究和欣赏使用他人作品，那么数量一般不会太多，对作者的利益不会构成太大的损害。因此，在数量的认定上需要具体问题具体分析。

小知识

各国对于个人合理使用的立法规定

意大利《版权法》第 68 条规定，读者可为个人使用而通过手抄或其他不适于流通或公开传播的方式，复制单一作品或其中部分。俄罗斯《民法典》第 493 条规定，可以不经作者同意，不向作者付酬而复制或以其他方式使用他人已经发表的作品，以满足个人需要。日本《著作权法》第 30 条规定，对于作为著作权标的的著作物，为了供个人或家庭以及与此同类的有限范围内使用时，使用者可以进行复制。中国台湾地区“著作权法”第 29 条（三）规定，为学术研究复制他人著作，专供自己使用者，经注明原著作的出处，不以侵害著作权论。供个人使用，不盈利，就可以自由使用他人作品，无须著作权人同意，不支付报酬，不指明作者姓名、作品名称或者出处。

2. 为介绍、评论某一作品或者说明某一问题，在作品中适当引用他人已经发表的作品

在作品中适当引用他人已经发表的作品，是指将别人的作品作为自己作品的根据，并且以此创造新作品和说明新观点。对原作品进行引用，这在文字作品中极为常见。例如，对他人著作或论文进行评论，而摘引一段原书的文字。在其他创作形式中也有引用他人作品情况，例如为介绍某人的书法或绘画，在电视片中播放某人的几幅书法或者绘画作品。由于引用他人作品对某些作品的创作来说是必需的，如果不引用则对新作品中的某些问题就难以说清，甚至新作品难以产生，因此，许多国家及国际公约对这种合理使用都有规定。当然，这种合理使用限于为介绍、评论某一作品或者说明某一问题，凡引用他人的作品从事商业广告或其他偏离合理使用目的而进行的盈利的活动，即使注明了作者姓名、作品出处，也不构成合理使用。

这种合理使用的条件是：（1）合理使用的目的主要是为了介绍、评论该作品或者为了说明某一问题而使用发表的作品；（2）合理使用的条件就是使用的作品必须是已经发表的作品，如果是引用他人未发表的作品就构成侵犯作者的发表权；（3）合理使用的条件就是引用的量要适当，不能过分的多，并且不能引用他人作品的主要部分和实质部分，否则有可能转化为抄袭。

3. 为报道时事新闻，在报纸、期刊、广播电台、电视台等媒体中不可避免地再现或者引用已经发表的作品

时事新闻是人们了解国家大事、世界风云的重要途径，为了及时、全面报道时事新闻，在报纸、期刊、广播电台、电视台等媒体中不可避免地要引用他人的作品。例如，中央电视台所属的各个频道中几乎每天都要播出大量的新闻节目，而像人民日报、光明日报、经济日报、工人日报、中国青年报等各大报纸，每天都要刊登众多政治、经济、文化、科技、教育等方面的新闻报道。在这些新闻节目和新闻报道中，经常会引用一些电影的片段、音乐的节选、照片及其他作品中的个别语句等，这些合理使用是经常出现的。根据新闻报道的需要，这种引用可以是部分引用，也可以是全部引用，但必须是针对他人已经发表的作品，符合新闻报道的目的，同时指明作品姓名和作品名称。

这种合理使用的条件是：（1）其使用的目的是为了报道新闻；（2）是在报纸、期刊、广播电台、电视台等媒体上使用；（3）使用的作品必须是已经发表的；（4）是为了报道不可避免的使用，如果可以避免就不得使用他人的作品。

典型案例

“时事性文章”引发著作权纠纷

安徽省合肥市一家网站因转载一篇只有1400字的“时事性文章”，引发了一场网络著作权侵权纠纷。2008年3月，安徽省高级人民法院对此案做出终审判决，撤销原判，合肥邦略科技发展有限公司赔偿原告北京三面向版权代理有限公司1500元。

原告称，2004年，《国产手机乱象》一文首发于“中国营销传播网”，随后被告公司在其“邦略中国”网站上刊载了该文，不仅标注了作者姓名，还标明来源。2005年，北京三面向公司与此文的作者签订了合同，合同约定，包括《国产手机乱象》在内的作品自发表之日起至本合同期满，版权归三面向公司所有。

安徽高院经审理认为，原告有权对未经许可擅自使用该作品者主张相应的权利。由于该文在“中国营销传播网”发表时，并未声明不得转载，且被告在进行网络转载时标明了文章出处、作品名称以及作者姓名，仅因未在合理时间支付相应费用，才构成了对北京三面向公司的侵权，并无其他侵权情节，因此，做出上述判决。

资料来源：http：//www. fl168. com/Lawger9465/view/2039761。

4. 报纸、期刊、广播电台、电视台等媒体刊登或者播放其他报纸、期刊、广播电台、电视台等媒体已经发表的关于政治、经济、宗教问题的时事性文章

关于政治、经济、宗教问题的时事性文章是为了宣传贯彻党和国家某一时期或者某一重大事件的方针政策而创作的。这种文章时事性、政策性和目的性都很强，因此通常需要以多种不同的宣传渠道，使之更加广泛和深入的传播。我国《著作权法》将报纸、期刊、广播电台、电视台等媒体刊登或者播放其他报纸、期刊、广播电台、电视台等媒体已经发表的时事性文章，纳入了合理使用的范围，可以不经著作权人许可，不向其支付报酬。这里所谓的刊登或播放，既可以是摘录，也可以使用全文，不受宗教、页数和利用作品数量与原作品之间或与本作品之间的比例关系的约束，不受利用部分是否属于原著中的主要部分是否构成自己作品的主要部分或实质部分的约束，但作者声明不许刊登、播放的除外。

这种合理使用的条件包括：（1）其使用主体是新闻媒体，刊登的是其他新闻媒体已经发表的文章；（2）刊登的文章内容仅仅限于政治、经济和宗教问题；（3）作者声明不许转载刊登的则不能转载刊登，且声明的人必须是文章的作者，而不能是报社、杂志社或者广播电台、电视台。1990 年著作权法曾经将这种合理使用限制在报纸、期刊、广播电台、电视台刊登或者播放其他报纸、期刊、广播电台、电视台已经发表的社论、评论员文章，而《著作权法》在 2001 年修改时，将“社论、评论员文章”修改为“关于政治、经济、宗教问题的时事性文章”。这一修改更加完善和明确了合理使用的范围，也使其与有关的国际条约和其他国家的规定相一致。

5. 报纸、期刊、广播电台、电视台等媒体刊登或者播放在公众集会上发表的讲话

公众集会是指在公共场所举行的政治集会和公众可自由参加的群众庆祝集会，在公共集会上的讲话仅涉及当前的政治、经济、文化等重大社会问题的讲话，不包括即兴表演和创作的文学、艺术作品。在公众集会上发表的讲话本身具有公开宣传的性质，刊登或播放这些讲话，是扩大它的影响和宣传范围，因此，著作权法规定报纸、期刊、广播电台、电视台等媒体刊登或者播放在公众集会上发表的讲话，可以不经著作权人许可，不向其支付报酬。

但是，这种合理使用应当受到公共集会上发表讲话的作者的意思保留的限制，因为有些时候，作者出于历史、政治或其他原因的考虑而不愿将其讲话在报纸、期刊、广播电台、电视台等媒体上刊登或者播放，因而如果作者声明不许刊登、播放的，则应当尊重作者的意思表示，报纸、期刊、广播电台、电视台等媒体就要尊重作者的意愿，不得刊登或播放。这样规定也符合《伯尔尼公约》，该公约第2条之二规定："公开发表的讲课、演说或其他同类性质的作品，如为新报道的目的有此需要，在什么条件下可由报刊登载，进行广播或向公众传播，以及以第11条之二第一款的方式公开传播，属于本同盟各成员国国内立法的范围。"同时，这也和国外其他国家的规定相一致。例如，意大利《版权法》第66条规定，在公共集会或其他公开场合发表的政治或行政性演说，可在报刊上自由转载或进行广播，但应指明出处、作者姓名、演说日期和地点。德国《著作权法》第48条规定，允许在报刊或其他以报道时事为主的新闻纸上复制和传播在公共集会或广播中发表的有关时事的讲演以及公开再现这类讲演。允许复制、传播和公开再现在国家、地区或宗教组织的公开磋商中发表的讲演。

典型案例

播放电影是合理使用——影片《冲出亚马逊》盗播案

2005年9月10日，中国教育电视台为响应关于加强爱国主义教育、纪念抗日战争胜利60周年宣传活动的要求，在1套（CETV-1）播放了电影《冲出亚马逊》与《甲午风云》，并插播了广告。影片的播放随即引起CCTV-6电影频道的注意，因为根据《冲出亚马逊》的共同投资方，中国人民解放军八一电影制片厂与电影频道的《合作协议书》约定，电影频道独家享有该作品的电视播映权及由此产生的发行收益权。由于交涉双方在播出行为是否需要授权，播出是否属非营利性质等关键问题上未能达成统一认识，电影频道向法院递交了诉状，提出中国教育电视台未经原告授权不得播出电影《冲出亚马逊》、赔偿原告经济损失10万元等4项诉讼请求。

北京市海淀区人民法院审理认为，中国教育电视台的这一行为与公益目的无关，不属于合理使用，应认定为侵权。今年7月，海淀法院判令该电视台赔偿电影频道损失5万元。

资料来源：http：//www. starooo. com/Info/784569. html。

6. 为学校课堂教学或者科学研究，翻译或者少量复制已经发表的作品，供教学或者科研人员使用，但不得出版发行

学校的课堂教学是一种传授知识的活动，而科学研究是在总结、吸取前人经验或者知识的基础上，用科学方法探求事物的本质和规律的活动，这两项活

动都离不开对知识的积累和探求。知识本身是人们在改造世界的实践中所积累的认识和经验的总和。学习知识和创造知识离不开对已有作品的利用，而限制这种利用就会阻碍整个民族文化水平的提高，阻碍科学技术的发展。为此，许多国家的著作权法以及国际条约都把为教学或者科学研究的目的而少量复制享有著作权的作品纳入合理使用的范围。一般认为，这里的学校既包括全日制普通学校，也包括各类职业技术学校；既包括小学、中学，也包括大学。而课堂教学则一般限于教师与学生在教室、实验室等处所进行现场教学，函授大学、电视大学、广播大学等以函授、电视、广播的形式所进行的教学不属于课堂教学的范围。另外，科学研究则不仅包括自然科学研究，也包括社会科学研究。

这种合理使用条件是：（1）学校课堂教学应当是面对面的授课，不包括函授课堂和网络课堂，考研辅导班、托福、GRE 培训班等以营利为目的的教学不属于"课堂教学"。（2）应当是少量的复制或者翻译已经发表的作品。"少量复制"一般不应超出课堂教学或科学研究的需要。而翻译可以是已有作品的一部分，也可以是全部，译多译少，应当根据课堂教学或者科学研究的需要而定。但无论是翻译或者少量复制，其根本目的是供教学或科研人员为学校课堂教学或科学研究使用，不能用于出版发行。（3）使用的作品必须是已经发表的，而且应当指明作者姓名、作品名称。另外，还不得侵犯著作权人依照《著作权法》享有的其他权利。

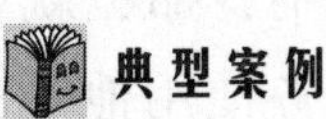

典型案例

教辅书收录英语课文侵权案

仁爱教育研究所编著出版了《英语·七年级（上）》作为义务教育课程标准试验教科书。该研究所发现科学出版社下属的龙门书局出版的《三点一测丛书·七年级英语（上）》，将《英语·七年级（上）》的课文原文进行了直接复制及翻译，这种使用已经侵犯了作者的著作权。为此，仁爱研究所要求科学出版社停止侵权，公开道歉，并赔偿 300 万元损失。仁爱研究所提起的诉讼在出版业引起极大反响。被告科学出版社表示，依据教科书出版教辅书是出版业一直沿袭的惯例，从来没有人主张权利。北京市第二中级人民法院审理认为，《三点一测丛书》收录再现了《英语·七年级（上）》的课文原文，这种使用方式超出了合理使用范围，侵犯了仁爱享有的著作权。另外，《三点一测丛书》还将部分课文全部翻译成中文，没有经过授权，也未支付报酬，侵犯了仁爱享有的翻译权。于是，法院判令科学出版社停止发行该书，并登报道歉，赔偿3.4万余元。原、被告在宣判后均提起上诉。经北京市高院调解，科学出版社自愿赔偿仁爱研究所5万元。这是法院首次认定出版教辅书侵犯教科书著作权的案件，打破了教辅书出版行业不向教科书著作权人付费的惯例。

资料来源：http：//www. gzlilin. com/article. asp。

7. 国家机关为执行公务在合理范围内使用已经发表的作品

国家机关执行公务的活动，从整体上看是为了公众、社会和国家的利益，因此，应当允许其为执行公务而合理使用已经发表的作品。国家机关使用他人作品的情况很多，例如，立法机关为制定法律而复印有关论文、图书、译文；行政机关为行政管理的需要复制政治、经济、文化、教育、科学技术等方面资料；司法机关为判断证据而利用有关书面材料、书信、照片和各种诉讼文书；军事机关为演习、作战复制地图等。这里的国家机关仅包括国家立法机关、行政机关、司法机关和军事机关，不能对此进行扩大解释。国家机关使用他人已发表的作品是为了研究问题、制定政策或是实施管理，主要是为了执行公务，因此，可以不经著作权人许可，不向其支付报酬。

这种合理使用的条件是：（1）国家机关使用的目的必须是为了执行公务，不是为了执行公务则不能构成合理使用。例如，国家机关使用他人作品并非公务活动的需要，例如，要出版一本《著作权法论文选编》的图书，那么就要取得著作权人同意，并向其支付报酬。（2）国家机关为执行公务使用他人已经发表的作品在使用的量上不能过大，不得随意扩大使用范围。例如，某人民法院为审判案件的需要，只需复制著作权人汇编作品中的一篇文章就可以查清事实，就不能复制若干篇文章，否则就不是合理使用。（3）使用的作品必须是已经发表的作品，如果引用他人未发表的作品就构成侵犯作者的发表权。

8. 图书馆、档案馆、纪念馆、博物馆、美术馆等为陈列或者保存版本的需要，复制本馆收藏的作品

这里的作品包括发表的作品也包括没有发表的作品。图书馆、档案馆、纪念馆、博物馆、美术馆等收藏有大量的作品，为了陈列或者保存这些作品，有时需要复制。这种情况是非常多见的，例如，图书馆复印、影印某些珍贵的图书文献；档案馆将某些历史资料用缩微技术制成光盘存留；纪念馆将某人的手稿、日记摄制成照片展览；博物馆将某些历史照片翻拍后陈列；美术馆水印绘画作品，等等。

图书馆、档案馆、纪念馆、博物馆、美术馆复制他人作品，符合以下两个

条件才属于合理使用。首先，复制的目的是为了陈列或者保存版本的需要，这里的陈列应是不出售门票的、非营利性的陈列，是供公众免费欣赏的；而保存版本的前提是本馆只此一份，别无多余的复制品，而且不能通过出版销售市场购买到正版复制品。这些现代乃至古代各式作品中，有的因年代久远已陈旧破损，有的是绝版图书或仅有一份真迹。人类文明的发展要求我们很好地保存这些优秀的、有意义的作品。因此，著作权法明确规定将为保存或者陈列版本需要复制他人作品纳入合理使用范围。其次，复制的作品必须是本馆收藏的作品，不能允许其他馆复制本馆所收藏的作品，也不能去复制其他馆所收藏的作品。

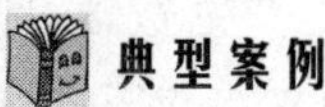

典型案例

首例“数字图书馆”侵权案件

2004 年，郑成思教授发现北京书生科技有限公司制作的“书生之家数字图书馆”中可检索到自己合法出版的《中国民事与社会权利现状》等 8 本图书。2004 年 6 月 24 日，郑成思向北京市海淀区人民法院提起诉讼，要求书生公司停止侵权并赔偿相关损失。书生公司不服海淀法院一审判决，向北京第一中级人民法院提起上诉。北京一中院认为，郑成思作为涉案图书的署名作者或主编，依法享有涉案作品的著作权，该著作权包括复制权、发行权和信息网络传播权等权利。除法律另有规定外，任何单位或个人未经著作权人许可，复制、发行或通过信息网络向公众传播其作品，依法应承担停止侵害、消除影响、赔礼道歉、赔偿损失等民事责任。

虽然书生公司提供相应证据证明其对作品的使用范围、方式进行了必要的限制，但书生公司系以营利为目的的企业，书生之家数字图书馆也并非公益性图书馆，书生之家数字图书馆对作品所作的 3 人以上不能同时在线阅读及只能拷屏下载的限制，并不构成著作权法意义上对作品的合理使用。2005 年 6 月 10 日，北京市第一中级人民法院对此案做出终审判决，书生公司应承担停止侵权、赔礼道歉、赔偿损失的民事责任。该案系非公益性数字图书馆使用他人享有著作权图书行为是否属于合理使用的第一案。

资料来源：http：//www. gzlilin. com/article. asp。

9. 免费表演已经发表的作品

这是对作者享有表演权的合理使用。免费表演，是指非营业性的演出。如某小学为庆祝“六一”国际儿童节，组织本校的小学生和教师进行的演出。免费演出主要是为了丰富和活跃基层的文化生活，该表演未向公众收取费用，也未向表演者支付报酬。表演者并没有因此而获得收入，所以，免费表演他人已经发表的作品可以不经著作权人许可，不向其支付报酬。这种合理使用的对象仅指已经发表且可以直接用于表演的作品，如音乐作品、戏剧作品等。如果需要改编才能进行表演则仍然需要得到原来作品的著作权人的授权。而且，未发表的任何作品不得用于任何形式的表演，包括这里所说的免费表演。

免费表演已经发表的作品，构成合理使用必须符合如下的条件：（1）要尊重作品著作权人的人身权，如要指出作者姓名、作品名称和出处，并且不得任意修改、歪曲、篡改作品。（2）表演必须是免费的。表演的免费包含既不向观众收费，也不向表演者支付报酬。需要指出的是，这里的“免费表演”不包括某些文艺团体和演员为赞助比赛、向灾区捐款等所进行的义务演出。因为这些义务演出需要向公众收费，这些费用中既包括演员的演出费，也包括作品的使用费。义务演出只不过是演员把自己应得的演出费奉献给有关单位或个人，义演收入中还要拿出一部分向作者付酬，如经作者同意，也可奉献给有关单位或个人。（3）免费演出的作品必须是已经发表的，如果作品没有发表，即使演出是免费的，也要经著作权人许可。

10. 对设置或者陈列在室外公共场所的艺术作品进行临摹、绘画、摄影、录像

这一项对于合理使用的规定与世界上其他国家的著作权法规定大体一致，也是《伯尔尼公约》所肯定的。设置或者陈列在室外公共场所的艺术作品，主要指设置在广场、街道、路口、公园、旅游风景点及建筑物上的绘画、雕塑、书法等，例如，像人民英雄纪念碑的碑刻及四周的浮雕，许多国家教堂墙体上的壁画，等等。这些作品可以不经著作权人许可、不向其付酬而合理使用，但是要有两个限制：（1）艺术作品必须设置或者陈列在室外公共场所；（2）使用作品的方式只限于临摹、绘画、摄影、录像，不能用直接接触的方式来使用这些艺术作品，如不能拓印等。

由于陈列或者设置于室外公共场所的艺术作品本身就具有公益的性质，既然陈列或设置在室外公共场所，就难免会有人临摹、绘画或者以此为背景拍照、录像，如果让使用者去取得著作权人许可，并支付报酬实际上做不到。因此，在此种情况下，使用他人作品自然应当属于合理使用范围。当然，可以被合理利用的艺术作品只能是设置或陈列在室外公共场所的，由于陈列在公共场所外的作品本身就代表了作品已经发表了；而与之相反，如果是陈列在室内公共场所以及室外私人场所中的艺术作品则不在此列。

11. 将中国公民、法人或者其他组织已经发表的以汉语言文字创作的作品翻译成少数民族语言文字作品在国内出版发行

这一规定的目的主要是为了让少数民族的人民更广泛地学习和利用汉族语言文字作品，以此推动少数民族经济文化的发展。我国是个多民族的国家，除汉族外还有众多个少数民族。因此，为了促进少数民族科学文化的发展，可以将汉族文字作品翻译成任何一种少数民族文字作品，而不需要征得著作权人许可，也不需要向其支付报酬。

但是，著作权法对这种翻译同时规定了以下使用的条件：（1）翻译的汉族文字作品必须是中国公民、法人或者其他组织创作发表的作品。（2）翻译的汉族文字作品必须是以汉语言文字已经发表的作品，翻译尚未发表的作品需经著作权人许可。（3）必须是翻译成少数民族语言文字，在翻译时应注明作者姓名，并且不得擅自修改或者歪曲、篡改作品。（4）必须是仅在国内出版发行，出版发行范围仅限于中华人民共和国领域内，不能将汉族文字作品译成少数民族文字作品后拿到国外传播。如要向国外出版发行，应取得原著作权人的许可并向其支付报酬。

12. 将已经发表的作品改成盲文出版

从严格意义上说，将任何一种文字改成盲文，都是一种翻译行为。盲人是残疾人，只能凭借触摸阅读。帮助这些残疾人，使他们减少负担，努力学习科学文化知识，是广大作者的心愿。因此，著作权法规定将已经发表的作品改成盲文出版可以不经著作权人许可，不向其支付报酬，但应当指明作者姓名、作品名称，并且不得任意修改或者歪曲、篡改作品。出于关怀与扶持残疾人的公益目的，著作权法还允许将已经发表的作品变换为盲文的翻译，翻译人由此还享有独立的著作权。

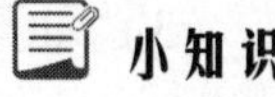

各国对于作品翻译盲文的合理使用的规定

俄罗斯等国和我国台湾地区的“著作权法”也将此列为合理使用。《俄罗斯民法典》第 492 条（八）规定，用凸点字形为盲人出版已发表的作品，可以不经作者同意和不支付著作酬金而利用作品。我国台湾地区“著作权法”第 30 条规定，已发行之著作，需为盲人以点字重制之。经政府许可以增进盲人福利为目的的机构，出版已发行的著作专供盲人使用。

另外，著作权法不仅规定了著作权人的权利受到以上各方面的限制，同时还规定以上各种合理使用行为，适用于对出版者、表演者、录音录像制作者、广播电台、电视台的权利的限制。

18.3 著作权的法定许可

18.3.1 法定许可的概念和条件

1. 法定许可的概念

法定许可，是指按照《著作权法》的规定，使用人在使用他人已经发表的作品的时候不必经过著作权人的同意，但是应当向著作权人支付报酬，并尊重著作权人的其他权利的一项制度。法定许可也是对著作权的一种限制，介于合理使用和强制许可之间，与合理使用、强制许可共同构成对著作权权能的限制。合理使用与法定许可有相同之处，但也有区别。其相同点都表现为：（1）使用目的均是为了学习、欣赏或者教学科研和社会公共利益；（2）使用作品均无须著作权人同意；（3）使用时均必须指明作者的姓名、作品的名称。二者区别表现为：（1）法定许可必须向著作权人支付报酬，而合理使用无须支付报酬；（2）法定许可的范围较窄，合理使用的范围较宽；（3）法定许可的使用者只能是表演者、录音制作者、广播电视台和报刊，合理使用则无主体的限制；（4）法定许可有限制，如果著作权人声明不许使用，则不能使用；合理使用在一般情况下无此限制。

2. 法定许可的条件

法定许可需要具备的条件：（1）法定使用的作品必须是已经发表的，使用没有发表的作品并不属于著作权法意义上的法定许可。（2）使用人在法定许可的情况下可以不必经过著作权人的同意，但是应当向其支付报酬。（3）如果著作权人声明没有经过其同意的不得使用，那么在这种情况下擅自使用著作权人的作品不属于著作权法上的法定许可，而可能构成侵权。（4）使用人在使用过程中不得损害著作权人的权利。（5）根据法定许可而使用他人作品时，应注明著作权人的姓名、作品名称和出处。因此，法定许可和合理使用在使用条件和使用的种类上都是不一样的，法定许可的范围要比合理使用的范围小。

18.3.2 法定许可的范围

法定许可是各国著作权法普遍采用的一项制度，只是适用范围有所区别。我国《著作权法》具体规定了五种法定许可使用的情形：

1. **作品发表后的转载**

作品刊登以后，除著作权人声明不得转载、摘编的以外，其他的报纸、期刊可以予以转载或者作为文摘、资料刊登，但是，应当按照规定向著作权人支付相应的报酬。转载，是指原封不动或者略有改动之后刊登已经由其他报刊发表的作品。摘编，是指对原文的主要内容进行摘录或缩写，其结果应该对原文内容有较系统全面的反映，如果仅仅抄录检索用的作者名称、出处和章节名称等，则还不构成文摘，故既无须征得著作权人许可，也不必付酬。《著作权法》规定报刊出版者对其他报刊刊载的作品有转载权，这是为了公众利益的需要，因为这样可以使有价值的作品迅速进入不同的读者层，满足公众的文化需要。虽然报刊转载、摘编的法定许可是对著作权人权利的限制，但报刊的转载只要支付了合理报酬，应该说并不悖于作者的合法利益，因为作品只要已经发表，以新的形式进一步传播一般并不违背作者的意志。当然，著作权人如欲排除法定许可的适用，应在发表作品时做出禁止转载的声明。

作品发表后转载的法定许可仅适用于在报刊上发表的作品，至于报刊转载图书作品或者将报刊或图书上的作品结集出版图书，均应该依法取得著作权人许可，并直接支付报酬。依法定许可进行转载或者摘编时应该注明作者姓名、作品名称及原作首次发表的报刊名称和日期。法定许可转载、摘编原本是对在报刊上发表作品的作者的权利的一种限制，但是，如果大量地、生搬硬套地转载他人同一本刊物中的文章，则有可能触犯该刊汇编作品的著作权和版式装帧设计权。关于报刊转载、摘编的付酬问题，国家版权局于 1993 年 8 月 1 日发布了《报刊转载、摘编法定许可付酬标准暂行规定》，依法定许可而使用他人作品的人应按该规定向著作权人支付报酬。

2. **广播组织制作广播节目使用作品**

广播电台、电视台使用他人已经发表的作品制作广播电视节目，同时要支付报酬。1990 年《著作权法》第 40 条规定：“广播电台、电视台使用他人已发表的作品制作广播、电视节目，可以不经著作权人许可，但著作权人声明不许使用的不得使用；并且除本法规定可以不支付报酬的以外，应当按照规定支付报酬。”当时这样规定，主要考虑广播电台、电视台播放的作品很多，涉及众多著作权人，如果都取得许可有一定的困难，特别是我国广播电台、电视台担负着重要的宣传任务，不能因上述问题而影响播放。

由于目前我国广播电台、电视台的性质和任务并没有改变，这些客观情况依然存在。因此，根据我国实际情况并在符合《伯尔尼公约》的前提下，2001 年修改的《著作权法》规定，播放已发表作品可以不经著作权人许可，但应当支付报酬。由于播放已发表的作品没有经过著作权人许可，著作权人对付酬的问题不可能事先提出要求，因此就会遇到如何付酬的问题。对此，根据《著作权法》的相关规定，广播电台、电视台播放已发表的作品，使用作品的付酬标准可以由当事人约定，也可以按照国务院著作权行政管理部门会同有关部门制定的付酬标准支付报酬。当事人约定不明确的，按照国务院著作权行政管理部门会同有关部门制定的付酬标准支付报酬。

3. **录音制作者使用录音制品**

录音制作者使用他人已经合法录制为录音制品的音乐作品制作录音制品，可以不经著作权人许可，但应当按照规定支付报酬；著作权人声明不许使用的不得使用。2001 年修改的《著作权法》，从我国的实际出发保留了录音权的法定许可制度，但对法定许可的条件作了更严格的限制。即把“使用他人已发表的作品制作录音制品”，修改为“使用他人已经合法录制为录音制品的音乐作品制作录音制品”。两种规定的区别在于：按照修改前的规定，（1）只要作品已公之于众，不论其是否已被出版、表演、录音、广播，都可以不经作者授权制作录音制品；（2）使用作品的种类可以是已发表的音乐作品，也可以是曲艺、文学故事、诗歌朗诵等作品。而按照修改后的规定：（1）作品已被使用的方式仅限于合法录制，在报刊上发表、经现场表演都不能作为法定许可的条件；（2）被合法录制为录音制品的作品种类仅限于音乐作品。曲艺、文学故事、诗歌朗诵等文字作品及其他作品，即使已被合法录制，使用时还要经著作权人许可。

著作权人公开发表其作品，其实就是表明其愿意让作品在社会上传播，所以，在一定条件下不经著作权人许可使用其作品，并不违背著作权人意愿，这也是规定制作录音制品的法定许可的基础。但实践中也可能出现一些作者在其作品被录制为音乐作品后，不愿意再传播其作品的情况，例如，某作曲家认为他在 20 世纪 60 年代发表的一些歌曲质量不高，不能代表其创作水平，录制播放后有损他的声誉，所以声明不许他人使用。为了尊重作者的意愿和保护其著作权，我国的著作权法在允许法定许可的同时，也规定著作权人声明不许使用的不得使用。对于那些著作权人已声明某些作品未经其许可不得再制作录音制品的，录音制作者就不能适用法定许可的规定，否则将构成侵权。

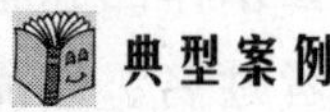

典型案例

《著作权法》的修改对于合理使用录音制品的影响

十几年前，某作曲家曾和某音像出版社就其创作的电视连续剧《红楼梦》中的歌曲的录制发行发生纠纷，该作曲家认为，由于其已声明授权中国电影出版社独家出版《红楼梦》中的音乐和歌曲，所以，音像出版社擅自录制其作品的行为属于侵权。而音像出版社则提出，其使用的作品已经在杂志上发表，所以不构成侵权。这一纠纷，如果适用 1990 年《著作权法》，音像出版社的行为可以认为是法定许可，但适用 2001 年《著作权法》，就会被认为是侵权。

资料来源：http：//www. ndcnc. gov. cn/datalib/2003/Lowlist/DL/DL－174987。

4. 广播组织播放录音制品

广播电台、电视台播放已经出版的录音制品，可以不经著作权人许可，但应当支付报酬。当事人另有约定的除外。1990 年旧的《著作权法》第 42 条规定："广播电台、电视台非营利性播放已经出版的录音制品，可以不经著作权人、表演者、录音制作者许可，不向其支付报酬。"在 2001 年《著作权法》修改时，经进一步听取各方面意见，反复研究认为：（1）为了履行我国的对外承诺，修改应当符合国际公约的规定；（2）有利于作品的传播，以及为完成党和政府宣传任务，修改应从我国实际出发。目前，我国著作权集体管理组织制度尚不健全，广播电台、电视台播放作品都要取得著作权人许可尚有一定困难。同时广播电台、电视台经费比较紧张，使用录音制品要对表演者、录音制作者付酬，对广播电台、电视台的压力比较大。著作权法已经按照 TRIPs 的要求补充完善了表演者、录音制作者权利的规定，暂时不赋予表演者、录音制作者播放权符合国际公约规定，也符合我国的实际情况。因此，经过全面考虑，2001 年《著作权法》规定，广播电台、电视台播放录音制品可以不经著作权人许可，但应当向著作权人支付报酬，双方约定不支付报酬的，也可以按照约定执行。

5. 为实施九年义务教育和国家教育规划出版教材使用作品

考虑到教育事业关系到国家的经济、文化和科学事业的发展，全社会都应当给予大力支持，在借鉴国外一些国家及国际条约规定的基础上，2001 年修改的《著作权法》增加了本项规定。为实施九年义务教育和国家教育规划而编写出版教科书，除作者事先声明不许使用的外，可以不经著作权人许可，在教科书中汇编他人已经发表的作品的片段或者短小的文字作品、音乐作品和单幅的美术作品、摄影作品，但是应当按照规定支付报酬，指明作者姓名、作品名称，并且不得侵犯著作权人依照著作权法享有的其他权利。

在适用该项法定许可时需要注意的是：(1) 这里所提到的教材必须是国家统一规划的课堂教学所用的正式教材，不包括教师参考书、辅导丛书、辅导材料等；(2) 不经许可使用他人已经发表的作品的目的必须是为了实施九年制义务教育和国家教育规划而编写出版教科书；(3) 法定许可使用的作品为已经发表的作品，并且应当按照规定向著作权人支付报酬，指明作者姓名、作品名称；(4) 使用他人已经发表的作品用于教科书必须符合法律确定的量的要求，即使用的作品为作品的片段或者短小的文字作品、单幅的美术作品或者摄影作品；(5) 使用他人已发表的作品编写出版教科书时，不得侵犯著作权人依照著作权法享有的其他权利；(6) 为照顾有些作者可能对自己原先发表的某些作品不满意或出于其他原因，不想让他人再出版使用的情况，规定了作者事先声明不许使用的不得使用；(7) 该项法定许可的规定，同样适用于对出版者、表演者、录音录像制作者、广播电台、电视台的权利限制。

以上五种情形都是我国《著作权法》规定的法定使用许可。这些使用基本上都是为了作品的传播，而且基本上都是邻接权人在使用作品的过程中适用。这也体现了我国著作权法鼓励优秀作品传播的立法宗旨。

除此之外，著作权使用制度中有的国家还有强制许可使用制度。所谓强制许可使用是根据《著作权法》的规定，使用者基于正当的理由使用他人已经发表的作品，在经过著作权行政管理部门的授权后即可以使用作品，而不需要经过著作人的同意，但应当向著作权人支付报酬的制度。这种强制许可制度在我们国家没有规定，这种制度同合理使用和法定许可是不一样的。合理使用是法律赋予使用者的权利，不用经过许可也不用支付报酬；法定许可使用不用经过著作权人的同意但是要支付报酬；强制许可则不是法律的明确规定，其权利来源是行政部门的授权。我国著作权法中尽管没有强制规定，但是在《伯尔尼公约》和《世界版权公约》中有明确的规定，在需要的时候法律实践部门也可以援引国际公约的相关规定。

复习思考题

1. 合理使用的条件有哪些？
2. 合理使用的范围包括哪些方面？

3. 法定许可的条件是什么？
4. 法定许可的范围包括哪些内容？
5. 免费表演已发表作品的合理使用必须符合哪些条件？

第 19 章　著作权的保护

学习目标

重点掌握哪些行为是侵犯著作权的行为。侵犯著作权应当承担什么样的责任。执法机关对著作权的侵权行为应该怎样惩处。掌握著作权集体管理的法律规定，尤其是了解和领会著作权的集体管理组织。

关键名词

侵犯著作权的行为　侵犯著作权的法律责任　侵犯著作权罪　著作权的集体管理　著作权集体管理组织

19.1　侵犯著作权的行为

19.1.1　侵犯著作权行为的构成要件

侵犯著作权的行为，是指未经著作权人的同意，又无法律上的依据，擅自对享有著作权的作品进行利用或者以其他非法手段行使著作权人专有权利的行为。著作权侵权行为侵犯的客体是作者的创造性思想，是一种无形的精神财富，具有可复制性。一旦作品公开发表，著作权人就难以控制他人的使用，所以与有形财产相比著作权更容易受到侵害。在现实中，盗版侵犯著作权的行为非常猖獗，尤其是随着网络技术飞速发展，通过网络侵犯著作权更为简易，侵权者范围更为广泛。而且，著作权一旦受到侵害，极易给著作权人造成较大损失，且损失额不易确定，对侵权的赔偿计算问题在理论和实践上都是难题。侵犯著作权行为具有“侵权易、举证难、救济难”的特点，因此需要对侵犯著作权行为的构成要件进行认定。一般而言，侵犯著作权行为的构成要件主要包括以下三个方面：

1. 客观上有侵权的事实

客观上有侵权行为，即在客观上行为人实施了侵犯著作权人权利的行为。依据我国著作权法的相关规定，任何人对作品的使用，都应当得到作者或其他著作权人的授权，并不得超出《著作权法》规定的权利限制范围。不过，在

合理使用和法定许可的情况下，使用他人已发表的作品，可以不征得著作权人许可。对作品的合理使用时无须支付报酬，但是在法定许可中则应向著作权人支付报酬。然而，由于著作权侵权行为既没有征得作者和其他著作权人同意，也不属于合理使用和法定许可使用的特殊情形，这明显是对作品的擅自使用，因而其是一种违反著作权法的侵权行为。

著作权侵权行为，既可能是侵犯著作人身权，也可能是侵犯著作财产权，或二者皆有的侵权行为。而且，著作权侵权行为不以实际损害后果的出现为前提。著作权侵权行为具有侵害形式广泛性、侵害行为隐蔽性的特点，而且侵害行为与其实际损害后果往往并非同时出现。尤其是在继发侵权情况下，对于行为人正在实施或即将实施的侵害著作权的行为，如果不及时制止将会使权利人的合法权益受到难以弥补的损害。因此，著作权侵权行为的成立不能以出现实际的损害后果为条件，行为人的行为只要侵犯了著作权人的合法权利或者对著作权人的合法权利构成重大威胁或在将来必然危及权利人，即构成侵犯著作权。

2. 主观上行为人有过错

所谓过错，是指侵权人对其侵权行为及其后果所抱的心理态度，包括故意和过失两种形式。侵犯著作权和邻接权的行为，绝大多数是由于故意，也有少数可以由过失构成。区分过错的形式，在确定侵权人的法律责任时具有一定的意义。一般来说，故意侵权行为所承担的法律责任重于过失侵权行为所承担的法律责任。

著作权侵权行为归责原则不宜适用无过错责任原则。无过错责任原则，是指损害发生不以行为人的主观过错为责任要件的归责标准。无过错责任原则基本宗旨在于对不幸损害之合理分配，因此，无过错责任原则多适用于高度危险行为。而且，这些行为在很多情况下，本身是合法的，正是为了弥补受害者的损失，才适用了这一原则。侵犯著作权的行为显然谈不上高度危险，虽然它有可能造成很大的损失，但这些侵权行为本身的违法性也非常明显。无过错责任原则的主要功能在于分担、补偿受害者的损失，它已经没有了过错责任的教育、惩戒功能。对于侵犯著作权的行为，不仅仅要补偿受害人的损失，更重要的是惩戒、教育侵权人，并使其他人引以为戒。因为著作权所保护的智力劳动者的权益不仅仅在于著作权人本身，而在于整个科学文化事业的发展。因此著作权侵权主张适用无过错责任原则，或是认为在侵权认定上适用无过错责任原则，或是对直接侵权行为适用无过错责任原则，都忽略了过错责任原则的惩戒、教育功能，不利于著作权的保护。

3. 侵权行为具有违法性

即行为人的行为没有法律上的根据，也不属于法律例外的规定。由于著作权是一种绝对权，任何人都负有不得侵犯该项权利的义务。著作权侵权行为侵害的对象必须是受著作权法保护的作品，因此，他人在使用著作权作品时必须遵守著作权法及其他相关法律的有关规定，如果行为人违反了法律的规定，其行为即具有违法性。

虽然著作权是以作品为权利的客体，但并非所有的作品都能受到我国著作权法的保护。在实践中，作品存在的形式多种多样，涉及的内容也极其广泛。没有纳入著作权法保护范围的作品将不能成为著作权侵权行为的对象。因此，对于不受我国著作权法保护的作品、不能取得著作权的作品，或者已经进入共有领域的作品，其他人在使用时不存在侵权问题，例如，法律、行政法规、国家机关的决议、决定、命令和其他具有立法、行政、司法性质的文件等。另外，对于已超出著作权保护期的作品、表演、录音录像制品、广播电视节目的使用，只要尊重权利人的著作人身权就不构成侵权。

 **典型案例**

齐白石后人诉某出版社侵权案

2007 年 12 月末，齐白石的子女、孙子、曾孙等 9 人为代表的近百名齐白石的后人，以出版社和商家未经原告合法授权，私自非法制作、发行、销售齐白石作品且未支付稿费为由，将全国涉及生产、出版齐白石作品的 25 家出版单位和商家告上法庭，要求停止出版发行的侵权行为，用书面形式或在新闻媒体上公开赔礼道歉，赔偿经济损失近千万元。沈阳、长春、济南等地法院先后受理了此案，沈阳中院受理了 19 件。

沈阳市中级人民法院经审理认为，《著作权法》规定，我国公民的作品发表权和相关财产权为作者终身及其死亡后 50 年。齐白石于 1957 年 9 月 16 日去世，他的作品著作权保护期限截止到 2007 年的 12 月 31 日。三被告在作品保护期内未经权利人许可，出版发行大量齐白石的作品，其行为侵犯了齐白石作品财产继承人的合法权益，应当承担停止侵权、赔偿损失的民事责任。法院遂依法判决被告济南出版社、上海书画出版社及重庆出版社立即停止对齐白石作品的侵权行为，赔偿原告人民币 25 万元、12 万元和 10 万元，支付原告支出费用 6 万余元，责令沈阳新华购书中心有限责任公司停止销售涉案书目，驳回原告其他诉讼请求。

资料来源：http：//www. gucn. com/Info Articlelist。

19.1.2　侵犯著作权行为的种类

世界各国的著作权法为了有效地保护著作权，都明确规定了侵犯著作权行为，在立法体例上表现为概括性地规定什么是侵害著作权的行为，或者具体列举侵犯著作权的行为包括哪些种类。我国著作权法采取列举方式规定著作权侵权行为。

1. 未经著作权人许可，发表其作品的

决定作品是否公之于众是著作权人的权利，应当由著作权人自己来决定，他人未经著作权人的同意将其作品发表，是一种侵权行为，造成著作权人的人身和财产损失，侵权行为人应当承担民事责任。发表权中还包括著作权人有权决定以何种形式发表其作品，如果未按著作权人决定的形式发表其作品，也是侵犯了著作权人的发表权。

2. 未经合作作者许可，将与他人合作创作的作品当作自己单独创作的作品发表的

合作作品是由两个或两个以上的人共同创作的，著作权应当由合作作者共同享有。合作作品中的每一个人都无权单独行使合作作品的著作权，包括对作品的发表权。把合作作品当作自己单独创作的作品发表，不仅侵犯了其他合作作者的发表权，而且窃取了其他合作作者的署名权和对作品的使用权。因此，侵权行为人应当对造成的其他合作作者的人身权和财产权的损害承担赔偿责任。

3. 没有参加创作，为谋取个人名利，在他人作品上署名的

署名权属于创作作品的作者，作者有权在发表的作品上表明自己的身份，即署上自己的姓名，也有权署笔名或不署名。未参加创作的人为谋取个人名利，无论是冒充单独作者还是冒充为合作作者的身份在他人作品上署名，都是侵犯作者署名权的行为。如果侵权行为人冒充为作者获得了一定的经济利益，还侵犯了作者的财产权。作者有权禁止未参加创作的人在作品上署名并有权要求侵权行为人承担民事责任。

4. 歪曲、篡改他人作品的

作者本人对作品有修改的权利，同时，也有权禁止他人修改自己的作品。在实践中，作者有时授权他人对作品进行合理的修改也是必要的，如作品在出版时，有必要授权书刊出版社的编辑对作品的文字和某些词句作适当的修改。擅自修改他人的作品都是侵权行为，更何况歪曲、篡改他人作品。歪曲、篡改他人作品，破坏了作者通过该作品要表达的思想内容或表达的形式及其艺术风格，侵犯了作品的完整权，作者有权禁止这种侵权行为，并可以要求侵权行为人承担民事责任。

5. 剽窃他人作品的

剽窃是著作权人的作品被侵权的最常见的一个表现形式。当两部作品完全相同的时候很容易认定剽窃的问题，这时侵犯的是著作权人的复制权，但是，当两部作品不是完全相同而是相似时，这个时候就很难判断是否为剽窃，是否侵犯了著作权人的权利，这也是司法实务中的一个难题。不可否认，人们的思维有相似的地方，怎么来判断作品是否相似呢？这里我们从客观和主观两个标准来判断。客观标准就是要实事求是地来看，这个作品究竟有没有自己独创性的东西，只有具有独创性的作品才能称之为作品；从主观上来看行为人是否有过错，所谓过错，就是指侵权人认识到了其侵权行为及后果，包括故意和过失两种形式。区分过错的形式在确定侵权人的法律责任时具有一定的意义。

6. 未经著作权人许可，以展览、摄制电影和以类似摄制电影的方法使用作品，或者以改编、翻译、注释等方式使用作品的

作者对自己的著作享有展览权、摄制权、改编权、翻译权和注释权。作者有权行使上述权利，有许可他人以上述方式使用自己的作品，并由此获得报酬的权利。行为人未经作者许可，以展览、摄制电影和类似摄制电影的方法使用作品，或者以改编、翻译、注释等方式使用作品，侵犯了作者对其作品的展览、摄制、改编、翻译和注释等使用权和获得报酬的权利。著作权人有权要求侵权行为人承担停止侵害、赔偿损失等民事责任，但是合理使用著作权人的作品的除外。

7. 使用他人作品，应当支付报酬而未支付的

著作权人在许可他人以复制、表演、展览、发行、摄制电影或者以类似摄制电影的方法摄制作品、传播作品，以改编、翻译、汇编、注释等方式使用自己的作品时，有权获得报酬，这是著作权人的财产权的体现。除著作权法规定的可以不付报酬的以外，都应当依照合同约定或者该法的有关规定给付报酬。著作权人对使用其作品不付报酬的行为，有权要求使用人给付报酬，因迟延给付报酬造成著作权人经济上损失的，使用人应当赔偿实际损失。

8. 未经电影作品和以类似摄制电影的方法创作的作品、计算机软件、录音录像制品的著作权人或者与著作权有关的权利人许可，出租其作品或者录音录像制品的

电影作品和以类似摄制电影的方法创作的作品、计算机软件、录音录像制品被广泛使用，侵犯著作权人的出租权的现象也相当严重。因此，著作权人有有偿许可他人临时使用电影作品和以类似摄制电影的方法创作的作品、计算机软件的权利，但计算机软件不是出租的主要标的的除外。出租权属于著作权人的权利，是否出租其作品或者录音录像制品，应当由著作权人决定，并由此获得报酬。未经著作权人许可，出租其作品或者录音录像制品的，侵权行为人应当承担责任。

9. 未经出版者许可，使用其出版的图书、期刊的版式设计的

出版者在出版图书、期刊时，对版式所作的设计是一种新的创作，对此应当予以保护。根据《著作权法》的规定，出版者有权许可或者禁止他人使用其出版的图书、期刊的版式设计。他人使用出版者的版式设计应当取得出版者的同意，与出版者订立著作权使用合同，并支付报酬。侵权行为人未经出版者许可，使用其出版的图书、期刊的版式设计，出版者有权要求行为人停止侵权行为，并承担损害赔偿等民事责任。

10. 未经表演者许可，从现场直播或者公开传送其现场表演，或者录制其表演的

这里行为人侵犯的是表演者的权利。根据《著作权法》规定，表演者享有许可他人从现场直播和公开传送其现场表演，有权许可他人录音录像，并获得报酬的权利。他人从现场直播和公开传送其现场表演，或者制作录音录像制品，应当取得表演者的同意，并给付报酬。如果未经许可，擅自从事上述行为，表演者有权制止行为人正在传播或者正在录制其表演的侵权行为，并可要求行为人赔偿损失。

11. 其他侵犯著作权以及与著作权有关的权益的行为

侵犯著作权的行为在实际中较为复杂，法律难以列全，上述列举的十项侵权行为只是侵权中较为常见的行为。本项作为兜底性规定，将其他侵犯著作权以及与著作权有关的权利包括进来，能够更好地保护权利人的合法权益。

19.2 侵犯著作权的法律责任

侵犯著作权的法律责任，是指侵权行为人违反《著作权法》的规定，对他人著作权造成侵害时，依法应承担的法律后果。根据我国《著作权法》的相关规定，侵犯著作权的法律责任主要有民事责任、行政责任和刑事责任三个方面。

19.2.1 民事责任

著作权属于民事权利的一种，因此，对于侵犯著作权以及与著作权有关的权益的行为，法律要求行为人对受害人承担主要以补偿损失为目的的民事责任。我国《著作权法》规定的民事责任主要有：

1. 停止侵害

这是指行为人正在实施侵害他人著作权或者邻接权的行为时，权利人有权要求其停止侵权行为。无论侵权人主观上是否有侵权的动机，都必须立即停止侵权行为。

2. 消除影响

这是指作品的著作权或邻接权被侵犯后，权利人有权请求行为人或者向人民法院起诉责令行为人在一定范围内澄清事实，以消除人们对权利人或者其作品的不良影响，使社会对其评价恢复到未受侵害前的状态。消除影响的具体方法有多种多样，如刊登声明、对侵权复制件进行技术处理等。

3. 赔礼道歉

这是一种保护权利人的人身权的有效措施。它是指作品的著作权和邻接权被侵犯后，权利人有权请求侵权人或者向人民法院起诉要求人民法院责令侵权人承认错误，向权利人表示歉意。具体方式也很多，如登报致歉、在公共场所声明或借助于其他媒体表明歉意等。

4. 赔偿损失

这是指著作权或邻接权被侵犯并导致权利人在财产上遭受损失时，权利人有权要求侵权人或者向人民法院起诉要求责令侵权人支付与其所受损失相当的金钱。

民事责任的类型有很多，但是一般都最终以赔偿损失的形式体现出来，著作权人的损失到底应该怎么赔偿，这也是司法实践中的一个难点。因此，我国《著作权法》规定了三种赔偿方法。当侵权行为发生时，赔偿的数额首先依据被侵权人的实际损失来确定；当被侵权人的实际损失难以确定的时候，就以侵权人因侵权所获得的利益为依据进行赔偿；在被侵权人的损失和侵权人的获益都难以确定或者无法确定时，法律规定由人民法院根据具体情况，判决给予50万元以下的赔偿。

19.2.2 行政责任

行政责任是指国家著作权行政管理部门依照法律规定，对侵犯著作权或与著作权有关权利的行为给予的行政制裁。根据我国《著作权法》的规定，对于一般侵权行为只需承担民事责任，但对某些严重的侵权行为，除了承担民事责任外，还需要承担行政责任。这是因为这些行为不仅侵害了他人的著作权或邻接权，而且破坏了国家的书刊、音像、演出、广播等事业的行政管理，扰乱了社会主义的文化市场秩序。

侵犯著作权行为因性质不同，危害程度和范围也有区别。有些侵权行为只

损害了著作权人的合法权益，例如，使用他人作品未按规定支付报酬的，只承担相应的民事责任就可以达到法律救济的目的。但是，有些侵权行为不仅侵害了著作权人的权益，同时，还欺骗了广大公众和损害了社会公共利益，破坏了国家正常经济秩序。因此，根据我国《著作权法》的规定，对于这种侵权行为，除了依法要承担民事责任以外，可以由著作权行政管理部门责令停止侵权行为，没收违法所得，没收、销毁侵权复制品，并可处以罚款；情节严重的，著作权行政管理部门还可以没收主要用于制作侵权复制品的材料、工具、设备等。

因此，侵犯著作权行为应承担的行政责任包括：第一，没收非法所得。即国家著作权行政管理部门依法对侵权人因侵权行为而获得的收益，全部收缴国库。第二，没收、销毁侵权复制品。以防止侵权复制品在公众中继续流传而造成不良影响。第三，罚款。即对著作权侵权人予以一定经济上的惩处。第四，没收用于制作复制品的材料、工具和设备等，用于防止其继续从事非法复制等侵权行为。

19.2.3　刑事责任

目前，世界上很多国家的著作权法对严重的侵权行为规定了刑事责任，也就是法律对严重的侵犯行为认定为犯罪。如对猖獗的盗版行为，用民事的和行政的制裁手段不足以制止，因而，有必要动用刑罚手段加以制裁。我国《刑法》规定对于严重侵犯著作权的行为应当承担刑事责任，即根据情节不同，对犯罪行为人处以有期徒刑或者拘役，并处或者单处罚金。我国现行《著作权法》虽然没有直接规定侵犯著作权应当承担的刑事责任，但规定对于侵权行为构成犯罪的，依法追究刑事责任。各国的司法实践证明，用刑罚手段对付严重的侵犯著作权的犯罪行为，是保护著作权权益的行之有效的手段之一。

根据我国《刑法》《著作权法》《著作权法实施条例》《最高人民法院、最高人民检察院关于办理侵犯知识产权刑事案件具体应用法律若干问题的解释》的相关规定，目前在著作权方面主要存在侵犯著作权罪与销售侵权复制品罪两个罪名：

1. 侵犯著作权罪

侵犯著作权罪，是指自然人或者单位，以营利为目的，违反著作权管理法规，未经著作权人许可，侵犯他人的著作权，违法所得数额较大或者有其他严重情节的行为。根据我国《刑法》的规定，以营利为目的，有下列侵犯著作权情形之一，违法所得数额较大或者有其他严重情节的，处3年以下有期徒刑或者拘役，并处或者单处罚金；违法所得数额巨大或者有其他特别严重情节的，处3年以上7年以下有期徒刑，并处罚金：（1）未经著作权人许可，复制发行其文字作品、音乐、电影、电视、录像作品、计算机软件及其他作品的；（2）出版他人享有专有出版权的图书的；（3）未经录音录像制作者许可，复制发行其制作的录音录像的；（4）制作、出售假冒他人署名的美术作品的。

以营利为目的，实施上述所列侵犯著作权行为之一，违法所得数额在3万元以上的，属于"违法所得数额较大"；违法所得数额在15万元以上的，属于"违法所得数额巨大"。具有下列情形之一的，属于"有其他严重情节"：（1）非法经营数额在5万元以上的；（2）未经著作权人许可，复制发行其文字作品、音乐、电影、电视、录像作品、计算机软件及其他作品，复制品数量合计在500张（份）以上的；（3）其他严重情节的情形。具有下列情形之一的，属于"有其他特别严重情节"：（1）非法经营数额在25万元以上的；（2）未经著作权人许可，复制发行其文字作品、音乐、电影、电视、录像作品、计算机软件及其他作品，复制品数量合计在2500张（份）以上的；（3）其他特别严重情节的情形。

2. **销售侵权复制品罪**

销售侵权复制品罪，是指自然人或者单位，以营利为目的，销售明知是《刑法》第217条规定的侵权复制品，违法所得数额巨大的行为。以营利为目的，销售明知是上述侵犯著作权罪规定中所列的侵权复制品，违法所得数额巨大的，处3年以下有期徒刑或者拘役，并处或者单处罚金。

具体而言，违法所得数额在10万元以上的，属于"违法所得数额巨大"。单位犯以上两罪的，对单位判处罚金，并对其直接负责的主管人员和其他直接责任人员，依照相应规定处罚。

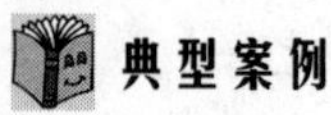

北京以侵犯著作权罪首判卖盗版盘者

2004年3月，周某和朋友一起共同投资建立了北京五洲友谊音像中心，并取得了音像制品经营许可证。但是，从2006年12月～2007年12月期间，周某的北京五洲友谊音像中心却一直在销售盗版光盘。2007年12月15日，当周某正在向顾客兜售盗版DVD光盘时，被当场抓获。在周某的音像店内，公安机关共起获DVD光盘近1.1万张，经鉴定，其中849张为侵权复制音像制品，其余均为非法出版物。4月25日上午，北京市朝阳区人民法院一审认定，周某以营利为目的，未经著作权人许可，发行其影视作品，情节严重，其行为已构

成侵犯著作权罪，依法判处周某有期徒刑1年，并处罚金人民币1万元。据了解，这起案件也是北京市法院首次以“侵犯著作权罪”追究贩卖盗版光盘行为。

资料来源：http：//news. sina. com. cn/a/2008 - 04 - 28/082913903815s. shtml。

19.3 著作权的管理

19.3.1 著作权的行政管理

著作权的行政管理，是指由国家著作权行政管理部门，代表国家对著作权所进行的各种行政管理工作。根据我国《著作权法》的规定，我国著作权的行政管理分中央和地方两级，国家版权局作为国务院著作权行政管理部门主管全国的著作权管理工作，各省、自治区、直辖市人民政府的著作权行政管理部门主管本行政区域的著作权管理工作。地方著作权行政管理部门负责查处本地区发生的依法应予以行政处罚的侵权行为，国家版权局负责查处依法应予以行政处罚的下列行为：（1）在全国有重大影响的侵权行为；（2）涉外侵权行为；（3）认为应当由国家版权局查处的侵权行为。

19.3.2 著作权的集体管理

1. 著作权的集体管理的概念

著作权的集体管理，是指通过代表著作权人的集体组织授权使用者使用作品并收取报酬分发给著作权人的活动。在西方，著作权的集体管理制度已经将近有200年的历史了，著作权集体管理起源于法国戏剧权的管理，即在1777年由法国剧作家博马舍倡议下成立的法国戏剧作者和作曲者协会（SACD）。1851年法国成立世界上第一个著作权集体管理机构——词作家、作曲家及音乐出版商协会（SACEM）。此后，英、美、德等国也相继成立了音乐著作权集体管理团体。1925年，国际作者作曲者联合会（CISAC）成立，标志集体管理的国际组织已经形成。目前，世界各国已经建立了一套相当完善的集体管理制度，所涉及的范围非常广泛，在各国的著作权管理和保护中发挥了重要的作用。我国在1991年颁布实施《著作权法》后，有关著作权集体管理的问题也进入探索阶段，在1993年我国加入国际作者作曲者联合会。但是，一直到2001年修改《著作权法》之后，此项制度才真正确立。

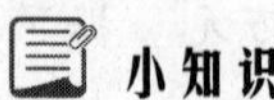

小知识

各国著作权法对于集体管理的规定

1998 年，美国国会以 105－298 号出版物即“The Fairness In Music Licensing Act”在版权法第 101 条中增添了有关集体管理的说明：集体管理组织是代表版权所有者许可对非戏剧的音乐作品进行公共表演的协会或公司法人，如美国作曲者作者出版者协会（ASCAP）、广播音乐公司（BMI）、SESAC 公司等。“代表”一词涵盖了多种授权方式，可能是信托，也可能是代理等。

日本《著作权中介业务法》第 1 条第 2 款对著作权集体管理的规定较有代表性：著作权中介业务即“根据契约就著作物的出版、翻译、演出、广播、摄制电影、录音以及其他使用方法，为权利人开展代理或媒介业务行为”，集体管理也属于一种中介业务，是指“依照特定目的，接受著作权的移转，替他人管理著作物的行为”。

德国《著作权及邻接权管理机构法》第 1 条则规定，“为共同使用目的，经许可以自己或他人名义管理多名著作权人或邻接权人关于著作权法上产生权利（包括用益权、许可权及获酬权）并享有诉权法人权利，即称之为集体管理机构”。

2. 著作权的集体管理产生的原因

之所以要实行著作权集体管理制度，主要是考虑以下几个因素：（1）我国《著作权法》规定了报刊转载等形式的作品使用制度，如果没有著作权集体管理制度的配合，难以有效保护著作权人的权益。（2）随着网络和数字化技术的飞速发展和广泛应用，各类作品的复制、传播变得越来越容易，作品被使用的频率大大提高，著作权集体管理体制方便了著作权人和作品的使用人，成为连接他们之间的一座桥梁。（3）从目前世界发达国家的著作权集体管理体制来看，其制度的优越性是不言而喻的，因此，我们应当学习国际先进经验，适应著作权保护形势发展的要求。

3. 著作权集体管理组织的作用

著作权集体管理组织，是指为权利人的利益依法设立，根据权利人授权、对权利人的著作权或者与著作权有关的权利进行集体管理的社会团体。在许多情况下，著作权人都无法确切了解自己的作品被何人使用、如何使用，更不用说收取报酬，所以需要一个代表自己维护著作权的机构。而作品的使用人同样

也存在这个需要。在这种情况下，著作权集体管理组织就成为沟通和连接著作权人和使用人之间的桥梁。著作权人通过一定的法律方式将自己的作品的使用许可权和获取报酬权授予集体管理机构行使，作品使用者如需取得著作权人的许可，可以直接和集体管理机构联系，并将报酬交给集体管理机构，再由集体管理机构转交著作权人，这样就解决了既要保护著作权人又要方便作品合法使用的难题。

4. 著作权集体管理组织的职能

著作权集体管理组织应当依照有关社会团体登记管理的行政法规和《著作权集体管理条例》的规定进行登记并开展活动。著作权集体管理组织在经过授权之后，可以为著作权人和与著作权有关的权利人主张权利，其可以集体管理的权利限定为：表演权、放映权、广播权、出租权、信息网络传播权、复制权等权利人自己难以有效行使的权利。著作权集体管理组织可以以自己的名义行使下列活动：（1）与使用人订立著作权或者与著作权有关的权利许可使用合同；（2）向使用人收取使用费；（3）向权利人转付使用费；（4）进行涉及著作权或者与著作权有关的权利的诉讼、仲裁等。

5. 我国著作权集体管理组织的类型

著作权集体管理制度是著作权保护体系的重要组成部分，是衡量一个国家著作权管理、保护水平的重要标志，与国家的文化发展、知识产权保护和建设创新型国家的要求紧密联结在一起。建立著作权集体管理制度是中国经济、文化发展的必然。目前，我国著作权集体管理组织的框架体系基本建立，音乐、音像、文字、摄影、电影等著作权集体管理组织相继建立并积极开展相关工作，并且取得了很大成绩。目前，在我国共有 5 个著作权集体管理组织，分别是中国音乐著作权协会、中国音像著作权集体管理协会、中国文字著作权协会、中国摄影著作权协会、中国电影著作权协会。

（1）中国音乐著作权协会。该协会成立于 1992 年 12 月 17 日，是由国家版权局和中国音乐家协会共同发起成立的目前中国内地唯一的音乐著作权集体管理组织，是专门维护作曲者、作词者和其他音乐著作权人合法权益的非营利性机构。自成立至今，协会始终定位在服务全体会员，服务广大音乐著作权人，服务各类音乐使用者，积极推进中国音乐著作权保护事业的进程之上。

（2）中国音像著作权集体管理协会。该协会是经国家版权局正式批准成立的我国唯一音像集体管理组织，依法对音像节目的著作权以及与著作权有关的权利实施集体管理。中国音像著作权集体管理协会的宗旨是：遵守我国法律、法规和我国参加的国际著作权条约，本着提供服务、反映诉求、规范行为的精神，维护会员的合法权利，规范音像节目的合法使用，促进我国音像业及音像市场的发展。

（3）中国文字著作权协会。该协会由中国作家协会、国务院发展研究中心等12家著作权人比较集中的单位和陈建功等500多位我国各领域著名的著作权人共同发起，并于2008年10月24日在北京成立。协会是以维护著作权人合法权益为宗旨，从事著作权服务、保护和管理的非营利性社会团体，已获得国家版权局正式颁发的《著作权集体管理许可证》，是我国唯一的文字作品著作权集体管理机构。

（4）中国摄影著作权协会。该协会由中国摄影家协会联合全国多家摄影机构和100多位著名摄影家共同发起，经国家版权局批准于2008年11月21日在北京成立。该协会的宗旨和任务是：遵守中华人民共和国宪法、法律、法规及国家政策，遵守社会道德风尚，贯彻落实科学发展观，执行著作权法，维护摄影作品权利人及其相关权利人的合法权益，通过对著作权及其相关权利的集体管理，促进摄影作品的创作、传播和使用，推动摄影事业的发展和繁荣。

（5）中国电影著作权协会。2010年4月16日，电影界第一家也是唯一一家著作权集体管理组织——中国电影著作权协会在京成立。中国电影著作权协会的前身是中国电影版权保护协会，自2005年8月成立以来，在宣传电影版权、推广版权知识、开展国际交流和为会员单位积极维权等方面做了大量工作。此次协会由行业维权组织转变为集体管理组织，继续得到了国家广电总局、民政部的指导和有力支持。

复习思考题

1. 侵犯著作权行为的构成要件包括哪些？
2. 侵犯著作权行为的种类主要有哪些？
3. 侵犯著作权的法律责任包括哪些内容？
4. 侵犯著作权行为应承担的行政责任包括哪些？
5. 著作权集体管理组织可以以自己的名义进行哪些活动？
6. 我国著作权集体管理组织的类型有哪些？

参考文献

[1] 吴汉东主编. 知识产权法学(第六版). [M]. 北京:北京大学出版社,2014.

[2] 刘春田主编. 知识产权法(第五版). [M]. 北京:中国人民大学出版社,2014.

[3] 吴汉东主编. 知识产权法(第五版). [M]. 北京:法律出版社,2014.

[4] 曹新明主编. 知识产权法学(第二版). [M]. 北京:人民法院出版社,中国人民公安大学出版社,2011.

[5] 吴汉东主编. 知识产权法(第六版). [M]. 北京:中国政法大学出版社,2012.

[6] 李明德,许超著. 著作权法(第二版). [M]. 北京:法律出版社,2009.

[7] 刘春田主编. 知识产权法案例分析. [M]. 北京:高等教育出版社,2007.